TRANSLATED

Translated Language Learning

トランスレイト
Translated Language Learning

Siddhartha

- **Un Romanzo Indiano**
- An Indian Novel

Hermann Hesse

Italiano / English

Copyright © 2022 Tranzlaty
All rights reserved
Published by Tranzlaty
ISBN: 978-1-83566-102-4
Original text by Hermann Hesse
First published in German in 1922
www.tranzlaty.com

Parte prima – Part One

***

Il figlio del Brahman
The Son of the Brahman

All'ombra della casa
In the shade of the house
al sole della riva del fiume
in the sunshine of the riverbank
vicino alle barche
near the boats
all'ombra della foresta di Sal-wood
in the shade of the Sal-wood forest
all'ombra del fico
in the shade of the fig tree
è qui che Siddharta è cresciuto
this is where Siddhartha grew up
era il bel figlio di un brahmano, il giovane falco
he was the handsome son of a Brahman, the young falcon
crebbe con l'amico Govinda
he grew up with his friend Govinda
Govinda era anche figlio di un brahmano
Govinda was also the son of a Brahman
Sulle rive del fiume il sole abbronzava le sue spalle chiare
by the banks of the river the sun tanned his light shoulders
fare il bagno, fare le sacre abluzioni, fare le sacre offerte
bathing, performing the sacred ablutions, making sacred offerings
Nel giardino di mango, l'ombra si riversava nei suoi occhi neri
In the mango garden, shade poured into his black eyes
quando giocava da ragazzo, quando sua madre cantava
when playing as a boy, when his mother sang
quando si facevano le sacre offerte
when the sacred offerings were made
quando suo padre, lo studioso, gli insegnava

when his father, the scholar, taught him
quando i Magi parlavano
when the wise men talked
Per molto tempo Siddharta aveva partecipato alle discussioni dei saggi
For a long time, Siddhartha had been partaking in the discussions of the wise men
si esercitò a dibattere con Govinda
he practiced debating with Govinda
praticò l'arte della riflessione con Govinda
he practiced the art of reflection with Govinda
e praticava la meditazione
and he practiced meditation
Sapeva già come pronunciare l'Om in silenzio
He already knew how to speak the Om silently
conosceva la parola delle parole
he knew the word of words
lo disse silenziosamente dentro di sé mentre inspirava
he spoke it silently into himself while inhaling
Lo pronunciò silenziosamente da se stesso mentre espirava
he spoke it silently out of himself while exhaling
Lo fece con tutta la concentrazione della sua anima
he did this with all the concentration of his soul
La sua fronte era circondata dal bagliore dello spirito lucido
his forehead was surrounded by the glow of the clear-thinking spirit
Sapeva già come sentire l'Atman nel profondo del suo essere
He already knew how to feel Atman in the depths of his being
Poteva sentire l'indistruttibile
he could feel the indestructible
Sapeva cosa significasse essere tutt'uno con l'universo
he knew what it was to be at one with the universe
La gioia balzò nel cuore di suo padre
Joy leapt in his father's heart
perché suo figlio imparò in fretta
because his son was quick to learn
Era assetato di conoscenza

he was thirsty for knowledge
Suo padre lo vedeva crescere fino a diventare un grande saggio
his father could see him growing up to become a great wise man
Lo vedeva diventare sacerdote
he could see him becoming a priest
poteva vederlo diventare un principe tra i brahmani
he could see him becoming a prince among the Brahmans
Bliss balzò nel petto di sua madre quando lo vide camminare
Bliss leapt in his mother's breast when she saw him walking
La beatitudine le balzò in cuore quando lo vide sedersi e alzarsi
Bliss leapt in her heart when she saw him sit down and get up
Siddharta era forte e bello
Siddhartha was strong and handsome
lui, che camminava su gambe snelle
he, who was walking on slender legs
La salutò con perfetto rispetto
he greeted her with perfect respect
L'amore toccò i cuori delle giovani figlie dei brahmani
Love touched the hearts of the Brahmans' young daughters
rimasero incantati quando Siddharta attraversò i vicoli della città
they were charmed when Siddhartha walked through the lanes of the town
la sua fronte luminosa, i suoi occhi da re, i suoi fianchi sottili
his luminous forehead, his eyes of a king, his slim hips
Ma soprattutto era amato da Govinda
But most of all he was loved by Govinda
Govinda, suo amico, figlio di un brahmano
Govinda, his friend, the son of a Brahman
Amava l'occhio e la voce dolce di Siddharta
He loved Siddhartha's eye and sweet voice
Amava il modo in cui camminava
he loved the way he walked

e amava la perfetta decenza dei suoi movimenti
and he loved the perfect decency of his movements
amava tutto ciò che Siddharta faceva e diceva
he loved everything Siddhartha did and said
Ma ciò che amava di più era il suo spirito
but what he loved most was his spirit
Amava i suoi pensieri trascendenti e infuocati
he loved his transcendent, fiery thoughts
Amava la sua ardente volontà e la sua alta vocazione
he loved his ardent will and high calling
Govinda sapeva che non sarebbe diventato un comune brahmano
Govinda knew he would not become a common Brahman
No, non sarebbe diventato un funzionario pigro
no, he would not become a lazy official
No, non sarebbe diventato un avido mercante
no, he would not become a greedy merchant
non un oratore vanitoso e vacuo
not a vain, vacuous speaker
né un prete meschino e disonesto
nor a mean, deceitful priest
e inoltre non sarebbe diventata una pecora decente e stupida
and also would not become a decent, stupid sheep
una pecora nel gregge dei molti
a sheep in the herd of the many
E non voleva diventare una di quelle cose
and he did not want to become one of those things
non voleva essere uno di quelle decine di migliaia di brahmani
he did not want to be one of those tens of thousands of Brahmans
Voleva seguire Siddharta, l'amato, lo splendido
He wanted to follow Siddhartha, the beloved, the splendid
nei giorni a venire, quando Siddharta sarebbe diventato un dio, egli sarebbe stato lì
in days to come, when Siddhartha would become a god, he would be there

Quando si sarebbe unito ai gloriosi, sarebbe stato lì
when he would join the glorious, he would be there
Govinda voleva seguirlo come suo amico
Govinda wanted to follow him as his friend
era il suo compagno e il suo servo
he was his companion and his servant
Era il suo portatore di lancia e la sua ombra
he was his spear-carrier and his shadow
Siddharta era amato da tutti
Siddhartha was loved by everyone
Era fonte di gioia per tutti
He was a source of joy for everybody
Era una delizia per tutti loro
he was a delight for them all
Ma lui, Siddharta, non era una fonte di gioia per se stesso
But he, Siddhartha, was not a source of joy for himself
non trovava alcun diletto in se stesso
he found no delight in himself
Percorreva i sentieri rosei del giardino di fichi
he walked the rosy paths of the fig tree garden
Sedeva all'ombra bluastra nel giardino della contemplazione
he sat in the bluish shade in the garden of contemplation
Si lavava le membra ogni giorno nel bagno del pentimento
he washed his limbs daily in the bath of repentance
Faceva sacrifici all'ombra fioca della foresta di mango
he made sacrifices in the dim shade of the mango forest
I suoi gesti erano di perfetta decenza
his gestures were of perfect decency
Era l'amore e la gioia di tutti
he was everyone's love and joy
ma gli mancava ancora ogni gioia nel suo cuore
but he still lacked all joy in his heart
Sogni e pensieri inquieti gli entrarono in mente
Dreams and restless thoughts came into his mind
I suoi sogni sgorgavano dall'acqua del fiume
his dreams flowed from the water of the river
i suoi sogni scaturiti dalle stelle della notte

his dreams sparked from the stars of the night
i suoi sogni si sciolsero ai raggi del sole
his dreams melted from the beams of the sun
Gli vennero dei sogni, e un'inquietudine dell'anima gli venne
dreams came to him, and a restlessness of the soul came to him
la sua anima era furiosa per i sacrifici
his soul was fuming from the sacrifices
espirò dai versi del Rig-Veda
he breathed forth from the verses of the Rig-Veda
I versi furono infusi in lui, goccia a goccia
the verses were infused into him, drop by drop
i versi degli insegnamenti degli antichi Brahmani
the verses from the teachings of the old Brahmans
Siddharta aveva cominciato a nutrire in sé il malcontento
Siddhartha had started to nurse discontent in himself
Aveva cominciato a dubitare dell'amore di suo padre
he had started to feel doubt about the love of his father
dubitava dell'amore di sua madre
he doubted the love of his mother
e dubitava dell'amore del suo amico, Govinda
and he doubted the love of his friend, Govinda
Dubitava che il loro amore potesse portargli gioia per sempre
he doubted if their love could bring him joy for ever and ever
il loro amore non poteva allattarlo
their love could not nurse him
il loro amore non poteva nutrirlo
their love could not feed him
il loro amore non poteva soddisfarlo
their love could not satisfy him
Aveva cominciato a sospettare degli insegnamenti di suo padre
he had started to suspect his father's teachings
Forse gli aveva mostrato tutto quello che sapeva
perhaps he had shown him everything he knew

c'erano altri suoi maestri, i saggi brahmani
there were his other teachers, the wise Brahmans
Forse gli avevano già rivelato il meglio della loro saggezza
perhaps they had already revealed to him the best of their wisdom
Temeva che avessero già riempito il suo vascello in attesa
he feared that they had already filled his expecting vessel
Nonostante la ricchezza dei loro insegnamenti, il vaso non era pieno
despite the richness of their teachings, the vessel was not full
Lo spirito non era contento
the spirit was not content
l'anima non era calma
the soul was not calm
il cuore non era soddisfatto
the heart was not satisfied
Le abluzioni erano buone, ma erano acqua
the ablutions were good, but they were water
le abluzioni non lavavano via il peccato
the ablutions did not wash off the sin
non hanno guarito la sete dello spirito
they did not heal the spirit's thirst
non alleviarono la paura nel suo cuore
they did not relieve the fear in his heart
I sacrifici e l'invocazione degli dei erano eccellenti
The sacrifices and the invocation of the gods were excellent
Ma era tutto qui?
but was that all there was?
I sacrifici hanno dato una felice fortuna?
did the sacrifices give a happy fortune?
E che dire degli dei?
and what about the gods?
Era davvero Prajapati che aveva creato il mondo?
Was it really Prajapati who had created the world?
Non era forse l'Atman che aveva creato il mondo?
Was it not the Atman who had created the world?
L'Atman, l'unico, il singolare

Atman, the only one, the singular one
Gli dèi non erano creazioni?
Were the gods not creations?
Non sono stati creati come me e te?
were they not created like me and you?
Gli Dei non erano soggetti al tempo?
were the Gods not subject to time?
gli Dei erano mortali? È stato buono?
were the Gods mortal? Was it good?
Era giusto? Era significativo?
was it right? was it meaningful?
Era la più alta occupazione fare offerte agli dei?
was it the highest occupation to make offerings to the gods?
Per chi altro si dovevano fare le offerte?
For whom else were offerings to be made?
Chi altro doveva essere adorato?
who else was to be worshipped?
chi altro c'era, se non Lui?
who else was there, but Him?
L'unico, l'Atman
The only one, the Atman
E dove si trovava l'Atman?
And where was Atman to be found?
dove risiedeva?
where did He reside?
dove batteva il Suo cuore eterno?
where did His eternal heart beat?
Dove altro se non in se stessi?
where else but in one's own self?
nella sua parte più intima e indistruttibile
in its innermost indestructible part
Poteva essere quello che ognuno aveva in sé?
could he be that which everyone had in himself?
Ma dov'era questo sé?
But where was this self?
Dov'era questa parte più interna?
where was this innermost part?

Dov'era questa parte finale?
where was this ultimate part?
Non era carne e ossa
It was not flesh and bone
non era né pensiero né coscienza
it was neither thought nor consciousness
Questo è ciò che insegnavano i più saggi
this is what the wisest ones taught
Allora, dov'era?
So where was it?
il sé, me stesso, l'Atman
the self, myself, the Atman
Per raggiungere questo posto, c'era un altro modo
To reach this place, there was another way
Valeva la pena cercare quest'altro modo?
was this other way worth looking for?
Ahimè, nessuno glielo ha mostrato in questo modo
Alas, nobody showed him this way
Nessuno lo sapeva in un altro modo
nobody knew this other way
Suo padre non lo sapeva
his father did not know it
e i maestri e i saggi non lo sapevano
and the teachers and wise men did not know it
Sapevano tutto, i brahmani
They knew everything, the Brahmans
e i loro libri sacri sapevano tutto
and their holy books knew everything
si erano occupati di tutto
they had taken care of everything
si sono presi cura della creazione del mondo
they took care of the creation of the world
Hanno descritto l'origine della parola, il cibo, l'inalazione, l'espirazione
they described origin of speech, food, inhaling, exhaling
Descrivevano la disposizione dei sensi
they described the arrangement of the senses

Descrivevano le gesta degli dèi
they described the acts of the gods
i loro libri sapevano infinitamente tanto
their books knew infinitely much
Ma è stato utile sapere tutto questo?
but was it valuable to know all of this?
Non c'era solo una cosa da sapere?
was there not only one thing to be known?
Non c'era ancora la cosa più importante da sapere?
was there still not the most important thing to know?
Molti versetti dei libri sacri parlavano di questa cosa più intima e ultima
many verses of the holy books spoke of this innermost, ultimate thing
se ne parlò in particolare nelle Upanishades di Samaveda
it was spoken of particularly in the Upanishades of Samaveda
Erano versi meravigliosi
they were wonderful verses
"La tua anima è il mondo intero", questo era scritto lì
"Your soul is the whole world", this was written there
Ed era scritto che l'uomo nel sonno profondo avrebbe incontrato la sua parte più intima
and it was written that man in deep sleep would meet with his innermost part
e avrebbe risieduto nell'Atman
and he would reside in the Atman
In questi versetti c'era una saggezza meravigliosa
Marvellous wisdom was in these verses
Tutta la conoscenza dei più saggi era stata raccolta qui in parole magiche
all knowledge of the wisest ones had been collected here in magic words
Era puro come il miele raccolto dalle api
it was as pure as honey collected by bees
No, i versetti non dovevano essere guardati dall'alto in basso
No, the verses were not to be looked down upon
Contenevano un'enorme quantità di illuminazione

they contained tremendous amounts of enlightenment
contenevano una sapienza che giaceva raccolta e preservata
they contained wisdom which lay collected and preserved
saggezza raccolta da innumerevoli generazioni di saggi brahmani
wisdom collected by innumerable generations of wise Brahmans
Ma dov'erano i brahmani?
But where were the Brahmans?
Dov'erano i sacerdoti?
where were the priests?
Dove sono i Magi o i Penitenti?
where the wise men or penitents?
Dov'erano quelli che avevano avuto successo?
where were those that had succeeded?
Dov'erano quelli che sapevano più che più profondamente di tutta la conoscenza?
where were those who knew more than deepest of all knowledge?
Dov'erano quelli che vivevano anche la saggezza illuminata?
where were those that also lived out the enlightened wisdom?
Dov'era il sapiente che fece uscire Atman dal sonno?
Where was the knowledgeable one who brought Atman out of his sleep?
Chi l'aveva portata in quel giorno?
who had brought it into the day?
Chi l'aveva presa nella propria vita?
who had taken it into their life?
Chi l'ha portata ad ogni passo che ha fatto?
who carried it with every step they took?
Chi aveva sposato le loro parole con le loro azioni?
who had married their words with their deeds?
Siddharta conobbe molti venerabili brahmani
Siddhartha knew many venerable Brahmans
Suo padre, il Puro
his father, the pure one
lo studioso, il più venerabile

the scholar, the most venerable one
Suo padre era degno di ammirazione
His father was worthy of admiration
Tranquilli e nobili erano i suoi modi
quiet and noble were his manners
pura era la sua vita, sagge erano le sue parole
pure was his life, wise were his words
Pensieri delicati e nobili vivevano dietro la sua fronte
delicate and noble thoughts lived behind his brow
Ma anche se sapeva così tanto, viveva nella beatitudine?
but even though he knew so much, did he live in blissfulness?
Nonostante tutta la sua conoscenza, aveva pace?
despite all his knowledge, did he have peace?
Non era anche lui solo un uomo che cercava?
was he not also just a searching man?
Non era ancora assetato?
was he still not a thirsty man?
Non dovette forse bere da fonti sacre più e più volte?
Did he not have to drink from holy sources again and again?
Non ha bevuto dalle offerte?
did he not drink from the offerings?
Non ha bevuto dai libri?
did he not drink from the books?
Non ha bevuto dalle dispute dei brahmani?
did he not drink from the disputes of the Brahmans?
Perché doveva lavare i peccati ogni giorno?
Why did he have to wash off sins every day?
Deve sforzarsi di purificarsi ogni giorno?
must he strive for a cleansing every day?
Più e più volte, ogni giorno
over and over again, every day
L'Atman non era in lui?
Was Atman not in him?
La fonte incontaminata non sgorgava forse dal suo cuore?
did not the pristine source spring from his heart?
La fonte incontaminata doveva essere trovata in se stessi
the pristine source had to be found in one's own self

La fonte incontaminata doveva essere posseduta!
the pristine source had to be possessed!
fare qualsiasi altra cosa era cercare
doing anything else else was searching
Prendere qualsiasi altro passo è una deviazione
taking any other pass is a detour
Andare in qualsiasi altra direzione porta a perdersi
going any other way leads to getting lost
Questi erano i pensieri di Siddharta
These were Siddhartha's thoughts
Questa era la sua sete, e questa era la sua sofferenza
this was his thirst, and this was his suffering
Spesso parlava a se stesso da una Chandogya-Upanishad:
Often he spoke to himself from a Chandogya-Upanishad:
"In verità, il nome del Brahman è Satyam"
"Truly, the name of the Brahman is Satyam"
"Chi sa una cosa del genere, entrerà ogni giorno nel mondo celeste"
"he who knows such a thing, will enter the heavenly world every day"
Spesso il mondo celeste sembrava vicino
Often the heavenly world seemed near
ma non aveva mai raggiunto completamente il mondo celeste
but he had never reached the heavenly world completely
Non aveva mai placato l'ultima sete
he had never quenched the ultimate thirst
E tra tutti gli uomini saggi e più saggi, nessuno l'aveva raggiunta
And among all the wise and wisest men, none had reached it
Ricevette istruzioni da loro
he received instructions from them
ma non avevano ancora raggiunto completamente il mondo celeste
but they hadn't completely reached the heavenly world
Non si erano ancora dissetati del tutto
they hadn't completely quenched their thirst

perché è una sete eterna
because it is an eternal thirst

"Govinda" Siddharta parlò al suo amico
"Govinda" Siddhartha spoke to his friend
"Govinda, mia cara, vieni con me sotto l'albero di Banyan"
"Govinda, my dear, come with me under the Banyan tree"
"Pratichiamo la meditazione"
"let's practise meditation"
Andarono all'albero di Baniano
They went to the Banyan tree
sotto l'albero di Banyan si sedettero
under the Banyan tree they sat down
Siddharta era proprio qui
Siddhartha was right here
Govinda era a venti passi di distanza
Govinda was twenty paces away
Siddharta si sedette e ripeté mormorando il versetto
Siddhartha seated himself and he repeated murmuring the verse
Om è l'arco, la freccia è l'anima
Om is the bow, the arrow is the soul
Il Brahman è il bersaglio della freccia
The Brahman is the arrow's target
il bersaglio che si dovrebbe colpire incessantemente
the target that one should incessantly hit
Il tempo consueto dell'esercizio di meditazione era passato
the usual time of the exercise in meditation had passed
Govinda si alzò, era arrivata la sera
Govinda got up, the evening had come
Era giunto il momento di eseguire l'abluzione della sera
it was time to perform the evening's ablution
Chiamò Siddharta per nome, ma Siddharta non rispose
He called Siddhartha's name, but Siddhartha did not answer
Siddharta sedeva lì, perso nei suoi pensieri
Siddhartha sat there, lost in thought
I suoi occhi erano rigidamente puntati verso un bersaglio

molto lontano
his eyes were rigidly focused towards a very distant target
La punta della lingua sporgeva un po' tra i denti
the tip of his tongue was protruding a little between the teeth
Sembrava che non respirasse
he seemed not to breathe
Così sedeva, assorto nella contemplazione
Thus sat he, wrapped up in contemplation
era immerso nel pensiero dell'Om
he was deep in thought of the Om
la sua anima mandò dietro al Brahman come una freccia
his soul sent after the Brahman like an arrow
Una volta, Samanas aveva viaggiato attraverso la città di Siddharta
Once, Samanas had travelled through Siddhartha's town
Erano asceti in pellegrinaggio
they were ascetics on a pilgrimage
Tre uomini magri e avvizziti, né vecchi né giovani
three skinny, withered men, neither old nor young
polverose e insanguinate erano le loro spalle
dusty and bloody were their shoulders
quasi nudo, bruciato dal sole, circondato dalla solitudine
almost naked, scorched by the sun, surrounded by loneliness
Estranei e nemici del mondo
strangers and enemies to the world
Estranei e sciacalli nel regno degli umani
strangers and jackals in the realm of humans
Dietro di loro soffiava un caldo profumo di quieta passione
Behind them blew a hot scent of quiet passion
un profumo di servizio distruttivo
a scent of destructive service
un profumo di spietata abnegazione
a scent of merciless self-denial
Era arrivata la sera
the evening had come
dopo l'ora di contemplazione, Siddharta parlò a Govinda
after the hour of contemplation, Siddhartha spoke to Govinda

"**Domani mattina presto, amico mio, Siddharta andrà ai Samana**"
"Early tomorrow morning, my friend, Siddhartha will go to the Samanas"
"**Diventerà un Samana**"
"He will become a Samana"
Govinda impallidì quando udì queste parole
Govinda turned pale when he heard these words
e lesse la decisione nel volto immobile dell'amico
and he read the decision in the motionless face of his friend
Era inarrestabile, come la freccia scoccata dall'arco
it was unstoppable, like the arrow shot from the bow
Govinda se ne rese conto a prima vista; ora sta cominciando
Govinda realized at first glance; now it is beginning
ora Siddharta sta prendendo la sua strada
now Siddhartha is taking his own way
Ora il suo destino sta cominciando a germogliare
now his fate is beginning to sprout
e a causa di Siddharta, anche il destino di Govinda sta germogliando
and because of Siddhartha, Govinda's fate is sprouting too
Diventò pallido come una buccia secca di banana
he turned pale like a dry banana-skin
«**Oh Siddharta!**» **esclamò**
"Oh Siddhartha," he exclaimed
"**Tuo padre te lo permetterà?**"
"will your father permit you to do that?"
Siddharta lo guardò come se si stesse appena svegliando
Siddhartha looked over as if he was just waking up
come una freccia lesse l'anima di Govinda
like an Arrow he read Govinda's soul
Riusciva a leggere in lui la paura e la sottomissione
he could read the fear and the submission in him
«**Oh Govinda**», **disse a bassa voce,** «**non sprechiamo parole**»
"Oh Govinda," he spoke quietly, "let's not waste words"
"**Domani all'alba comincerò la vita dei Samana**"
"Tomorrow at daybreak I will begin the life of the Samanas"

"Non parliamone più"
"let us speak no more of it"

Siddharta entrò nella camera dove era seduto suo padre
Siddhartha entered the chamber where his father was sitting
Suo padre era su una stuoia di Bast
his father was was on a mat of bast
Siddharta fece un passo dietro a suo padre
Siddhartha stepped behind his father
e rimase in piedi dietro di lui
and he remained standing behind him
Rimase in piedi finché suo padre non sentì che qualcuno era in piedi dietro di lui
he stood until his father felt that someone was standing behind him
Il brahmano disse: "Sei tu, Siddharta?"
Spoke the Brahman: "Is that you, Siddhartha?"
"Allora di' quello che sei venuto a dire"
"Then say what you came to say"
Siddharta parlò: "Con il tuo permesso, padre mio"
Spoke Siddhartha: "With your permission, my father"
"Sono venuto a dirti che è mio desiderio lasciare la tua casa domani"
"I came to tell you that it is my longing to leave your house tomorrow"
"Voglio andare dagli asceti"
"I wish to go to the ascetics"
"Il mio desiderio è diventare un Samana"
"My desire is to become a Samana"
"Che mio padre non si opponga a questo"
"May my father not oppose this"
Il brahmano tacque, e rimase così a lungo
The Brahman fell silent, and he remained so for long
le stelle nella piccola finestra vagavano
the stars in the small window wandered
e hanno cambiato le loro posizioni relative
and they changed their relative positions

Silenzioso e immobile stava il figlio con le braccia conserte
Silent and motionless stood the son with his arms folded
Silenzioso e immobile sedeva il padre sulla stuoia
silent and motionless sat the father on the mat
e le stelle tracciavano i loro percorsi nel cielo
and the stars traced their paths in the sky
Allora il padre parlò
Then spoke the father
"Non è appropriato che un brahmano pronunci parole dure e arrabbiate"
"Not proper it is for a Brahman to speak harsh and angry words"
"Ma l'indignazione è nel mio cuore"
"But indignation is in my heart"
"Desidero non sentire questa richiesta per la seconda volta"
"I wish not to hear this request for a second time"
Lentamente, il Brahman si alzò
Slowly, the Brahman rose
Siddharta rimase in silenzio, con le braccia conserte
Siddhartha stood silently, his arms folded
«Che cosa stai aspettando?» chiese il padre
"What are you waiting for?" asked the father
Siddharta disse: "Tu sai cosa sto aspettando"
Spoke Siddhartha, "You know what I'm waiting for"
Indignato, il padre uscì dalla camera
Indignant, the father left the chamber
Indignato, andò a letto e si sdraiò
indignant, he went to his bed and lay down
Passò un'ora, ma i suoi occhi non avevano dormito
an hour passed, but no sleep had come over his eyes
il brahmano si alzò e camminò avanti e indietro
the Brahman stood up and he paced to and fro
e uscì di casa nella notte
and he left the house in the night
Attraverso la finestrella della camera guardò di nuovo all'interno
Through the small window of the chamber he looked back

inside
e là vide Siddharta in piedi
and there he saw Siddhartha standing
Aveva le braccia conserte e non si era mosso dal suo posto
his arms were folded and he had not moved from his spot
Pallido luccicava la sua veste luminosa
Pale shimmered his bright robe
Con l'ansia nel cuore, il padre tornò a letto
With anxiety in his heart, the father returned to his bed
Passò un'altra ora insonne
another sleepless hour passed
poiché non aveva dormito sui suoi occhi, il brahmano si alzò di nuovo
since no sleep had come over his eyes, the Brahman stood up again
Camminò avanti e indietro, e uscì di casa
he paced to and fro, and he walked out of the house
e vide che la luna era sorta
and he saw that the moon had risen
Attraverso la finestra della camera guardò di nuovo all'interno
Through the window of the chamber he looked back inside
là stava Siddharta, impassibile dal suo posto
there stood Siddhartha, unmoved from his spot
le sue braccia erano conserte, come lo erano state
his arms were folded, as they had been
La luce della luna si rifletteva sui suoi stinchi nudi
moonlight was reflecting from his bare shins
Con la preoccupazione nel cuore, il padre tornò a letto
With worry in his heart, the father went back to bed
è tornato dopo un'ora
he came back after an hour
ed è tornato di nuovo dopo due ore
and he came back again after two hours
guardò attraverso la finestrella
he looked through the small window
vide Siddharta in piedi al chiaro di luna

he saw Siddhartha standing in the moon light
stava accanto alla luce delle stelle nelle tenebre
he stood by the light of the stars in the darkness
E tornava ora dopo ora
And he came back hour after hour
In silenzio, guardò nella camera
silently, he looked into the chamber
Lo vide in piedi nello stesso posto
he saw him standing in the same place
Gli riempì il cuore di rabbia
it filled his heart with anger
Gli riempì il cuore di inquietudine
it filled his heart with unrest
gli riempì il cuore di angoscia
it filled his heart with anguish
Gli riempì il cuore di tristezza
it filled his heart with sadness
L'ultima ora della notte era giunta
the night's last hour had come
Suo padre tornò ed entrò nella stanza
his father returned and stepped into the room
Vide il giovane in piedi
he saw the young man standing there
Sembrava alto e come un estraneo per lui
he seemed tall and like a stranger to him
«Siddharta», disse, «che cosa stai aspettando?»
"Siddhartha," he spoke, "what are you waiting for?"
"Sai cosa sto aspettando"
"You know what I'm waiting for"
"Starai sempre così e aspetterai?
"Will you always stand that way and wait?
"Starò sempre in piedi e aspetterò"
"I will always stand and wait"
"Aspetterai che diventi mattina, mezzogiorno e sera?"
"will you wait until it becomes morning, noon, and evening?"
"Aspetterò che diventi mattina, mezzogiorno e sera"
"I will wait until it become morning, noon, and evening"

"Ti stancherai, Siddharta"
"You will become tired, Siddhartha"
"Mi stancherò"
"I will become tired"
"Ti addormenterai, Siddharta"
"You will fall asleep, Siddhartha"
"Non mi addormenterò"
"I will not fall asleep"
"Morirai, Siddharta"
"You will die, Siddhartha"
"Morirò," rispose Siddharta
"I will die," answered Siddhartha
"E preferiresti morire piuttosto che obbedire a tuo padre?"
"And would you rather die, than obey your father?"
"Siddharta ha sempre obbedito a suo padre"
"Siddhartha has always obeyed his father"
"Quindi abbandonerai il tuo piano?"
"So will you abandon your plan?"
"Siddharta farà ciò che suo padre gli dirà di fare"
"Siddhartha will do what his father will tell him to do"
La prima luce del giorno illuminava la stanza
The first light of day shone into the room
Il brahmano vide che le ginocchia di Siddharta tremavano dolcemente
The Brahman saw that Siddhartha knees were softly trembling
Sul volto di Siddharta non vide alcun tremito
In Siddhartha's face he saw no trembling
I suoi occhi erano fissi su un punto lontano
his eyes were fixed on a distant spot
Fu allora che suo padre si rese conto
This was when his father realized
anche ora Siddharta non abitava più con lui nella sua casa
even now Siddhartha no longer dwelt with him in his home
Vide che l'aveva già lasciato
he saw that he had already left him
Il Padre toccò la spalla di Siddharta
The Father touched Siddhartha's shoulder

"Andrai", disse, "nella foresta e sarai un Samana"
"You will," he spoke, "go into the forest and be a Samana"
"Quando troverai la beatitudine nella foresta, torna indietro"
"When you find blissfulness in the forest, come back"
"Torna indietro e insegnami ad essere felice"
"come back and teach me to be blissful"
"Se trovi delusione, allora torna"
"If you find disappointment, then return"
"Tornate e facciamo di nuovo insieme le offerte agli dèi"
"return and let us make offerings to the gods together, again"
"Va' ora a baciare tua madre"
"Go now and kiss your mother"
"Dille dove stai andando"
"tell her where you are going"
"Ma per me è tempo di andare al fiume"
"But for me it is time to go to the river"
"E' il mio momento di fare la prima abluzione"
"it is my time to perform the first ablution"
Tolse la mano dalla spalla del figlio e uscì
He took his hand from the shoulder of his son, and went outside
Siddharta vacillò di lato mentre cercava di camminare
Siddhartha wavered to the side as he tried to walk
Rimise sotto controllo le sue membra e si inchinò a suo padre
He put his limbs back under control and bowed to his father
Andò da sua madre per fare come aveva detto suo padre
he went to his mother to do as his father had said
Mentre se ne andava lentamente, con le gambe rigide, un'ombra si alzò vicino all'ultima capanna
As he slowly left on stiff legs a shadow rose near the last hut
Chi si era accovacciato lì e si era unito al pellegrino?
who had crouched there, and joined the pilgrim?
"Govinda, sei venuto" disse Siddharta e sorrise
"Govinda, you have come" said Siddhartha and smiled
«Sono venuto» disse Govinda
"I have come," said Govinda

Con i Samana
With the Samanas

La sera di questo giorno raggiunsero gli asceti
In the evening of this day they caught up with the ascetics
gli asceti; le magre Samanas
the ascetics; the skinny Samanas
offrirono loro la loro compagnia e la loro obbedienza
they offered them their companionship and obedience
La loro compagnia e la loro ubbidienza furono accettate
Their companionship and obedience were accepted
Siddharta diede le sue vesti a un povero brahmano per strada
Siddhartha gave his garments to a poor Brahman in the street
Non indossava nient'altro che un perizoma e un mantello color terra, non seminato,
He wore nothing more than a loincloth and earth-coloured, unsown cloak
Mangiava solo una volta al giorno, e mai niente di cucinato
He ate only once a day, and never anything cooked
Digiunò per quindici giorni, digiunò per ventotto giorni
He fasted for fifteen days, he fasted for twenty-eight days
La carne scomparve dalle sue cosce e dalle sue guance
The flesh waned from his thighs and cheeks
Sogni febbrili balenarono dai suoi occhi spalancati
Feverish dreams flickered from his enlarged eyes
Le lunghe unghie crescevano lentamente sulle sue dita riarse
long nails grew slowly on his parched fingers
e una barba secca e ispida gli cresceva sul mento
and a dry, shaggy beard grew on his chin
Il suo sguardo si trasformava in ghiaccio quando incontrava le donne
His glance turned to ice when he encountered women
Camminò per una città di gente ben vestita
he walked through a city of nicely dressed people
La sua bocca si contrasse per il disprezzo che provava per loro

his mouth twitched with contempt for them
Vide i mercanti commerciare e i principi cacciare
He saw merchants trading and princes hunting
Vide persone in lutto piangere per i loro morti
he saw mourners wailing for their dead
e vide delle puttane che si offrivano
and he saw whores offering themselves
medici che cercano di aiutare i malati
physicians trying to help the sick
sacerdoti che determinano il giorno più adatto per la semina
priests determining the most suitable day for seeding
amanti che amano e madri che allattano i loro figli
lovers loving and mothers nursing their children
e tutto questo non meritava uno sguardo dai suoi occhi
and all of this was not worthy of one look from his eyes
Tutto mentiva, tutto puzzava, tutto puzzava di bugie
it all lied, it all stank, it all stank of lies
Tutto fingeva di essere significativo, gioioso e bello
it all pretended to be meaningful and joyful and beautiful
e tutto era solo putrefazione nascosta
and it all was just concealed putrefaction
il mondo aveva un sapore amaro; La vita era una tortura
the world tasted bitter; life was torture

Una sola meta si presentò davanti a Siddharta
A single goal stood before Siddhartha
Il suo obiettivo era quello di diventare vuoto
his goal was to become empty
Il suo obiettivo era quello di essere vuoto di sete
his goal was to be empty of thirst
Vuoto di desideri e vuoto di sogni
empty of wishing and empty of dreams
vuoto di gioia e di dolore
empty of joy and sorrow
Il suo obiettivo era quello di essere morto a se stesso
his goal was to be dead to himself
Il suo obiettivo non era più quello di essere se stesso

his goal was not to be a self any more
Il suo obiettivo era trovare la tranquillità con il cuore svuotato
his goal was to find tranquillity with an emptied heart
Il suo obiettivo era quello di essere aperto ai miracoli con pensieri altruistici
his goal was to be open to miracles in unselfish thoughts
Raggiungere questo obiettivo era il suo obiettivo
to achieve this was his goal
quando tutto il suo io era sopraffatto ed era morto
when all of his self was overcome and had died
quando ogni desiderio e ogni impulso taceva nel cuore
when every desire and every urge was silent in the heart
Poi l'ultima parte di lui doveva svegliarsi
then the ultimate part of him had to awake
l'intimo del suo essere, che non è più il suo sé
the innermost of his being, which is no longer his self
Questo era il grande segreto
this was the great secret

In silenzio, Siddharta si espose ai raggi ardenti del sole
Silently, Siddhartha exposed himself to the burning rays of the sun
Ardeva di dolore e ardeva di sete
he was glowing with pain and he was glowing with thirst
e rimase lì finché non sentì né dolore né sete
and he stood there until he neither felt pain nor thirst
In silenzio, se ne stava lì nella stagione delle piogge
Silently, he stood there in the rainy season
Dai suoi capelli l'acqua gocciolava sulle spalle gelide
from his hair the water was dripping over freezing shoulders
L'acqua gocciolava sui suoi fianchi e sulle sue gambe gelide
the water was dripping over his freezing hips and legs
e il penitente stava lì
and the penitent stood there
Rimase lì finché non sentì più il freddo
he stood there until he could not feel the cold any more

Rimase lì finché il suo corpo non tacque
he stood there until his body was silent
Rimase lì finché il suo corpo non si calmò
he stood there until his body was quiet
In silenzio, si rannicchiava tra i cespugli spinosi
Silently, he cowered in the thorny bushes
il sangue gocciolava dalla pelle in fiamme
blood dripped from the burning skin
sangue gocciolante da ferite putrescenti
blood dripped from festering wounds
e Siddharta rimase rigido e immobile
and Siddhartha stayed rigid and motionless
Rimase in piedi finché non scorreva più sangue
he stood until no blood flowed any more
Rimase in piedi finché non punse più nulla
he stood until nothing stung any more
Rimase in piedi finché non bruciò più nulla
he stood until nothing burned any more
Siddharta si sedette in posizione eretta e imparò a respirare con parsimonia
Siddhartha sat upright and learned to breathe sparingly
Ha imparato ad andare d'accordo con pochi respiri
he learned to get along with few breaths
Ha imparato a smettere di respirare
he learned to stop breathing
Imparò, a cominciare dal respiro, a calmare il battito del suo cuore
He learned, beginning with the breath, to calm the beating of his heart
Ha imparato a ridurre i battiti del suo cuore
he learned to reduce the beats of his heart
Meditò fino a quando i battiti del suo cuore furono solo pochi
he meditated until his heartbeats were only a few
e poi i suoi battiti cardiaci erano quasi nulli
and then his heartbeats were almost none
Istruito dal più anziano dei Samana, Siddharta praticò

l'abnegazione
Instructed by the oldest of the Samanas, Siddhartha practised self-denial
praticava la meditazione, secondo le nuove regole di Samana
he practised meditation, according to the new Samana rules
Un airone sorvolò la foresta di bambù
A heron flew over the bamboo forest
Siddharta accettò l'airone nella sua anima
Siddhartha accepted the heron into his soul
Ha sorvolato boschi e montagne
he flew over forest and mountains
Era un airone, mangiava pesce
he was a heron, he ate fish
Sentì i morsi della fame di un airone
he felt the pangs of a heron's hunger
pronunciò il gracchiare dell'airone
he spoke the heron's croak
è morto come un airone
he died a heron's death
Uno sciacallo morto giaceva sulla riva sabbiosa
A dead jackal was lying on the sandy bank
L'anima di Siddharta scivolò dentro il corpo dello sciacallo morto
Siddhartha's soul slipped inside the body of the dead jackal
Era lo sciacallo morto che giaceva sulle rive e gonfio
he was the dead jackal laying on the banks and bloated
puzzava e si decomponeva ed era stato smembrato dalle iene
he stank and decayed and was dismembered by hyenas
Fu scuoiato dagli avvoltoi e trasformato in uno scheletro
he was skinned by vultures and turned into a skeleton
fu ridotto in polvere e soffiato attraverso i campi
he was turned to dust and blown across the fields
E l'anima di Siddharta ritornò
And Siddhartha's soul returned
Era morto, decomposto ed era disperso come polvere
it had died, decayed, and was scattered as dust
Aveva assaporato la cupa ebbrezza del ciclo

it had tasted the gloomy intoxication of the cycle
Aspettava con una nuova sete, come un cacciatore sulla breccia
it awaited with a new thirst, like a hunter in the gap
nel varco dove poteva fuggire dal ciclo
in the gap where he could escape from the cycle
nel varco dove è iniziata un'eternità senza sofferenza
in the gap where an eternity without suffering began
Ha ucciso i suoi sensi e la sua memoria
he killed his senses and his memory
Scivolò fuori di sé in migliaia di altre forme
he slipped out of his self into thousands of other forms
Era un animale, una carogna, una pietra
he was an animal, a carrion, a stone
era legno e acqua
he was wood and water
E si svegliava ogni volta per ritrovare il suo vecchio sé
and he awoke every time to find his old self again
Che fosse il sole o la luna, era di nuovo se stesso
whether sun or moon, he was his self again
si girò nel ciclo
he turned round in the cycle
Ha sentito la sete, ha vinto la sete, ha sentito una nuova sete
he felt thirst, overcame the thirst, felt new thirst

Siddharta imparò molto quando era con i Samana
Siddhartha learned a lot when he was with the Samanas
Imparò molti modi che portavano lontano dal sé
he learned many ways leading away from the self
Ha imparato a lasciarsi andare
he learned how to let go
Ha seguito la via dell'abnegazione per mezzo del dolore
He went the way of self-denial by means of pain
Ha imparato l'abnegazione attraverso la sofferenza volontaria e il superamento del dolore
he learned self-denial through voluntarily suffering and overcoming pain

Ha vinto la fame, la sete e la stanchezza
he overcame hunger, thirst, and tiredness
Ha percorso la via dell'abnegazione per mezzo della meditazione
He went the way of self-denial by means of meditation
Seguì la via dell'abnegazione immaginando che la mente fosse vuota di tutte le concezioni
he went the way of self-denial through imagining the mind to be void of all conceptions
Con questi e altri modi ha imparato a lasciar andare
with these and other ways he learned to let go
mille volte ha lasciato se stesso
a thousand times he left his self
per ore e giorni rimase nel non-sé
for hours and days he remained in the non-self
Tutte queste vie hanno portato lontano dal sé
all these ways led away from the self
ma il loro percorso riconduceva sempre al sé
but their path always led back to the self
Siddharta fuggì mille volte da se stesso
Siddhartha fled from the self a thousand times
Ma il ritorno a se stessi era inevitabile
but the return to the self was inevitable
Anche se è rimasto nel nulla, il ritorno è stato inevitabile
although he stayed in nothingness, coming back was inevitable
Anche se ha soggiornato negli animali e nelle pietre, il ritorno è stato inevitabile
although he stayed in animals and stones, coming back was inevitable
Si ritrovò di nuovo alla luce del sole o al chiaro di luna
he found himself in the sunshine or in the moonlight again
Si ritrovò di nuovo all'ombra o sotto la pioggia
he found himself in the shade or in the rain again
ed era di nuovo se stesso; Siddhartha
and he was once again his self; Siddhartha
E di nuovo sentì l'agonia del ciclo che gli era stato imposto

and again he felt the agony of the cycle which had been forced upon him

al suo fianco viveva Govinda, la sua ombra
by his side lived Govinda, his shadow
Govinda ha percorso lo stesso sentiero e ha intrapreso gli stessi sforzi
Govinda walked the same path and undertook the same efforts
Parlavano l'uno con l'altro non più di quanto non richiedessero gli esercizi
they spoke to one another no more than the exercises required
Di tanto in tanto i due attraversavano i villaggi
occasionally the two of them went through the villages
andavano a mendicare cibo per sé e per i loro insegnanti
they went to beg for food for themselves and their teachers
«Come pensi che siamo progrediti, Govinda?» chiese
"How do you think we have progressed, Govinda" he asked
"Abbiamo raggiunto qualche obiettivo?" Govinda rispose
"Did we reach any goals?" Govinda answered
"Abbiamo imparato e continueremo a imparare"
"We have learned, and we'll continue learning"
"Sarai un grande Samana, Siddharta"
"You'll be a great Samana, Siddhartha"
"Velocemente, hai imparato tutti gli esercizi"
"Quickly, you've learned every exercise"
"Spesso, i vecchi Samana ti hanno ammirato"
"often, the old Samanas have admired you"
"Un giorno sarai un sant'uomo, o Siddharta"
"One day, you'll be a holy man, oh Siddhartha"
Siddharta disse: "Non posso fare a meno di pensare che non è così, amico mio"
Spoke Siddhartha, "I can't help but feel that it is not like this, my friend"
"Quello che ho imparato stando tra i Samana avrebbe potuto essere appreso più velocemente"
"What I've learned being among the Samanas could have been

- 30 -

learned more quickly"
"Si sarebbe potuto imparare con mezzi più semplici"
"it could have been learned by simpler means"
"Si sarebbe potuto imparare in qualsiasi taverna"
"it could have been learned in any tavern"
"Si sarebbe potuto sapere dove sono i bordelli"
"it could have been learned where the whorehouses are"
"Avrei potuto impararlo tra carrettieri e giocatori d'azzardo"
"I could have learned it among carters and gamblers"
Govinda disse: "Siddharta sta scherzando con me"
Spoke Govinda, "Siddhartha is joking with me"
"Come hai potuto imparare la meditazione tra i miserabili?"
"How could you have learned meditation among wretched people?"
"Come hanno potuto le puttane insegnarti a trattenere il respiro?"
"how could whores have taught you about holding your breath?"
"Come possono i giocatori d'azzardo averti insegnato l'insensibilità contro il dolore?"
"how could gamblers have taught you insensitivity against pain?"
Siddharta parlava a bassa voce, come se parlasse a se stesso
Siddhartha spoke quietly, as if he was talking to himself
"Che cos'è la meditazione?"
"What is meditation?"
"Che cosa sta lasciando il proprio corpo?"
"What is leaving one's body?"
"Che cos'è il digiuno?"
"What is fasting?"
"Che cos'è trattenere il respiro?"
"What is holding one's breath?"
"E' fuggire dall'io"
"It is fleeing from the self"
"E' una breve fuga dall'agonia di essere un sé"
"it is a short escape of the agony of being a self"
"E' un breve intorpidimento dei sensi contro il dolore"

"it is a short numbing of the senses against the pain"
"E' evitare l'inutilità della vita"
"it is avoiding the pointlessness of life"
"Lo stesso intorpidimento è quello che trova il conducente di un carro trainato da buoi nella locanda"
"The same numbing is what the driver of an ox-cart finds in the inn"
"Bere qualche scodella di vino di riso o di latte di cocco fermentato"
"drinking a few bowls of rice-wine or fermented coconut-milk"
"Allora non si sentirà più se stesso"
"Then he won't feel his self any more"
"Allora non sentirà più i dolori della vita"
"then he won't feel the pains of life any more"
"poi trova un breve intorpidimento dei sensi"
"then he finds a short numbing of the senses"
"Quando si addormenterà davanti alla sua ciotola di vino di riso, troverà lo stesso che troviamo noi"
"When he falls asleep over his bowl of rice-wine, he'll find the same what we find"
"Egli trova ciò che noi troviamo quando fuggiamo dal nostro corpo attraverso lunghi esercizi"
"he finds what we find when we escape our bodies through long exercises"
"Tutti noi rimaniamo nel non-sé"
"all of us are staying in the non-self"
"È così, oh Govinda"
"This is how it is, oh Govinda"
Govinda disse: "Lo dici tu, oh amico"
Spoke Govinda, "You say so, oh friend"
"Eppure tu sai che Siddharta non è il conducente di un carro trainato da buoi"
"and yet you know that Siddhartha is no driver of an ox-cart"
"E tu sai che un Samana non è un ubriacone"
"and you know a Samana is no drunkard"
"E' vero che un bevitore intorpidisce i suoi sensi"
"it's true that a drinker numbs his senses"

"E' vero che fugge un attimo e si riposa"
"it's true that he briefly escapes and rests"
"Ma tornerà dall'illusione e troverà tutto immutato"
"but he'll return from the delusion and finds everything to be unchanged"
"Non è divenuto più saggio"
"he has not become wiser"
"Ha raccolto ogni illuminazione"
"he has gathered any enlightenment"
"Non è salito di qualche gradino"
"he has not risen several steps"
E Siddharta parlò con un sorriso
And Siddhartha spoke with a smile
"Non lo so, non sono mai stato un ubriacone"
"I do not know, I've never been a drunkard"
"So che trovo solo un breve intorpidimento dei sensi"
"I know that I find only a short numbing of the senses"
"Lo trovo nei miei esercizi e nelle mie meditazioni"
"I find it in my exercises and meditations"
"E mi accorgo di essere tanto lontano dalla sapienza quanto un bambino nel grembo materno"
"and I find I am just as far removed from wisdom as a child in the mother's womb"
"Questo lo so, oh Govinda"
"this I know, oh Govinda"

E ancora una volta, un'altra volta, Siddharta cominciò a parlare
And once again, another time, Siddhartha began to speak
Siddharta aveva lasciato la foresta insieme a Govinda
Siddhartha had left the forest, together with Govinda
Partirono per chiedere l'elemosina per un po' di cibo nel villaggio
they left to beg for some food in the village
disse: "E adesso, o Govinda?"
he said, "What now, oh Govinda?"
"Siamo sulla strada giusta?"

"are we on the right path?"
"Ci stiamo avvicinando all'illuminazione?"
"are we getting closer to enlightenment?"
"Ci stiamo avvicinando alla salvezza?"
"are we getting closer to salvation?"
«O forse viviamo in cerchio?»
"Or do we perhaps live in a circle?"
"Noi, che abbiamo pensato di sfuggire al ciclo"
"we, who have thought we were escaping the cycle"
Govinda disse: **"Abbiamo imparato molto"**
Spoke Govinda, "We have learned a lot"
"Siddharta, c'è ancora molto da imparare"
"Siddhartha, there is still much to learn"
"Non giriamo in tondo"
"We are not going around in circles"
"Ci stiamo muovendo verso l'alto; il cerchio è una spirale"
"we are moving up; the circle is a spiral"
"Siamo già saliti a molti livelli"
"we have already ascended many levels"
Siddharta rispose: **"Quanti anni pensi che abbia il nostro Samana più vecchio?"**
Siddhartha answered, "How old would you think our oldest Samana is?"
"Quanti anni ha il nostro venerabile maestro?"
"how old is our venerable teacher?"
Govinda disse: **"Il nostro più vecchio potrebbe avere circa sessant'anni"**
Spoke Govinda, "Our oldest one might be about sixty years of age"
Siddharta disse: **"Ha vissuto per sessant'anni"**
Spoke Siddhartha, "He has lived for sixty years"
"Eppure non ha raggiunto il nirvana"
"and yet he has not reached the nirvana"
"Compirà settant'anni"
"He'll turn seventy and eighty"
"Tu ed io, invecchieremo proprio come lui"
"you and me, we will grow just as old as him"

"E faremo i nostri esercizi"
"and we will do our exercises"
"Digiuneremo e mediteremo"
"and we will fast, and we will meditate"
"Ma non raggiungeremo il nirvana"
"But we will not reach the nirvana"
"Lui non raggiungerà il Nirvana e noi non lo faremo"
"he won't reach nirvana and we won't"
"ci sono innumerevoli Samanas là fuori"
"there are uncountable Samanas out there"
"Forse nessuno raggiungerà il Nirvana"
"perhaps not a single one will reach the nirvana"
"Troviamo conforto, troviamo intorpidimento, impariamo prodezze"
"We find comfort, we find numbness, we learn feats"
"Impariamo queste cose per ingannare gli altri"
"we learn these things to deceive others"
"Ma la cosa più importante, il sentiero dei sentieri, non lo troveremo"
"But the most important thing, the path of paths, we will not find"
Govinda disse: "Se tu non dicessi parole così terribili, Siddharta!"
Spoke Govinda "If you only wouldn't speak such terrible words, Siddhartha!"
"Ci sono tanti uomini dotti"
"there are so many learned men"
"Come potrebbe uno di loro non trovare il sentiero dei sentieri?"
"how could not one of them not find the path of paths?"
"Come possono così tanti brahmani non trovarlo?"
"how can so many Brahmans not find it?"
"Come possono così tanti austeri e venerabili Samana non trovarlo?"
"how can so many austere and venerable Samanas not find it?"
"Come possono tutti quelli che stanno cercando non trovarlo?"

"how can all those who are searching not find it?"
"Come possono i santoni non trovarlo?"
"how can the holy men not find it?"
Ma Siddharta parlava con tanta tristezza quanto con scherno
But Siddhartha spoke with as much sadness as mockery
Parlava con voce calma, un po' triste, un po' beffarda
he spoke with a quiet, a slightly sad, a slightly mocking voice
"Presto, Govinda, il tuo amico lascerà il sentiero dei Samana"
"Soon, Govinda, your friend will leave the path of the Samanas"
"Ha camminato al tuo fianco per così tanto tempo"
"he has walked along your side for so long"
"Soffro la sete"
"I'm suffering of thirst"
"su questo lungo cammino di una Samana, la mia sete è rimasta più forte che mai"
"on this long path of a Samana, my thirst has remained as strong as ever"
"Ho sempre avuto sete di conoscenza"
"I always thirsted for knowledge"
"Sono sempre stato pieno di domande"
"I have always been full of questions"
"L'ho chiesto ai brahmani, anno dopo anno"
"I have asked the Brahmans, year after year"
"E ho chiesto ai santi Veda, anno dopo anno"
"and I have asked the holy Vedas, year after year"
"E ho chiesto ai devoti Samana, anno dopo anno"
"and I have asked the devoted Samanas, year after year"
"forse avrei potuto impararlo dall'uccello bucero"
"perhaps I could have learned it from the hornbill bird"
"forse avrei dovuto chiederlo allo scimpanzé"
"perhaps I should have asked the chimpanzee"
"Mi ci è voluto molto tempo"
"It took me a long time"
"e non ho ancora finito di impararlo"
"and I am not finished learning this yet"
"Oh Govinda, ho imparato che non c'è niente da imparare!"

"oh Govinda, I have learned that there is nothing to be learned!"
"In effetti non esiste una cosa come l'apprendimento"
"There is indeed no such thing as learning"
"C'è solo una conoscenza"
"There is just one knowledge"
"questa conoscenza è ovunque, questo è l'Atman"
"this knowledge is everywhere, this is Atman"
"Questa conoscenza è dentro di me e dentro di te"
"this knowledge is within me and within you"
"E questa conoscenza è dentro ogni creatura"
"and this knowledge is within every creature"
"Questa conoscenza non ha peggior nemico del desiderio di conoscerla"
"this knowledge has no worser enemy than the desire to know it"
"questo è ciò in cui credo"
"that is what I believe"
A questo punto, Govinda si fermò sul sentiero
At this, Govinda stopped on the path
Alzò le mani e parlò
he rose his hands, and spoke
"Se solo non disturbassi il tuo amico con questo tipo di discorsi"
"If only you would not bother your friend with this kind of talk"
"In verità, le tue parole suscitano timore nel mio cuore"
"Truly, your words stir up fear in my heart"
"Pensate, che ne sarebbe della santità della preghiera?"
"consider, what would become of the sanctity of prayer?"
"Che ne sarebbe della venerabilità della casta dei Brahmani?"
"what would become of the venerability of the Brahmans' caste?"
"Che ne sarebbe della santità dei Samana?"
"what would happen to the holiness of the Samanas?"
"Che ne sarebbe allora di tutto ciò che è santo"

"What would then become of all of that is holy"
"Che cosa ci sarebbe ancora di prezioso?"
"what would still be precious?"
E Govinda borbottò tra sé e sé un verso di un'Upanishad
And Govinda mumbled a verse from an Upanishad to himself
"Colui che meditando, di spirito purificato, si perde nella meditazione dell'Atman"
"He who ponderingly, of a purified spirit, loses himself in the meditation of Atman"
"inesprimibile a parole è la beatitudine del suo cuore"
"inexpressible by words is the blissfulness of his heart"
Ma Siddharta rimase in silenzio
But Siddhartha remained silent
Pensò alle parole che Govinda gli aveva detto
He thought about the words which Govinda had said to him
e pensò alle parole fino alla fine
and he thought the words through to their end
Pensava a ciò che sarebbe rimasto di tutto ciò che sembrava santo
he thought about what would remain of all that which seemed holy
Cosa resta? Cosa può superare la prova?
What remains? What can stand the test?
E scosse la testa
And he shook his head

i due giovani vivevano tra i Samana da circa tre anni
the two young men had lived among the Samanas for about three years
Qualche notizia, una voce, un mito li raggiunse
some news, a rumour, a myth reached them
La voce era stata ripetuta molte volte
the rumour had been retold many times
Era apparso un uomo, di nome Gotama
A man had appeared, Gotama by name
l'eccelso, il Buddha
the exalted one, the Buddha

Aveva vinto in se stesso la sofferenza del mondo
he had overcome the suffering of the world in himself
e aveva fermato il ciclo delle rinascite
and he had halted the cycle of rebirths
Si diceva che vagasse per il paese, insegnando
He was said to wander through the land, teaching
Si diceva che fosse circondato da discepoli
he was said to be surrounded by disciples
Si diceva che fosse senza possedimenti, senza casa o senza moglie
he was said to be without possession, home, or wife
Si diceva che indossasse solo il mantello giallo di un asceta
he was said to be in just the yellow cloak of an ascetic
ma era con una fronte allegra
but he was with a cheerful brow
e si diceva che fosse un uomo di beatitudine
and he was said to be a man of bliss
Brahmani e principi si inchinarono davanti a lui
Brahmans and princes bowed down before him
e divennero suoi allievi
and they became his students
Questo mito, questa diceria, questa leggenda risuonava
This myth, this rumour, this legend resounded
il suo profumo saliva, qua e là, nelle città
its fragrance rose up, here and there, in the towns
i brahmani parlarono di questa leggenda
the Brahmans spoke of this legend
e nella foresta, i Samana ne parlavano
and in the forest, the Samanas spoke of it
più e più volte, il nome di Gotama il Buddha raggiunse le orecchie dei giovani
again and again, the name of Gotama the Buddha reached the ears of the young men
si parlava bene e male di Gotama
there was good and bad talk of Gotama
alcuni lodavano Gotama, altri lo diffamavano
some praised Gotama, others defamed him

Era come se la peste fosse scoppiata in un paese
It was as if the plague had broken out in a country
si era sparsa la voce che in un luogo o nell'altro c'era un uomo
news had been spreading around that in one or another place there was a man
un uomo saggio, un sapiente
a wise man, a knowledgeable one
un uomo la cui parola e il cui respiro bastavano a guarire tutti
a man whose word and breath was enough to heal everyone
La sua presenza poteva guarire chiunque fosse stato infettato dalla pestilenza
his presence could heal anyone who had been infected with the pestilence
Notizie del genere si sparsero per il paese e tutti ne parlavano
such news went through the land, and everyone would talk about it
Molti credettero alle voci, molti ne dubitarono
many believed the rumours, many doubted them
Ma molti si sono messi in viaggio il prima possibile
but many got on their way as soon as possible
Andarono a cercare il saggio, l'aiutante
they went to seek the wise man, the helper
il saggio della famiglia di Sakya
the wise man of the family of Sakya
Egli possedeva, così dicevano i credenti, la più alta illuminazione
He possessed, so the believers said, the highest enlightenment
ricordò le sue vite precedenti; Aveva raggiunto il nirvana
he remembered his previous lives; he had reached the nirvana
e non è mai più tornato nel ciclo
and he never returned into the cycle
Non fu mai più sommerso nel torbido fiume delle forme fisiche
he was never again submerged in the murky river of physical

forms
Di lui sono state dette molte cose meravigliose e incredibili
Many wonderful and unbelievable things were reported of him
aveva compiuto miracoli
he had performed miracles
aveva vinto il diavolo
he had overcome the devil
Aveva parlato con gli dèi
he had spoken to the gods
Ma i suoi nemici e miscredenti dicevano che Gotama era un seduttore vanitoso
But his enemies and disbelievers said Gotama was a vain seducer
Dicevano che trascorreva le sue giornate nel lusso
they said he spent his days in luxury
Dicevano che disprezzava le offerte
they said he scorned the offerings
Dicevano che non aveva imparato
they said he was without learning
Hanno detto che non conosceva né esercizi meditativi né autocastigazione
they said he knew neither meditative exercises nor self-castigation
Il mito di Buddha suonava dolce
The myth of Buddha sounded sweet
Il profumo della magia sgorgava da questi resoconti
The scent of magic flowed from these reports
Dopo tutto, il mondo era malato e la vita era difficile da sopportare
After all, the world was sick, and life was hard to bear
ed ecco, qui parve sgorgare una fonte di sollievo
and behold, here a source of relief seemed to spring forth
Qui un messaggero sembrò chiamare
here a messenger seemed to call out
confortante, mite, pieno di nobili promesse
comforting, mild, full of noble promises

Ovunque si sentisse la voce del Buddha, i giovani ascoltavano
Everywhere where the rumour of Buddha was heard, the young men listened up
dappertutto nelle terre dell'India sentivano un desiderio
everywhere in the lands of India they felt a longing
Ovunque la gente cercasse, sentiva speranza
everywhere where the people searched, they felt hope
Ogni pellegrino e forestiero era il benvenuto quando portava notizie di lui
every pilgrim and stranger was welcome when he brought news of him
l'eccelso, il Sakyamuni
the exalted one, the Sakyamuni
Il mito aveva raggiunto anche i Samana nella foresta
The myth had also reached the Samanas in the forest
e anche Siddharta e Govinda udirono il mito
and Siddhartha and Govinda heard the myth too
Lentamente, goccia dopo goccia, sentirono il mito
slowly, drop by drop, they heard the myth
Ogni goccia era carica di speranza
every drop was laden with hope
ogni goccia era carica di dubbi
every drop was laden with doubt
Ne parlavano raramente
They rarely talked about it
perché al più anziano dei Samana non piaceva questo mito
because the oldest one of the Samanas did not like this myth
aveva sentito dire che questo presunto Buddha era un asceta
he had heard that this alleged Buddha used to be an ascetic
Sentì dire che aveva vissuto nella foresta
he heard he had lived in the forest
ma era tornato al lusso e ai piaceri mondani
but he had turned back to luxury and worldly pleasures
e non aveva un'alta opinione di questo Gotama
and he had no high opinion of this Gotama

"**Oh Siddharta**", disse un giorno Govinda al suo amico"
"Oh Siddhartha," Govinda spoke one day to his friend
"**Oggi ero in paese**"
"Today, I was in the village"
"**e un brahmano mi invitò a casa sua**"
"and a Brahman invited me into his house"
"**E nella sua casa c'era il figlio di un brahmano del Magadha**"
"and in his house, there was the son of a Brahman from Magadha"
"**ha visto il Buddha con i suoi occhi**"
"he has seen the Buddha with his own eyes"
"**Ed egli l'ha udito insegnare**"
"and he has heard him teach"
"**In verità, questo mi faceva male al petto quando respiravo**"
"Verily, this made my chest ache when I breathed"
"**E ho pensato questo:** "
"and I thought this to myself:"
"**Se solo ascoltassimo gli insegnamenti dalla bocca di quest'uomo perfetto!**"
"if only we heard the teachings from the mouth of this perfected man!"
"**Parla, amico, non vorremmo andarci anche noi?**"
"Speak, friend, wouldn't we want to go there too"
"**Non sarebbe bello ascoltare gli insegnamenti dalla bocca del Buddha?**"
"wouldn't it be good to listen to the teachings from the Buddha's mouth?"
Siddharta disse: "Pensavo che saresti rimasto con i Samana"
Spoke Siddhartha, "I had thought you would stay with the Samanas"
"**Ho sempre creduto che il tuo obiettivo fosse vivere fino a settant'anni**"
"I always had believed your goal was to live to be seventy"
"**Pensavo che avresti continuato a praticare quelle prodezze ed esercizi**"
"I thought you would keep practising those feats and exercises"

"E pensavo che saresti diventata una Samana"
"and I thought you would become a Samana"
"Ma ecco, io non conoscevo abbastanza bene Govinda"
"But behold, I had not known Govinda well enough"
"Conoscevo poco del suo cuore"
"I knew little of his heart"
"Quindi ora vuoi prendere una nuova strada"
"So now you want to take a new path"
"e tu vuoi andare là dove il Buddha diffonde i suoi insegnamenti"
"and you want to go there where the Buddha spreads his teachings"
Govinda parlò: "Mi stai prendendo in giro"
Spoke Govinda, "You're mocking me"
"Prenditi gioco di me, se vuoi, Siddharta!"
"Mock me if you like, Siddhartha!"
"Ma non hai anche tu sviluppato il desiderio di ascoltare questi insegnamenti?"
"But have you not also developed a desire to hear these teachings?"
"Non hai detto che non avresti percorso il sentiero dei Samana ancora per molto?"
"have you not said you would not walk the path of the Samanas for much longer?"
A queste parole, Siddharta rise alla sua maniera
At this, Siddhartha laughed in his very own manner
il modo in cui la sua voce assumeva un tocco di tristezza
the manner in which his voice assumed a touch of sadness
ma aveva ancora quel tocco di scherno
but it still had that touch of mockery
Siddharta parlò: "Govinda, hai parlato bene"
Spoke Siddhartha, "Govinda, you've spoken well"
"Ricordati bene quello che ho detto"
"you've remembered correctly what I said"
"Se solo ti ricordassi dell'altra cosa che hai sentito da me"
"If only you remembered the other thing you've heard from me"

"Sono diventato diffidente e stanco nei confronti degli insegnamenti e dell'apprendimento"
"I have grown distrustful and tired against teachings and learning"
"La mia fede nelle parole, che ci vengono portate dagli insegnanti, è piccola"
"my faith in words, which are brought to us by teachers, is small"
"Ma facciamolo, mia cara"
"But let's do it, my dear"
"Sono disposto ad ascoltare questi insegnamenti"
"I am willing to listen to these teachings"
"anche se nel mio cuore non ho speranza"
"though in my heart I do not have hope"
"Credo che abbiamo già assaggiato il frutto migliore di questi insegnamenti"
"I believe that we've already tasted the best fruit of these teachings"
Govinda disse: "La tua disponibilità delizia il mio cuore"
Spoke Govinda, "Your willingness delights my heart"
"Ma dimmi, come potrebbe essere possibile?"
"But tell me, how should this be possible?"
"Com'è possibile che gli insegnamenti dei Gotama ci abbiano già rivelato i loro frutti migliori?"
"How can the Gotama's teachings have already revealed their best fruit to us?"
"Non abbiamo ancora udito le sue parole"
"we have not heard his words yet"
Siddharta disse: "Mangiamo questo frutto"
Spoke Siddhartha, "Let us eat this fruit"
"E aspettiamo il resto, o Govinda!"
"and let us wait for the rest, oh Govinda!"
"Ma questo frutto consiste nel chiamarci via dai Samana"
"But this fruit consists in him calling us away from the Samanas"
"E l'abbiamo già ricevuta grazie al Gotama!"
"and we have already received it thanks to the Gotama!"

"Se ne ha ancora, attendiamolo con cuore sereno"
"Whether he has more, let us await with calm hearts"

In quello stesso giorno Siddharta parlò al più vecchio Samana
On this very same day Siddhartha spoke to the oldest Samana
gli raccontò della sua decisione di lasciare i Samana
he told him of his decision to leaves the Samanas
informò il più anziano con cortesia e modestia
he informed the oldest one with courtesy and modesty
ma il Samaná si arrabbiò perché i due giovani volevano lasciarlo
but the Samana became angry that the two young men wanted to leave him
e parlava ad alta voce e usava parole volgari
and he talked loudly and used crude words
Govinda trasalì e si imbarazzò
Govinda was startled and became embarrassed
Ma Siddharta avvicinò la bocca all'orecchio di Govinda
But Siddhartha put his mouth close to Govinda's ear
"Ora, voglio mostrare al vecchio quello che ho imparato da lui"
"Now, I want to show the old man what I've learned from him"
Siddharta si posizionò di fronte al Samana
Siddhartha positioned himself closely in front of the Samana
Con l'animo concentrato, catturò lo sguardo del vecchio
with a concentrated soul, he captured the old man's glance
lo privò del suo potere e lo rese muto
he deprived him of his power and made him mute
gli tolse il libero arbitrio
he took away his free will
Lo sottomise di sua volontà e gli ordinò
he subdued him under his own will, and commanded him
I suoi occhi divennero immobili e la sua volontà fu paralizzata
his eyes became motionless, and his will was paralysed

le sue braccia pendevano senza forza
his arms were hanging down without power
era caduto vittima dell'incantesimo di Siddharta
he had fallen victim to Siddhartha's spell
I pensieri di Siddharta portarono il Samana sotto il loro controllo
Siddhartha's thoughts brought the Samana under their control
Doveva eseguire ciò che gli avevano comandato
he had to carry out what they commanded
E così, il vecchio fece diversi inchini
And thus, the old man made several bows
compiva gesti di benedizione
he performed gestures of blessing
Disse balbettando un santo augurio di buon viaggio
he spoke stammeringly a godly wish for a good journey
I giovani ricambiarono gli auguri con i ringraziamenti
the young men returned the good wishes with thanks
Partirono per la loro strada salutando
they went on their way with salutations
Lungo la strada, Govinda parlò di nuovo
On the way, Govinda spoke again
"Oh Siddharta, tu hai imparato dai Samana più di quanto sapessi io"
"Oh Siddhartha, you have learned more from the Samanas than I knew"
"È molto difficile lanciare un incantesimo su una vecchia Samana"
"It is very hard to cast a spell on an old Samana"
"In verità, se tu fossi rimasto lì, avresti presto imparato a camminare sull'acqua"
"Truly, if you had stayed there, you would soon have learned to walk on water"
"Io non cerco di camminare sull'acqua" disse Siddharta
"I do not seek to walk on water" said Siddhartha
"Che il vecchio Samanas si accontenti di queste prodezze!"
"Let old Samanas be content with such feats!"

Gotama

A Savathi, ogni bambino conosceva il nome dell'eccelso Buddha
In Savathi, every child knew the name of the exalted Buddha
Ogni casa era preparata per la sua venuta
every house was prepared for his coming
ogni casa riempiva le elemosine dei discepoli di Gotama
each house filled the alms-dishes of Gotama's disciples
I discepoli di Gotama erano quelli che chiedevano l'elemosina in silenzio
Gotama's disciples were the silently begging ones
Vicino alla città c'era il posto preferito di Gotama in cui soggiornare
Near the town was Gotama's favourite place to stay
soggiornò nel giardino di Jetavana
he stayed in the garden of Jetavana
il ricco mercante Anathapindika aveva donato il giardino a Gotama
the rich merchant Anathapindika had given the garden to Gotama
gliel'aveva data in dono
he had given it to him as a gift
Era un ubbidiente adoratore dell'Eccelso
he was an obedient worshipper of the exalted one
I due giovani asceti avevano ricevuto racconti e risposte
the two young ascetics had received tales and answers
tutti questi racconti e risposte li indicavano alla dimora di Gotama
all these tales and answers pointed them to Gotama's abode
arrivarono nella città di Savathi
they arrived in the town of Savathi
Andarono alla prima porta della città
they went to the very first door of the town
e imploravano cibo alla porta
and they begged for food at the door
Una donna offrì loro del cibo

a woman offered them food
ed essi accettarono il cibo
and they accepted the food
Siddharta chiese alla donna
Siddhartha asked the woman
"Oh caritatevole, dove abita il Buddha?"
"oh charitable one, where does the Buddha dwell?"
"siamo due Samana della foresta"
"we are two Samanas from the forest"
"Siamo venuti a vedere il Perfetto"
"we have come to see the perfected one"
"Siamo venuti per ascoltare gli insegnamenti dalla sua bocca"
"we have come to hear the teachings from his mouth"
Disse la donna: "Tu Samana della foresta"
Spoke the woman, "you Samanas from the forest"
"Sei davvero nel posto giusto"
"you have truly come to the right place"
"dovresti sapere, a Jetavana, c'è il giardino di Anathapindika"
"you should know, in Jetavana, there is the garden of Anathapindika"
"È lì che abita l'Eccelso"
"that is where the exalted one dwells"
"Là voi pellegrini passerete la notte"
"there you pilgrims shall spend the night"
"C'è abbastanza spazio per gli innumerevoli, che qui accorrono"
"there is enough space for the innumerable, who flock here"
"Anch'essi vengono ad ascoltare gli insegnamenti dalla sua bocca"
"they too come to hear the teachings from his mouth"
Questo rese Govinda felice e pieno di gioia
This made Govinda happy, and full of joy
Esclamò: "Siamo arrivati a destinazione"
he exclaimed, "we have reached our destination"
"Il nostro cammino è giunto al termine!"

"our path has come to an end!"
"Ma dicci, o madre dei pellegrini"
"But tell us, oh mother of the pilgrims"
"Lo conosci, il Buddha?"
"do you know him, the Buddha?"
"L'hai visto con i tuoi occhi?"
"have you seen him with your own eyes?"
La donna disse: "Molte volte l'ho visto, l'eccelso"
Spoke the woman, "Many times I have seen him, the exalted one"
"Per molti giorni l'ho visto"
"On many days I have seen him"
"L'ho visto camminare per i vicoli in silenzio"
"I have seen him walking through the alleys in silence"
"L'ho visto indossare il suo mantello giallo"
"I have seen him wearing his yellow cloak"
"L'ho visto presentare in silenzio il suo piatto dell'elemosina"
"I have seen him presenting his alms-dish in silence"
"L'ho visto alle porte delle case"
"I have seen him at the doors of the houses"
"e l'ho visto andarsene con un piatto pieno"
"and I have seen him leaving with a filled dish"
Felice, Govinda ascoltò la donna
Delightedly, Govinda listened to the woman
e voleva chiedere e sentire molto di più
and he wanted to ask and hear much more
Ma Siddharta lo esortò a proseguire
But Siddhartha urged him to walk on
Ringraziarono la donna e se ne andarono
They thanked the woman and left
A malapena hanno dovuto chiedere indicazioni
they hardly had to ask for directions
molti pellegrini e monaci erano in viaggio verso il Jetavana
many pilgrims and monks were on their way to the Jetavana
Lo raggiungevano di notte, quindi c'erano continui arrivi
they reached it at night, so there were constant arrivals

e quelli che cercavano riparo lo ottenevano
and those who sought shelter got it
I due Samana erano abituati alla vita nella foresta
The two Samanas were accustomed to life in the forest
Così, senza fare rumore, hanno trovato rapidamente un posto dove stare
so without making any noise they quickly found a place to stay
e lì si riposarono fino al mattino
and they rested there until the morning

All'alba videro con stupore le dimensioni della folla
At sunrise, they saw with astonishment the size of the crowd
un gran numero di credenti era venuto
a great many number of believers had come
e un gran numero di curiosi vi aveva passato la notte
and a great number of curious people had spent the night here
Su tutti i sentieri del meraviglioso giardino, i monaci camminavano in vesti gialle
On all paths of the marvellous garden, monks walked in yellow robes
sotto gli alberi sedevano qua e là, in profonda contemplazione
under the trees they sat here and there, in deep contemplation
oppure stavano conversando su questioni spirituali
or they were in a conversation about spiritual matters
I giardini ombrosi sembravano una città
the shady gardens looked like a city
Una città piena di gente, indaffarata come api
a city full of people, bustling like bees
La maggior parte dei monaci uscì con il loro piatto per l'elemosina
The majority of the monks went out with their alms-dish
Uscirono per raccogliere il cibo per il pranzo
they went out to collect food for their lunch
Questo sarebbe stato il loro unico pasto della giornata
this would be their only meal of the day

Anche il Buddha stesso, l'illuminato, chiedeva l'elemosina al mattino
The Buddha himself, the enlightened one, also begged in the mornings
Siddharta lo vide e lo riconobbe all'istante
Siddhartha saw him, and he instantly recognised him
lo riconobbe come se un Dio glielo avesse indicato
he recognised him as if a God had pointed him out
Lo vide, un uomo semplice con una veste gialla
He saw him, a simple man in a yellow robe
Portava in mano il piatto dell'elemosina e camminava in silenzio
he was bearing the alms-dish in his hand, walking silently
"Guarda qui!" Siddharta disse tranquillamente a Govinda
"Look here!" Siddhartha said quietly to Govinda
"Questo è il Buddha"
"This one is the Buddha"
Con attenzione, Govinda guardò il monaco con la veste gialla
Attentively, Govinda looked at the monk in the yellow robe
Questo monaco non sembrava essere in alcun modo diverso da tutti gli altri
this monk seemed to be in no way different from any of the others
ma ben presto, anche Govinda si rese conto che questo era quello giusto
but soon, Govinda also realized that this is the one
Ed essi lo seguirono e lo osservarono
And they followed him and observed him
Il Buddha proseguì per la sua strada, modesto e assorto nei suoi pensieri
The Buddha went on his way, modestly and deep in his thoughts
Il suo volto calmo non era né felice né triste
his calm face was neither happy nor sad
Il suo viso sembrava sorridere tranquillamente e interiormente

his face seemed to smile quietly and inwardly
Il suo sorriso era nascosto, calmo e calmo
his smile was hidden, quiet and calm
il modo in cui camminava il Buddha assomigliava un po' a quello di un bambino sano
the way the Buddha walked somewhat resembled a healthy child
Camminava proprio come facevano tutti i suoi monaci
he walked just as all of his monks did
Mise i piedi secondo una regola precisa
he placed his feet according to a precise rule
il suo viso e il suo camminare, il suo sguardo sommessamente abbassato
his face and his walk, his quietly lowered glance
la sua mano penzolante silenziosamente, ogni suo dito
his quietly dangling hand, every finger of it
Tutte queste cose esprimevano pace
all these things expressed peace
Tutte queste cose esprimevano la perfezione
all these things expressed perfection
non ha cercato, né ha imitato
he did not search, nor did he imitate
Dentro di sé respirò dolcemente una calma implacabile
he softly breathed inwardly an unwhithering calm
Esteriormente brillava di una luce che non brillava
he shone outwardly an unwhithering light
Aveva intorno a sé una pace intoccabile
he had about him an untouchable peace
i due Samana lo riconobbero solo per la perfezione della sua calma
the two Samanas recognised him solely by the perfection of his calm
Lo riconobbero dalla calma del suo aspetto
they recognized him by the quietness of his appearance
la quiete del suo aspetto in cui non c'era ricerca
the quietness in his appearance in which there was no searching

non c'era desiderio, né imitazione
there was no desire, nor imitation
non c'era alcuno sforzo per essere visto
there was no effort to be seen
Nel suo aspetto si vedevano solo luce e pace
only light and peace was to be seen in his appearance
"Oggi ascolteremo gli insegnamenti dalla sua bocca" disse Govinda
"Today, we'll hear the teachings from his mouth" said Govinda
Siddharta non rispose
Siddhartha did not answer
Provava poca curiosità per gli insegnamenti
He felt little curiosity for the teachings
Non credeva che gli avrebbero insegnato qualcosa di nuovo
he did not believe that they would teach him anything new
aveva ascoltato il contenuto degli insegnamenti di questo Buddha più e più volte
he had heard the contents of this Buddha's teachings again and again
Ma questi rapporti rappresentavano solo informazioni di seconda mano
but these reports only represented second hand information
Ma guardò attentamente la testa di Gotama
But attentively he looked at Gotama's head
le sue spalle, i suoi piedi, la sua mano penzolante silenziosamente
his shoulders, his feet, his quietly dangling hand
Era come se ogni dito di questa mano appartenesse a questi insegnamenti
it was as if every finger of this hand was of these teachings
le sue dita parlavano di verità
his fingers spoke of truth
Le sue dita respiravano ed esalavano il profumo della verità
his fingers breathed and exhaled the fragrance of truth
le sue dita luccicavano di verità
his fingers glistened with truth

questo Buddha era veritiero fino al gesto del suo ultimo dito
this Buddha was truthful down to the gesture of his last finger
Siddharta poté vedere che quell'uomo era santo
Siddhartha could see that this man was holy
Mai prima di allora, Siddharta aveva venerato così tanto una persona
Never before, Siddhartha had venerated a person so much
Non aveva mai amato una persona come questa
he had never before loved a person as much as this one
Entrambi seguirono il Buddha finché non raggiunsero la città
They both followed the Buddha until they reached the town
e poi tornarono al loro silenzio
and then they returned to their silence
essi stessi intendevano astenersi in questo giorno
they themselves intended to abstain on this day
Videro Gotama restituire il cibo che gli era stato dato
They saw Gotama returning the food that had been given to him
Quello che mangiava non avrebbe potuto nemmeno soddisfare l'appetito di un uccello
what he ate could not even have satisfied a bird's appetite
e lo videro ritirarsi all'ombra dei manghi
and they saw him retiring into the shade of the mango-trees

La sera il caldo si era raffreddato
in the evening the heat had cooled down
Tutti nell'accampamento cominciarono ad agitarsi e si radunarono intorno
everyone in the camp started to bustle about and gathered around
udirono l'insegnamento del Buddha e la sua voce
they heard the Buddha teaching, and his voice
e anche la sua voce era perfezionata
and his voice was also perfected
La sua voce era di perfetta calma
his voice was of perfect calmness

la sua voce era piena di pace
his voice was full of peace
Gotama insegnò gli insegnamenti della sofferenza
Gotama taught the teachings of suffering
Ha insegnato l'origine della sofferenza
he taught of the origin of suffering
Ha insegnato il modo per alleviare la sofferenza
he taught of the way to relieve suffering
Con calma e chiarezza il suo discorso tranquillo continuava
Calmly and clearly his quiet speech flowed on
La sofferenza era vita, e pieno di sofferenza era il mondo
Suffering was life, and full of suffering was the world
ma la salvezza dalla sofferenza era stata trovata
but salvation from suffering had been found
la salvezza fu ottenuta da colui che avrebbe percorso il sentiero del Buddha
salvation was obtained by him who would walk the path of the Buddha
Con voce soave, ma ferma, parlò l'eccelso
With a soft, yet firm voice the exalted one spoke
Insegnò le quattro dottrine principali
he taught the four main doctrines
Egli insegnò l'ottuplice sentiero
he taught the eight-fold path
Pazientemente seguì la solita strada degli insegnamenti
patiently he went the usual path of the teachings
I suoi insegnamenti contenevano gli esempi
his teachings contained the examples
Il suo insegnamento si avvaleva delle ripetizioni
his teaching made use of the repetitions
Vivacemente e sommessamente la sua voce aleggiava sugli ascoltatori
brightly and quietly his voice hovered over the listeners
la sua voce era come una luce
his voice was like a light
la sua voce era come un cielo stellato
his voice was like a starry sky

Quando il Buddha terminò il suo discorso, molti pellegrini si fecero avanti
When the Buddha ended his speech, many pilgrims stepped forward
Hanno chiesto di essere accettati nella comunità
they asked to be accepted into the community
Cercarono rifugio negli insegnamenti
they sought refuge in the teachings
E Gotama li accettò parlando
And Gotama accepted them by speaking
"Hai ascoltato bene gli insegnamenti"
"You have heard the teachings well"
"Unisciti a noi e cammina in santità"
"join us and walk in holiness"
"Porre fine a ogni sofferenza"
"put an end to all suffering"
Ecco, allora anche Govinda, il timido, si fece avanti e parlò
Behold, then Govinda, the shy one, also stepped forward and spoke
"Anch'io prendo rifugio nell'Eccelso e nei suoi insegnamenti"
"I also take my refuge in the exalted one and his teachings"
e chiese di essere accolto nella comunità dei suoi discepoli
and he asked to be accepted into the community of his disciples
e fu accettato nella comunità dei discepoli di Gotama
and he was accepted into the community of Gotama's disciples

il Buddha si era ritirato per la notte
the Buddha had retired for the night
Govinda si voltò verso Siddharta e gli parlò con entusiasmo
Govinda turned to Siddhartha and spoke eagerly
"Siddharta, non spetta a me rimproverarti"
"Siddhartha, it is not my place to scold you"
"Entrambi abbiamo udito l'eccelso"
"We have both heard the exalted one"
"Entrambi abbiamo percepito gli insegnamenti"

"we have both perceived the teachings"
"Govinda ha ascoltato gli insegnamenti"
"Govinda has heard the teachings"
"Si è rifugiato negli insegnamenti"
"he has taken refuge in the teachings"
"Ma, mio onorato amico, devo chiedertelo"
"But, my honoured friend, I must ask you"
"Non vuoi percorrere anche tu il sentiero della salvezza?"
"don't you also want to walk the path of salvation?"
"Vorresti esitare?"
"Would you want to hesitate?"
"Vuoi aspettare ancora?"
"do you want to wait any longer?"
Siddharta si svegliò come se si fosse addormentato
Siddhartha awakened as if he had been asleep
Guardò a lungo il volto di Govinda
For a long time, he looked into Govinda's face
Poi parlò a bassa voce, con voce senza scherno
Then he spoke quietly, in a voice without mockery
"Govinda, amico mio, ora hai fatto questo passo"
"Govinda, my friend, now you have taken this step"
"Ora hai scelto questa strada"
"now you have chosen this path"
"Sempre, oh Govinda, sei stato mio amico"
"Always, oh Govinda, you've been my friend"
"Hai sempre camminato un passo dietro di me"
"you've always walked one step behind me"
"Spesso ho pensato a te"
"Often I have thought about you"
"'Anche Govinda, per una volta, non farà un passo da solo'"
"'Won't Govinda for once also take a step by himself'"
"'Govinda non farà un passo senza di me?'"
"'won't Govinda take a step without me?'"
"'Non farà un passo guidato dalla sua stessa anima?'"
"'won't he take a step driven by his own soul?'"
"Ecco, ora ti sei trasformato in un uomo"
"Behold, now you've turned into a man"

"Stai scegliendo la tua strada per te stesso"
"you are choosing your path for yourself"
"Vorrei che tu lo andassi fino alla fine"
"I wish that you would go it up to its end"
"Oh amico mio, spero che troverai la salvezza!"
"oh my friend, I hope that you shall find salvation!"
Govinda, non l'aveva ancora capito del tutto
Govinda, did not completely understand it yet
Ripeté la sua domanda in tono impaziente
he repeated his question in an impatient tone
"Parla, ti prego, mia cara!"
"Speak up, I beg you, my dear!"
"Dimmi, visto che non potrebbe essere altrimenti"
"Tell me, since it could not be any other way"
"Non vuoi prendere anche tu il tuo rifugio presso l'eccelso Buddha?"
"won't you also take your refuge with the exalted Buddha?"
Siddharta posò la mano sulla spalla di Govinda
Siddhartha placed his hand on Govinda's shoulder
"Non hai ascoltato il mio augurio per te"
"You failed to hear my good wish for you"
"Ti ripeto il mio desiderio"
"I'm repeating my wish for you"
"Vorrei che tu seguissi questa strada"
"I wish that you would go this path"
"Vorrei che tu arrivassi fino alla fine di questo sentiero"
"I wish that you would go up to this path's end"
"Ti auguro di trovare la salvezza!"
"I wish that you shall find salvation!"
In quel momento, Govinda si rese conto che il suo amico lo aveva lasciato
In this moment, Govinda realized that his friend had left him
Quando se ne rese conto, si mise a piangere
when he realized this he started to weep
«Siddharta!» esclamò con rammarico
"Siddhartha!" he exclaimed lamentingly
Siddharta gli parlò gentilmente

Siddhartha kindly spoke to him
"Non dimenticare, Govinda, chi sei"
"don't forget, Govinda, who you are"
"ora sei uno dei Samana del Buddha"
"you are now one of the Samanas of the Buddha"
"Hai rinunciato alla tua casa e ai tuoi genitori"
"You have renounced your home and your parents"
"Hai rinunciato alla tua nascita e ai tuoi beni"
"you have renounced your birth and possessions"
"Hai rinunciato al tuo libero arbitrio"
"you have renounced your free will"
"Hai rinunciato ad ogni amicizia"
"you have renounced all friendship"
"Questo è ciò che gli insegnamenti richiedono"
"This is what the teachings require"
"Questo è ciò che vuole l'Eccelso"
"this is what the exalted one wants"
"Questo è quello che volevi per te stesso"
"This is what you wanted for yourself"
"Domani, o Govinda, ti lascerò"
"Tomorrow, oh Govinda, I will leave you"
Per molto tempo, gli amici continuarono a passeggiare in giardino
For a long time, the friends continued walking in the garden
Per molto tempo rimasero sdraiati lì e non trovarono sonno
for a long time, they lay there and found no sleep
E più e più volte, Govinda esortò il suo amico
And over and over again, Govinda urged his friend
"Perché non vorresti cercare rifugio negli insegnamenti di Gotama?"
"why would you not want to seek refuge in Gotama's teachings?"
"Che difetto potresti trovare in questi insegnamenti?"
"what fault could you find in these teachings?"
Ma Siddharta voltò le spalle al suo amico
But Siddhartha turned away from his friend
ogni volta diceva: "Accontentati, Govinda!"

every time he said, "Be content, Govinda!"
"Molto buoni sono gli insegnamenti dell'eccelso"
"Very good are the teachings of the exalted one"
"Come potrei trovare un difetto nei suoi insegnamenti?"
"how could I find a fault in his teachings?"

Era mattina molto presto
it was very early in the morning
Uno dei monaci più anziani attraversò il giardino
one of the oldest monks went through the garden
Egli chiamò coloro che avevano preso rifugio negli insegnamenti
he called to those who had taken their refuge in the teachings
Li chiamò per vestirli con la veste gialla
he called them to dress them up in the yellow robe
e li istruisce nei primi insegnamenti e doveri della loro posizione
and he instruct them in the first teachings and duties of their position
Govinda abbracciò ancora una volta il suo amico d'infanzia
Govinda once again embraced his childhood friend
e poi se ne andò con i novizi
and then he left with the novices
Ma Siddharta attraversò il giardino, assorto nei suoi pensieri
But Siddhartha walked through the garden, lost in thought
Poi gli capitò di incontrare Gotama, l'eccelso
Then he happened to meet Gotama, the exalted one
Lo salutò con rispetto
he greeted him with respect
lo sguardo del Buddha era pieno di gentilezza e calma
the Buddha's glance was full of kindness and calm
Il giovane raccolse il suo coraggio
the young man summoned his courage
Chiese al Venerabile il permesso di parlargli
he asked the venerable one for the permission to talk to him
In silenzio, l'eccelso fece un cenno di approvazione
Silently, the exalted one nodded his approval

Siddharta disse: "Ieri, o eccelso"
Spoke Siddhartha, "Yesterday, oh exalted one"
"Ho avuto il privilegio di ascoltare i tuoi meravigliosi insegnamenti"
"I had been privileged to hear your wondrous teachings"
"Insieme al mio amico, ero venuto da lontano, per ascoltare i tuoi insegnamenti"
"Together with my friend, I had come from afar, to hear your teachings"
"E ora il mio amico resterà con la tua gente"
"And now my friend is going to stay with your people"
"Egli si è rifugiato presso di te"
"he has taken his refuge with you"
"Ma ricomincerò il mio pellegrinaggio"
"But I will again start on my pilgrimage"
"Come ti pare", disse educatamente il venerabile
"As you please," the venerable one spoke politely
«Troppo audace è il mio discorso», continuò Siddharta
"Too bold is my speech," Siddhartha continued
"ma non voglio lasciare l'eccelso su questa nota"
"but I do not want to leave the exalted on this note"
"Voglio condividere con il più venerabile i miei pensieri onesti"
"I want to share with the most venerable one my honest thoughts"
«Fa piacere al venerabile ascoltare ancora un momento?»
"Does it please the venerable one to listen for one moment longer?"
In silenzio, il Buddha annuì con la testa
Silently, the Buddha nodded his approval
Siddharta disse: "O venerabilissimo"
Spoke Siddhartha, "oh most venerable one"
"c'è una cosa che ho ammirato più di ogni altra cosa nei tuoi insegnamenti"
"there is one thing I have admired in your teachings most of all"
"Tutto nei tuoi insegnamenti è perfettamente chiaro"

"Everything in your teachings is perfectly clear"
"Quello di cui parli è provato"
"what you speak of is proven"
"Stai presentando il mondo come una catena perfetta"
"you are presenting the world as a perfect chain"
"Una catena che non si spezza mai e da nessuna parte"
"a chain which is never and nowhere broken"
"una catena eterna i cui anelli sono cause ed effetti"
"an eternal chain the links of which are causes and effects"
"Mai prima d'ora, questo è stato visto così chiaramente"
"Never before, has this been seen so clearly"
"Mai prima d'ora, questo è stato presentato in modo così inconfutabile"
"never before, has this been presented so irrefutably"
"In verità, il cuore di ogni Brahman deve battere più forte d'amore"
"truly, the heart of every Brahman has to beat stronger with love"
"Ha visto il mondo attraverso i tuoi insegnamenti perfettamente connessi"
"he has seen the world through your perfectly connected teachings"
"senza fessure, chiaro come un cristallo"
"without gaps, clear as a crystal"
"non dipendere dal caso, non dipendere dagli Dei"
"not depending on chance, not depending on Gods"
"Deve accettarlo, sia esso buono o cattivo"
"he has to accept it whether it may be good or bad"
"Deve vivere di essa, sia che si tratti di sofferenza o di gioia"
"he has to live by it whether it would be suffering or joy"
"ma non voglio discutere dell'uniformità del mondo"
"but I do not wish to discuss the uniformity of the world"
"È possibile che questo non sia essenziale"
"it is possible that this is not essential"
"Tutto ciò che accade è connesso"
"everything which happens is connected"
"Le cose grandi e piccole sono tutte racchiuse in sé"

"the great and the small things are all encompassed"
"sono collegati dalle stesse forze del tempo"
"they are connected by the same forces of time"
"sono legati dalla stessa legge delle cause"
"they are connected by the same law of causes"
"Le cause del nascere e del morire"
"the causes of coming into being and of dying"
"Questo è ciò che risplende dai tuoi eccelsi insegnamenti"
"this is what shines brightly out of your exalted teachings"
"Ma, secondo i tuoi stessi insegnamenti, c'è una piccola lacuna"
"But, according to your very own teachings, there is a small gap"
"Questa unità e sequenza necessaria di tutte le cose è spezzata in un solo luogo"
"this unity and necessary sequence of all things is broken in one place"
"Questo mondo di unità è invaso da qualcosa di estraneo"
"this world of unity is invaded by something alien"
"C'è qualcosa di nuovo, che prima non c'era"
"there is something new, which had not been there before"
"C'è qualcosa che non può essere dimostrato"
"there is something which cannot be demonstrated"
"C'è qualcosa che non può essere provato"
"there is something which cannot be proven"
"Questi sono i tuoi insegnamenti per vincere il mondo"
"these are your teachings of overcoming the world"
"Questi sono i tuoi insegnamenti di salvezza"
"these are your teachings of salvation"
"Ma con questo piccolo divario, l'eterno si spezza di nuovo"
"But with this small gap, the eternal breaks apart again"
"Con questa piccola breccia, la legge del mondo diventa nulla"
"with this small breach, the law of the world becomes void"
"Vi prego di perdonarmi per aver espresso questa obiezione"
"Please forgive me for expressing this objection"
In silenzio, Gotama lo aveva ascoltato, impassibile

Quietly, Gotama had listened to him, unmoved

Ora parlava, il perfetto, con la sua voce chiara gentile ed educata

Now he spoke, the perfected one, with his kind and polite clear voice

"Hai ascoltato gli insegnamenti, oh figlio di un brahmano"

"You've heard the teachings, oh son of a Brahman"

"E buon per te che ci hai pensato così profondamente"

"and good for you that you've thought about it this deeply"

"Hai trovato una lacuna nei miei insegnamenti, un errore"

"You've found a gap in my teachings, an error"

"Dovresti pensarci ulteriormente"

"You should think about this further"

"Ma stai attento, o cercatore di conoscenza, del boschetto delle opinioni"

"But be warned, oh seeker of knowledge, of the thicket of opinions"

"Attenzione a non litigare sulle parole"

"be warned of arguing about words"

"Non c'è niente nelle opinioni"

"There is nothing to opinions"

"Possono essere belli o brutti"

"they may be beautiful or ugly"

"Le opinioni possono essere intelligenti o sciocche"

"opinions may be smart or foolish"

"Tutti possono sostenere le opinioni o scartarle"

"everyone can support opinions, or discard them"

"Ma gli insegnamenti, hai sentito da me, non sono un'opinione"

"But the teachings, you've heard from me, are no opinion"

"Il loro obiettivo non è spiegare il mondo a coloro che cercano la conoscenza"

"their goal is not to explain the world to those who seek knowledge"

"Hanno un obiettivo diverso"

"They have a different goal"

"Il loro obiettivo è la salvezza dalla sofferenza"

"their goal is salvation from suffering"
"Questo è ciò che Gotama insegna, nient'altro"
"This is what Gotama teaches, nothing else"
"Vorrei che tu, o eccelso, non ti arrabbiassi con me" disse il giovane
"I wish that you, oh exalted one, would not be angry with me" said the young man
"Non ti ho parlato così per discutere con te"
"I have not spoken to you like this to argue with you"
"Non voglio discutere sulle parole"
"I do not wish to argue about words"
"Hai veramente ragione, c'è poco da dire"
"You are truly right, there is little to opinions"
"Ma lasciatemi dire un'altra cosa"
"But let me say one more thing"
"Non ho dubitato di te per un solo momento"
"I have not doubted in you for a single moment"
"Non ho dubitato per un solo istante che tu sia Buddha"
"I have not doubted for a single moment that you are Buddha"
"Non ho dubitato che tu abbia raggiunto la meta più alta"
"I have not doubted that you have reached the highest goal"
"la meta più alta verso la quale tanti brahmani sono in cammino"
"the highest goal towards which so many Brahmans are on their way"
"Hai trovato la salvezza dalla morte"
"You have found salvation from death"
"Ti è giunto nel corso della tua ricerca"
"It has come to you in the course of your own search"
"Ti è giunto per la tua strada"
"it has come to you on your own path"
"Ti è arrivato attraverso i pensieri e la meditazione"
"it has come to you through thoughts and meditation"
"Ti è giunto attraverso le realizzazioni e l'illuminazione"
"it has come to you through realizations and enlightenment"
"Ma non ti è giunto per mezzo degli insegnamenti!"
"but it has not come to you by means of teachings!"

"E questo è il mio pensiero"
"And this is my thought"
"Nessuno otterrà la salvezza per mezzo degli insegnamenti!"
"nobody will obtain salvation by means of teachings!"
"Non sarai in grado di trasmettere la tua ora di illuminazione"
"You will not be able to convey your hour of enlightenment"
"Le parole di quello che ti è successo non trasmetteranno il momento!"
"words of what has happened to you won't convey the moment!"
"Gli insegnamenti del Buddha illuminato contengono molto"
"The teachings of the enlightened Buddha contain much"
"Insegna a molti a vivere rettamente"
"it teaches many to live righteously"
"Insegna a molti a evitare il male"
"it teaches many to avoid evil"
"Ma c'è una cosa che questi insegnamenti non contengono"
"But there is one thing which these teachings do not contain"
"Sono chiari e venerabili, ma agli insegnamenti manca qualcosa"
"they are clear and venerable, but the teachings miss something"
"Gli insegnamenti non contengono il mistero"
"the teachings do not contain the mystery"
"Il mistero di ciò che l'Eccelso ha sperimentato per se stesso"
"the mystery of what the exalted one has experienced for himself"
"Tra centinaia di migliaia, solo lui l'ha sperimentata"
"among hundreds of thousands, only he experienced it"
"Questo è ciò che ho pensato e realizzato, quando ho ascoltato gli insegnamenti"
"This is what I have thought and realized, when I heard the teachings"
"Per questo continuo i miei viaggi"
"This is why I am continuing my travels"

"per questo non cerco altri insegnamenti migliori"
"this is why I do not to seek other, better teachings"
"So che non ci sono insegnamenti migliori"
"I know there are no better teachings"
"Parto per allontanarmi da tutti gli insegnamenti e da tutti i maestri"
"I leave to depart from all teachings and all teachers"
"Parto per raggiungere la mia meta da solo, o per morire"
"I leave to reach my goal by myself, or to die"
"Ma spesso, penserò a questo giorno, oh eccelso"
"But often, I'll think of this day, oh exalted one"
"E penserò a quest'ora, quando i miei occhi videro un sant'uomo"
"and I'll think of this hour, when my eyes beheld a holy man"
Gli occhi del Buddha guardarono silenziosamente a terra
The Buddha's eyes quietly looked to the ground
Silenziosamente, in perfetta equanimità, il suo volto imperscrutabile sorrideva
quietly, in perfect equanimity, his inscrutable face was smiling
Il Venerabile parlò lentamente
the venerable one spoke slowly
"Desidero che i vostri pensieri non siano in errore"
"I wish that your thoughts shall not be in error"
"Ti auguro di raggiungere la meta!"
"I wish that you shall reach the goal!"
"Ma c'è una cosa che ti chiedo di dirmi"
"But there is something I ask you to tell me"
"Hai visto la moltitudine dei miei Samana?"
"Have you seen the multitude of my Samanas?"
"Si sono rifugiati negli insegnamenti"
"they have taken refuge in the teachings"
"Credi che sarebbe meglio per loro abbandonare gli insegnamenti?"
"do you believe it would be better for them to abandon the teachings?"
"Dovrebbero tornare nel mondo dei desideri?"
"should they to return into the world of desires?"

"Un tale pensiero è lontano dalla mia mente!" esclamò Siddharta
"Far is such a thought from my mind" exclaimed Siddhartha
"Vorrei che tutti rimanessero con gli insegnamenti"
"I wish that they shall all stay with the teachings"
"Spero che raggiungano il loro obiettivo!"
"I wish that they shall reach their goal!"
"Non spetta a me giudicare la vita di un'altra persona"
"It is not my place to judge another person's life"
"Posso giudicare solo la mia vita"
"I can only judge my own life "
"Devo decidere, devo scegliere, devo rifiutare"
"I must decide, I must chose, I must refuse"
"La salvezza dal sé è ciò che noi Samana cerchiamo"
"Salvation from the self is what we Samanas search for"
"O eccelso, se solo fossi uno dei tuoi discepoli"
"oh exalted one, if only I were one of your disciples"
"Temo che possa succedere anche a me"
"I'd fear that it might happen to me"
"Solo apparentemente, il mio io sarebbe calmo e redento"
"only seemingly, would my self be calm and be redeemed"
"ma in verità sarebbe sopravvissuta e cresciuta"
"but in truth it would live on and grow"
"perché allora mi sostituirei con gli insegnamenti"
"because then I would replace my self with the teachings"
"Il mio io sarebbe mio dovere seguirti"
"my self would be my duty to follow you"
"Il mio io sarebbe il mio amore per te"
"my self would be my love for you"
"E io sarei la comunità dei monaci!"
"and my self would be the community of the monks!"
Con un mezzo sorriso, Gotama guardò lo sconosciuto negli occhi
With half of a smile Gotama looked into the stranger's eyes
I suoi occhi erano incrollabilmente aperti e gentili
his eyes were unwaveringly open and kind
Gli ordinò di andarsene con un gesto appena percettibile

he bid him to leave with a hardly noticeable gesture
"Tu sei saggia, o Samana", disse il venerabile
"You are wise, oh Samana" the venerable one spoke
"Tu sai parlare saggiamente, amico mio"
"You know how to talk wisely, my friend"
"Stai attento alla troppa saggezza!"
"Be aware of too much wisdom!"
Il Buddha si voltò dall'altra parte
The Buddha turned away
Siddharta non dimenticherà mai il suo sguardo
Siddhartha would never forget his glance
il suo mezzo sorriso rimase per sempre impresso nella memoria di Siddharta
his half smile remained forever etched in Siddhartha's memory
Siddharta pensò tra sé
Siddhartha thought to himself
"Non ho mai visto una persona guardare e sorridere in questo modo"
"I have never before seen a person glance and smile this way"
"Nessun altro si siede e cammina come lui"
"no one else sits and walks like he does"
"Davvero, vorrei poter guardare e sorridere in questo modo"
"truly, I wish to be able to glance and smile this way"
"Anch'io vorrei essere in grado di sedermi e camminare in questo modo"
"I wish to be able to sit and walk this way, too"
"liberato, venerabile, nascosto, aperto, infantile e misterioso"
"liberated, venerable, concealed, open, childlike and mysterious"
"Deve essere riuscito a raggiungere la parte più intima di se stesso"
"he must have succeeded in reaching the innermost part of his self"
"Solo allora qualcuno può guardare e camminare da questa parte"
"only then can someone glance and walk this way"

"Cercherò anche di raggiungere la parte più intima di me stesso"
"I will also seek to reach the innermost part of my self"
"Ho visto un uomo" pensò Siddharta
"I saw a man" Siddhartha thought
"un uomo solo, davanti al quale avrei dovuto abbassare lo sguardo"
"a single man, before whom I would have to lower my glance"
"Non voglio abbassare lo sguardo davanti a nessun altro"
"I do not want to lower my glance before anyone else"
"Nessun insegnamento mi attirerà più"
"No teachings will entice me more anymore"
"Perché gli insegnamenti di quest'uomo non mi hanno sedotto"
"because this man's teachings have not enticed me"
"Sono privato del Buddha" pensò Siddharta
"I am deprived by the Buddha" thought Siddhartha
"Sono privato, anche se lui ha dato tanto"
"I am deprived, although he has given so much"
"Mi ha privato del mio amico"
"he has deprived me of my friend"
"Il mio amico che aveva creduto in me"
"my friend who had believed in me"
"Il mio amico che ora crede in lui"
"my friend who now believes in him"
"Il mio amico che era stato la mia ombra"
"my friend who had been my shadow"
"e ora è l'ombra di Gotama"
"and now he is Gotama's shadow"
"ma mi ha dato Siddharta"
"but he has given me Siddhartha"
"Mi ha dato me stesso"
"he has given me myself"

Risveglio
Awakening

Siddharta si lasciò alle spalle il boschetto di mango
Siddhartha left the mango grove behind him
Ma sentiva che anche la sua vita passata era rimasta alle spalle
but he felt his past life also stayed behind
il Buddha, il perfetto, rimase indietro
the Buddha, the perfected one, stayed behind
e anche Govinda rimase indietro
and Govinda stayed behind too
e la sua vita passata si era separata da lui
and his past life had parted from him
Rifletté mentre camminava lentamente
he pondered as he was walking slowly
Rifletté su questa sensazione, che lo riempì completamente
he pondered about this sensation, which filled him completely
Meditò profondamente, come un tuffo in un'acqua profonda
He pondered deeply, like diving into a deep water
Si lasciò sprofondare a terra dalla sensazione
he let himself sink down to the ground of the sensation
Si lasciò sprofondare nel luogo dove si trovano le cause
he let himself sink down to the place where the causes lie
Identificare le cause è l'essenza stessa del pensiero
to identify the causes is the very essence of thinking
Così gli sembrava
this was how it seemed to him
E solo per questo, le sensazioni si trasformano in realizzazioni
and by this alone, sensations turn into realizations
e queste sensazioni non si perdono
and these sensations are not lost
ma le sensazioni diventano entità
but the sensations become entities
e le sensazioni iniziano ad emettere ciò che c'è dentro di loro
and the sensations start to emit what is inside of them

mostrano le loro verità come raggi di luce
they show their truths like rays of light
Camminando lentamente, Siddharta rifletteva
Slowly walking along, Siddhartha pondered
Si rese conto di non essere più un giovane
He realized that he was no youth any more
Si rese conto di essersi trasformato in un uomo
he realized that he had turned into a man
Si rese conto che qualcosa lo aveva abbandonato
He realized that something had left him
allo stesso modo in cui un serpente viene lasciato dalla sua vecchia pelle
the same way a snake is left by its old skin
ciò che aveva avuto per tutta la sua giovinezza non esisteva più in lui
what he had throughout his youth no longer existed in him
Era una parte di lui; il desiderio di avere insegnanti
it used to be a part of him; the wish to have teachers
il desiderio di ascoltare gli insegnamenti
the wish to listen to teachings
Aveva anche lasciato l'ultimo maestro che era apparso sul suo cammino
He had also left the last teacher who had appeared on his path
Aveva persino lasciato il più alto e saggio maestro
he had even left the highest and wisest teacher
aveva lasciato il Santissimo, Buddha
he had left the most holy one, Buddha
Dovette separarsi da lui, incapace di accettare i suoi insegnamenti
he had to part with him, unable to accept his teachings
Più lentamente, camminava nei suoi pensieri
Slower, he walked along in his thoughts
e si domandò: «Ma che cos'è questo?».
and he asked himself, "But what is this?"
"Che cosa hai cercato di imparare dagli insegnamenti e dagli insegnanti?"
"what have you sought to learn from teachings and from

teachers?"
"E che cos'erano loro, che ti hanno insegnato così tanto?"
"and what were they, who have taught you so much?"
"Che cosa sono se non sono stati in grado di insegnarti?"
"what are they if they have been unable to teach you?"
E scoprì: "Era il sé"
And he found, "It was the self"
"era lo scopo e l'essenza di cui cercavo di imparare"
"it was the purpose and essence of which I sought to learn"
"Era il sé da cui volevo liberarmi"
"It was the self I wanted to free myself from"
"l'io che ho cercato di superare"
"the self which I sought to overcome"
"Ma non sono riuscito a superarlo"
"But I was not able to overcome it"
"Potevo solo ingannarlo"
"I could only deceive it"
"Potevo solo fuggire da essa"
"I could only flee from it"
"Potevo solo nascondermi"
"I could only hide from it"
"In verità, nessuna cosa al mondo ha tenuto i miei pensieri così occupati"
"Truly, no thing in this world has kept my thoughts so busy"
"Sono stato tenuto occupato dal mistero della mia vita"
"I have been kept busy by the mystery of me being alive"
"Il mistero del fatto che io sia uno"
"the mystery of me being one"
"il mistero è quello di essere separati e isolati da tutti gli altri"
"the mystery if being separated and isolated from all others"
"il mistero di me che io sia Siddharta!"
"the mystery of me being Siddhartha!"
"E non c'è niente al mondo di cui io sappia di meno"
"And there is no thing in this world I know less about"
aveva riflettuto mentre camminava lentamente
he had been pondering while slowly walking along

Si fermò quando questi pensieri si impadronirono di lui
he stopped as these thoughts caught hold of him
e subito da questi pensieri scaturì un altro pensiero
and right away another thought sprang forth from these thoughts
"c'è una ragione per cui non so nulla di me stesso"
"there's one reason why I know nothing about myself"
"c'è una ragione per cui Siddharta mi è rimasta estranea"
"there's one reason why Siddhartha has remained alien to me"
"Tutto questo nasce da un'unica causa"
"all of this stems from one cause"
"Avevo paura di me stesso e stavo scappando"
"I was afraid of myself, and I was fleeing"
"Ho cercato sia l'Atman che il Brahman"
"I have searched for both Atman and Brahman"
"per questo ero disposto a sezionare me stesso"
"for this I was willing to dissect my self"
"ed ero disposto a staccare tutti i suoi strati"
"and I was willing to peel off all of its layers"
"Volevo trovare il nucleo di tutte le bucce nel suo interno sconosciuto"
"I wanted to find the core of all peels in its unknown interior"
"l'Atman, la vita, la parte divina, la parte ultima"
"the Atman, life, the divine part, the ultimate part"
"Ma mi sono perso nel processo"
"But I have lost myself in the process"
Siddharta aprì gli occhi e si guardò intorno
Siddhartha opened his eyes and looked around
Guardandosi intorno, un sorriso gli riempì il volto
looking around, a smile filled his face
Una sensazione di risveglio da lunghi sogni fluì attraverso di lui
a feeling of awakening from long dreams flowed through him
La sensazione fluiva dalla testa fino alle dita dei piedi
the feeling flowed from his head down to his toes
E non passò molto tempo prima che camminasse di nuovo
And it was not long before he walked again

Camminava veloce, come un uomo che sa quello che deve fare
he walked quickly, like a man who knows what he has got to do
"Ora non lascerò che Siddharta mi sfugga di nuovo!"
"now I will not let Siddhartha escape from me again!"
"Non voglio più iniziare i miei pensieri e la mia vita con l'Atman"
"I no longer want to begin my thoughts and my life with Atman"
"né voglio iniziare i miei pensieri con la sofferenza del mondo"
"nor do I want to begin my thoughts with the suffering of the world"
"Non voglio più uccidermi e sezionarmi"
"I do not want to kill and dissect myself any longer"
"Lo Yoga-Veda non mi insegnerà più"
"Yoga-Veda shall not teach me any more"
"né l'Atharva-Veda, né gli asceti"
"nor Atharva-Veda, nor the ascetics"
"Non ci sarà alcun tipo di insegnamento"
"there will not be any kind of teachings"
"Voglio imparare da me stesso ed essere il mio studente"
"I want to learn from myself and be my student"
"Voglio conoscere me stesso; il segreto di Siddharta"
"I want to get to know myself; the secret of Siddhartha"

Si guardò intorno, come se vedesse il mondo per la prima volta
He looked around, as if he was seeing the world for the first time
Bello e colorato era il mondo
Beautiful and colourful was the world
Strano e misterioso era il mondo
strange and mysterious was the world
Qui c'era il blu, c'era il giallo, qui c'era il verde
Here was blue, there was yellow, here was green

il cielo e il fiume scorrevano
the sky and the river flowed
La foresta e le montagne erano rigide
the forest and the mountains were rigid
tutto il mondo era bello
all of the world was beautiful
Tutto era misterioso e magico
all of it was mysterious and magical
e in mezzo ad essa c'era lui, Siddharta, il risveglio
and in its midst was he, Siddhartha, the awakening one
ed era sulla via verso se stesso
and he was on the path to himself
tutto questo giallo e azzurro e il fiume e la foresta entrarono in Siddharta
all this yellow and blue and river and forest entered Siddhartha
per la prima volta è entrato attraverso gli occhi
for the first time it entered through the eyes
non era più un incantesimo di Mara
it was no longer a spell of Mara
non era più il velo di Maya
it was no longer the veil of Maya
non era più una coincidenza inutile e casuale
it was no longer a pointless and coincidental
Le cose non erano solo una diversità di mere apparenze
things were not just a diversity of mere appearances
apparenze spregevoli per il Brahman profondamente pensante
appearances despicable to the deeply thinking Brahman
il Brahman pensante disprezza la diversità e cerca l'unità
the thinking Brahman scorns diversity, and seeks unity
Il blu era blu e il fiume era il fiume
Blue was blue and river was river
il singolare e divino visse nascosto in Siddharta
the singular and divine lived hidden in Siddhartha
La via e lo scopo della divinità dovevano essere gialli qui e blu là

divinity's way and purpose was to be yellow here, and blue there
là il cielo, là la foresta, e qui Siddharta
there sky, there forest, and here Siddhartha
Lo scopo e le proprietà essenziali non erano da qualche parte dietro le cose
The purpose and essential properties was not somewhere behind the things
Lo scopo e le proprietà essenziali erano all'interno di ogni cosa
the purpose and essential properties was inside of everything
"Quanto sono stato sordo e stupido!" pensò
"How deaf and stupid have I been!" he thought
e camminava spedito
and he walked swiftly along
"Quando qualcuno legge un testo non disprezza i simboli e le lettere"
"When someone reads a text he will not scorn the symbols and letters"
"Non chiamerà i simboli inganni o coincidenze"
"he will not call the symbols deceptions or coincidences"
"ma egli li leggerà come sono stati scritti"
"but he will read them as they were written"
"Li studierà e li amerà, lettera per lettera"
"he will study and love them, letter by letter"
"Volevo leggere il libro del mondo e disprezzavo le lettere"
"I wanted to read the book of the world and scorned the letters"
"Volevo leggere il libro di me stesso e disprezzavo i simboli"
"I wanted to read the book of myself and scorned the symbols"
"Ho chiamato i miei occhi e la mia lingua per coincidenza"
"I called my eyes and my tongue coincidental"
"Ho detto che erano forme senza valore senza sostanza"
"I said they were worthless forms without substance"
"No, è finita, mi sono risvegliato"
"No, this is over, I have awakened"
"Mi sono davvero risvegliato"

"I have indeed awakened"
"Non ero nato prima di questo giorno"
"I had not been born before this very day"
Pensando a questi pensieri, Siddharta si fermò improvvisamente ancora una volta
In thinking these thoughts, Siddhartha suddenly stopped once again
Si fermò come se ci fosse un serpente sdraiato davanti a lui
he stopped as if there was a snake lying in front of him
Improvvisamente, si era accorto anche di qualcos'altro
suddenly, he had also become aware of something else
Era davvero come qualcuno che si era appena svegliato
He was indeed like someone who had just woken up
Era come un neonato che ricomincia la vita
he was like a new-born baby starting life anew
e ha dovuto ricominciare dall'inizio
and he had to start again at the very beginning
Al mattino aveva avuto intenzioni molto diverse
in the morning he had had very different intentions
Aveva pensato di tornare a casa sua e a suo padre
he had thought to return to his home and his father
Ma ora si fermò come se un serpente fosse sdraiato sul suo cammino
But now he stopped as if a snake was lying on his path
Si rese conto di dove si trovava
he made a realization of where he was
"Non sono più quello che ero"
"I am no longer the one I was"
"Non sono più un asceta"
"I am no ascetic any more"
"Non sono più un prete"
"I am not a priest any more"
"Non sono più un brahmano"
"I am no Brahman any more"
"Che cosa dovrei fare a casa di mio padre?"
"Whatever should I do at my father's place?"
"Studiare? Fare offerte? Praticare la meditazione?"

"Study? Make offerings? Practise meditation?"
"Ma tutto questo è finito per me"
"But all this is over for me"
"Tutto questo non è più sulla mia strada"
"all of this is no longer on my path"
Immobile, Siddharta rimase lì in piedi
Motionless, Siddhartha remained standing there
e per il tempo di un attimo e di un respiro, il suo cuore si sentì freddo
and for the time of one moment and breath, his heart felt cold
Sentì un brivido al petto
he felt a coldness in his chest
la stessa sensazione che prova un piccolo animale quando vede quanto è solo
the same feeling a small animal feels when it sees how alone it is
Per molti anni era rimasto senza casa e non aveva sentito nulla
For many years, he had been without home and had felt nothing
Ora sentiva di essere rimasto senza una casa
Now, he felt he had been without a home
Eppure, anche nella meditazione più profonda, era stato il figlio di suo padre
Still, even in the deepest meditation, he had been his father's son
era stato un brahmano, di una casta elevata
he had been a Brahman, of a high caste
era stato un chierico
he had been a cleric
Ora, egli non era altro che Siddharta, il risvegliato
Now, he was nothing but Siddhartha, the awoken one
Di lui non era rimasto nient'altro
nothing else was left of him
Inspirò profondamente e sentì freddo
Deeply, he inhaled and felt cold
Un brivido gli attraversò il corpo

a shiver ran through his body
Nessuno era solo come lui
Nobody was as alone as he was
Non c'era nobile che non appartenesse ai nobili
There was no nobleman who did not belong to the noblemen
Non c'era operaio che non appartenesse agli operai
there was no worker that did not belong to the workers
Avevano tutti trovato rifugio tra di loro
they had all found refuge among themselves
Condividevano la loro vita e parlavano le loro lingue
they shared their lives and spoke their languages
non c'è Brahman che non possa essere considerato Brahman
there are no Brahman who would not be regarded as Brahmans
e non ci sono brahmani che non abbiano vissuto come brahmani
and there are no Brahmans that didn't live as Brahmans
non c'è asceta che non possa trovare rifugio presso i Samana
there are no ascetic who could not find refuge with the Samanas
E anche l'eremita più desolato della foresta non era solo
and even the most forlorn hermit in the forest was not alone
Era anche circondato da un luogo a cui apparteneva
he was also surrounded by a place he belonged to
Apparteneva anche a una casta in cui era di casa
he also belonged to a caste in which he was at home
Govinda lo aveva lasciato ed era diventato monaco
Govinda had left him and became a monk
e mille monaci erano suoi fratelli
and a thousand monks were his brothers
Indossavano la sua stessa veste
they wore the same robe as him
Credevano nella sua fede e parlavano la sua lingua
they believed in his faith and spoke his language
Ma lui, Siddharta, a chi apparteneva?
But he, Siddhartha, where did he belong to?
Con chi avrebbe condiviso la sua vita?

With whom would he share his life?
Di chi lingua parlerebbe?
Whose language would he speak?
il mondo si sciolse intorno a lui
the world melted away all around him
Stava da solo come una stella nel cielo
he stood alone like a star in the sky
Il freddo e la disperazione lo circondavano
cold and despair surrounded him
ma Siddharta uscì da questo momento
but Siddhartha emerged out of this moment
Siddharta emerse più di prima il suo vero io
Siddhartha emerged more his true self than before
Era più concentrato di quanto non lo fosse mai stato
he was more firmly concentrated than he had ever been
Sentiva; "Questa era stata l'ultima scossa del risveglio"
He felt; "this had been the last tremor of the awakening"
"L'ultima lotta di questa nascita"
"the last struggle of this birth"
E non passò molto tempo prima che camminasse di nuovo a grandi passi
And it was not long until he walked again in long strides
Cominciò a procedere con rapidità e impazienza
he started to proceed swiftly and impatiently
Non sarebbe più tornato a casa
he was no longer going home
Non andava più da suo padre
he was no longer going to his father

Parte Seconda
Part Two
***
Kamala

Siddharta imparò qualcosa di nuovo ad ogni passo del suo cammino
Siddhartha learned something new on every step of his path
perché il mondo si è trasformato e il suo cuore è stato incantato
because the world was transformed and his heart was enchanted
Vide il sole sorgere sulle montagne
He saw the sun rising over the mountains
e vide il sole tramontare sulla spiaggia lontana
and he saw the sun setting over the distant beach
Di notte, vedeva le stelle nel cielo nelle loro posizioni fisse
At night, he saw the stars in the sky in their fixed positions
e vide la falce di luna galleggiare come una barca nel blu
and he saw the crescent of the moon floating like a boat in the blue
Vide alberi, stelle, animali e nuvole
He saw trees, stars, animals, and clouds
arcobaleni, rocce, erbe, fiori, ruscelli e fiumi
rainbows, rocks, herbs, flowers, streams and rivers
Al mattino vide la rugiada luccicante tra i cespugli
he saw the glistening dew in the bushes in the morning
Vide in lontananza alte montagne che erano azzurre
he saw distant high mountains which were blue
Il vento soffiava attraverso la risaia
wind blew through the rice-field
Tutto questo, mille volte e colorato, c'era sempre stato
all of this, a thousand-fold and colourful, had always been there
Il sole e la luna avevano sempre brillato
the sun and the moon had always shone
I fiumi avevano sempre ruggito e le api avevano sempre

ronzato
rivers had always roared and bees had always buzzed
Ma in passato tutto questo era stato un velo ingannevole
but in former times all of this had been a deceptive veil
per lui non era stato altro che un passaggio fugace
to him it had been nothing more than fleeting
Doveva essere guardato con diffidenza
it was supposed to be looked upon in distrust
Era destinata ad essere penetrata e distrutta dal pensiero
it was destined to be penetrated and destroyed by thought
poiché non era l'essenza dell'esistenza
since it was not the essence of existence
poiché questa essenza si trovava al di là, dall'altra parte, del visibile
since this essence lay beyond, on the other side of, the visible
Ma ora, i suoi occhi liberati rimasero da questa parte
But now, his liberated eyes stayed on this side
Vide e si rese conto del visibile
he saw and became aware of the visible
Cercava di essere a suo agio in questo mondo
he sought to be at home in this world
non cercava la vera essenza
he did not search for the true essence
Non mirava a un mondo al di là
he did not aim at a world beyond
Questo mondo era abbastanza bello per lui
this world was beautiful enough for him
Guardarlo in questo modo rendeva tutto infantile
looking at it like this made everything childlike
Belle erano la luna e le stelle
Beautiful were the moon and the stars
Bello era il ruscello e le rive
beautiful was the stream and the banks
la foresta e le rocce, la capra e lo scarabeo d'oro
the forest and the rocks, the goat and the gold-beetle
il fiore e la farfalla; bello e adorabile era
the flower and the butterfly; beautiful and lovely it was

Camminare per il mondo era di nuovo infantile
to walk through the world was childlike again
In questo modo fu svegliato
this way he was awoken
in questo modo era aperto a ciò che è vicino
this way he was open to what is near
In questo modo era senza diffidenza
this way he was without distrust
diversamente il sole ha bruciato la testa
differently the sun burnt the head
diversamente l'ombra della foresta lo rinfrescava
differently the shade of the forest cooled him down
diversamente la zucca e la banana assaggiate
differently the pumpkin and the banana tasted
Brevi erano i giorni, brevi erano le notti
Short were the days, short were the nights
Ogni ora scorreva veloce come una vela sul mare
every hour sped swiftly away like a sail on the sea
e sotto la vela c'era una nave piena di tesori, piena di gioia
and under the sail was a ship full of treasures, full of joy
Siddharta vide un gruppo di scimmie che si muovevano attraverso l'alta chioma
Siddhartha saw a group of apes moving through the high canopy
erano alti tra i rami degli alberi
they were high in the branches of the trees
e udì il loro canto selvaggio e avido
and he heard their savage, greedy song
Siddharta vide una pecora maschio che seguiva una femmina e si accoppiava con lei
Siddhartha saw a male sheep following a female one and mating with her
In un lago di canne, vide il luccio che cercava avidamente la sua cena
In a lake of reeds, he saw the pike hungrily hunting for its dinner
I giovani pesci si stavano allontanando dal luccio

young fish were propelling themselves away from the pike
Erano spaventati, si dimenavano e scintillavano
they were scared, wiggling and sparkling
I giovani pesci saltarono a frotte fuori dall'acqua
the young fish jumped in droves out of the water
Il profumo della forza e della passione usciva prepotentemente dall'acqua
the scent of strength and passion came forcefully out of the water
e il luccio ne suscitò il profumo
and the pike stirred up the scent
Tutto questo era sempre esistito
All of this had always existed
e non l'aveva vista, né era stato con essa
and he had not seen it, nor had he been with it
Ora era con essa e ne faceva parte
Now he was with it and he was part of it
Luci e ombre gli attraversavano gli occhi
Light and shadow ran through his eyes
Le stelle e la luna gli attraversavano il cuore
stars and moon ran through his heart

Siddharta ricordò tutto ciò che aveva vissuto nel Giardino di Jetavana
Siddhartha remembered everything he had experienced in the Garden Jetavana
si ricordò dell'insegnamento che aveva udito lì dal divino Buddha
he remembered the teaching he had heard there from the divine Buddha
si ricordò dell'addio di Govinda
he remembered the farewell from Govinda
Si ricordò della conversazione con l'Eccelso
he remembered the conversation with the exalted one
Di nuovo si ricordò delle parole che aveva detto all'Eccelso
Again he remembered his own words that he had spoken to the exalted one

ricordava ogni parola
he remembered every word
Si rese conto di aver detto cose che in realtà non conosceva
he realized he had said things which he had not really known
si meravigliò di ciò che aveva detto a Gotama
he astonished himself with what he had said to Gotama
il tesoro e il segreto del Buddha non erano gli insegnamenti
the Buddha's treasure and secret was not the teachings
ma il segreto era l'inesprimibile e il non insegnabile
but the secret was the inexpressable and not teachable
il segreto che aveva sperimentato nell'ora della sua illuminazione
the secret which he had experienced in the hour of his enlightenment
Il segreto non era altro che questa stessa cosa che ora era andato a sperimentare
the secret was nothing but this very thing which he had now gone to experience
Il segreto era ciò che ora cominciava a sperimentare
the secret was what he now began to experience
Ora doveva sperimentare se stesso
Now he had to experience his self
sapeva già da molto tempo che il suo sé era l'Atman
he had already known for a long time that his self was Atman
sapeva che l'Atman aveva le stesse caratteristiche eterne del Brahman
he knew Atman bore the same eternal characteristics as Brahman
Ma non aveva mai veramente trovato questo sé
But he had never really found this self
perché aveva voluto catturare l'io nella rete del pensiero
because he had wanted to capture the self in the net of thought
Ma il corpo non era parte del sé
but the body was not part of the self
non era lo spettacolo dei sensi
it was not the spectacle of the senses
Quindi non era nemmeno il pensiero, né la mente razionale

so it also was not the thought, nor the rational mind
Non era la saggezza dotta, né l'abilità appresa
it was not the learned wisdom, nor the learned ability
Da queste cose non si potevano trarre conclusioni
from these things no conclusions could be drawn
No, anche il mondo del pensiero era ancora da questa parte
No, the world of thought was also still on this side
Entrambi, i pensieri e i sensi, erano cose carine
Both, the thoughts as well as the senses, were pretty things
Ma il significato ultimo era nascosto dietro entrambi
but the ultimate meaning was hidden behind both of them
Entrambi dovevano essere ascoltati e giocati
both had to be listened to and played with
né doveva essere disprezzato né sopravvalutato
neither had to be scorned nor overestimated
c'erano voci segrete della verità più intima
there were secret voices of the innermost truth
Queste voci dovevano essere percepite con attenzione
these voices had to be attentively perceived
Non voleva aspirare a nient'altro
He wanted to strive for nothing else
Avrebbe fatto ciò che la voce gli aveva comandato di fare
he would do what the voice commanded him to do
si sarebbe soffermato dove le voci gli consigliavano di
he would dwell where the voices adviced him to
Perché Gotama si era seduto sotto l'albero della Bodhi?
Why had Gotama sat down under the Bodhi tree?
Aveva udito una voce nel suo cuore
He had heard a voice in his own heart
una voce che gli aveva comandato di cercare riposo sotto quell'albero
a voice which had commanded him to seek rest under this tree
Avrebbe potuto continuare a fare offerte
he could have gone on to make offerings
avrebbe potuto fare le sue abluzioni
he could have performed his ablutions
Avrebbe potuto trascorrere quel momento in preghiera

he could have spent that moment in prayer
Aveva scelto di non mangiare né bere
he had chosen not to eat or drink
Aveva scelto di non dormire e di non sognare
he had chosen not to sleep or dream
Invece, aveva obbedito alla voce
instead, he had obeyed the voice
Obbedire in questo modo era una cosa buona
To obey like this was good
Era bene non obbedire a un comando esterno
it was good not to obey to an external command
Era bene obbedire solo alla voce
it was good to obey only the voice
Essere pronti in questo modo era bello e necessario
to be ready like this was good and necessary
non c'era nient'altro che fosse necessario
there was nothing else that was necessary

nella notte Siddharta giunse a un fiume
in the night Siddhartha got to a river
Dormiva nella capanna di paglia di un traghettatore
he slept in the straw hut of a ferryman
questa notte Siddharta fece un sogno
this night Siddhartha had a dream
Govinda era in piedi di fronte a lui
Govinda was standing in front of him
Era vestito con la veste gialla di un asceta
he was dressed in the yellow robe of an ascetic
Triste era l'aspetto di Govinda
Sad was how Govinda looked
Chiese tristemente: "Perché mi hai abbandonato?"
sadly he asked, "Why have you forsaken me?"
Siddharta abbracciò Govinda e lo avvolse tra le braccia
Siddhartha embraced Govinda, and wrapped his arms around him
Lo strinse al petto e lo baciò
he pulled him close to his chest and kissed him

ma non era più Govinda, ma una donna
but it was not Govinda anymore, but a woman
Un seno pieno spuntò fuori dal vestito della donna
a full breast popped out of the woman's dress
Siddharta si sdraiò e bevve dal petto
Siddhartha lay and drank from the breast
dolcemente e fortemente il latte di questo seno
sweetly and strongly tasted the milk from this breast
Sapeva di donna e di uomo
It tasted of woman and man
sapeva di sole e di bosco
it tasted of sun and forest
sapeva di animale e di fiore
it tasted of animal and flower
sapeva di ogni frutto e di ogni gioioso desiderio
it tasted of every fruit and every joyful desire
Lo ha inebriato e lo ha reso incosciente
It intoxicated him and rendered him unconscious
Siddharta si svegliò dal sogno
Siddhartha woke up from the dream
Il fiume pallido luccicava attraverso la porta della capanna
the pale river shimmered through the door of the hut
L'oscuro richiamo di un gufo risuonò profondamente nella foresta
a dark call of an owl resounded deeply through the forest
Siddharta chiese al traghettatore di portarlo dall'altra parte del fiume
Siddhartha asked the ferryman to get him across the river
Il traghettatore lo portò dall'altra parte del fiume sulla sua zattera di bambù
The ferryman got him across the river on his bamboo-raft
l'acqua luccicava rossastra alla luce del mattino
the water shimmered reddish in the light of the morning
"Questo è un fiume bellissimo", disse al suo compagno
"This is a beautiful river," he said to his companion
«Sì», disse il traghettatore, «un fiume molto bello»
"Yes," said the ferryman, "a very beautiful river"

"Lo amo più di ogni altra cosa"
"I love it more than anything"
"Spesso l'ho ascoltato"
"Often I have listened to it"
"spesso l'ho guardato negli occhi"
"often I have looked into its eyes"
"e ho sempre imparato da questo"
"and I have always learned from it"
"Molto si può imparare da un fiume"
"Much can be learned from a river"
"Ti ringrazio, mio benefattore" disse Siddharta
"I thank you, my benefactor" spoke Siddhartha
Sbarcò dall'altra parte del fiume
he disembarked on the other side of the river
"Non ho nessun regalo che potrei darti per la tua ospitalità, mia cara"
"I have no gift I could give you for your hospitality, my dear"
"e non ho nemmeno un compenso per il tuo lavoro"
"and I also have no payment for your work"
"Sono un uomo senza casa"
"I am a man without a home"
"Sono figlio di un brahmano e di un samanà"
"I am the son of a Brahman and a Samana"
«L'ho visto» disse il traghettatore
"I did see it," spoke the ferryman
"Non mi aspettavo alcun pagamento da te"
"I did not expect any payment from you"
"È consuetudine che gli ospiti portino un dono"
"it is custim for guests to bear a gift"
"ma non me l'aspettavo nemmeno da te"
"but I did not expect this from you either"
"Mi farai il regalo un'altra volta"
"You will give me the gift another time"
«Credete di sì?» chiese Siddharta, perplesso
"Do you think so?" asked Siddhartha, bemusedly
"Ne sono sicuro", rispose il traghettatore
"I am sure of it," replied the ferryman

"Anche questo l'ho imparato dal fiume"
"This too, I have learned from the river"
"Tutto ciò che va ritorna!"
"everything that goes comes back!"
"Anche tu, Samana, tornerai"
"You too, Samana, will come back"
"Adesso addio! Che la tua amicizia sia la mia ricompensa"
"Now farewell! Let your friendship be my reward"
"Commemorami quando farai offerte agli dèi"
"Commemorate me, when you make offerings to the gods"
Sorridendo, si separarono l'uno dall'altra
Smiling, they parted from each other
Sorridendo, Siddharta era felice dell'amicizia
Smiling, Siddhartha was happy about the friendship
ed era contento della gentilezza del traghettatore
and he was happy about the kindness of the ferryman
"È come Govinda", pensò con un sorriso
"He is like Govinda," he thought with a smile
"tutti quelli che incontro sul mio cammino sono come Govinda"
"all I meet on my path are like Govinda"
"Tutti sono grati per quello che hanno"
"All are thankful for what they have"
"Ma sono loro che avrebbero il diritto di ricevere ringraziamenti"
"but they are the ones who would have a right to receive thanks"
"Tutti sono sottomessi e vorrebbero essere amici"
"all are submissive and would like to be friends"
"A tutti piace obbedire e pensare poco"
"all like to obey and think little"
"Tutti gli uomini sono come bambini"
"all people are like children"

Verso mezzogiorno attraversò un villaggio
At about noon, he came through a village
Davanti alle casette di fango, i bambini si rotolavano per la

strada
In front of the mud cottages, children were rolling about in the street
Giocavano con i semi di zucca e le conchiglie
they were playing with pumpkin-seeds and sea-shells
Urlavano e lottavano l'uno con l'altro
they screamed and wrestled with each other
ma tutti fuggirono timidamente dall'ignota Samana
but they all timidly fled from the unknown Samana
Alla fine del villaggio, il sentiero conduceva attraverso un ruscello
In the end of the village, the path led through a stream
Sulla riva del ruscello, una giovane donna era inginocchiata
by the side of the stream, a young woman was kneeling
stava lavando i panni nel ruscello
she was washing clothes in the stream
Quando Siddharta la salutò, ella sollevò la testa
When Siddhartha greeted her, she lifted her head
e lei lo guardò con un sorriso
and she looked up to him with a smile
Poteva vedere il bianco nei suoi occhi luccicare
he could see the white in her eyes glistening
Egli le rivolse una benedizione
He called out a blessing to her
Questa era l'usanza tra i viaggiatori
this was the custom among travellers
e chiese quanto fosse lontana la grande città
and he asked how far it was to the large city
Poi si alzò e venne da lui
Then she got up and came to him
Splendidamente la sua bocca bagnata luccicava nel suo giovane viso
beautifully her wet mouth was shimmering in her young face
Ha scambiato battute umoristiche con lui
She exchanged humorous banter with him
Gli chiese se avesse già mangiato
she asked whether he had eaten already

e faceva domande curiose
and she asked curious questions
"È vero che i Samana dormivano da soli nella foresta di notte?"
"is it true that the Samanas slept alone in the forest at night?"
"E' vero che ai Samana non è permesso avere donne con loro?"
"is it true Samanas are not allowed to have women with them"
Mentre parlava, lei appoggiò il piede sinistro su quello destro di lui
While talking, she put her left foot on his right one
il movimento di una donna che vorrebbe iniziare il piacere sessuale
the movement of a woman who would want to initiate sexual pleasure
I libri di testo lo chiamano "arrampicarsi su un albero"
the textbooks call this "climbing a tree"
Siddharta sentì il sangue scaldarsi
Siddhartha felt his blood heating up
Dovette pensare di nuovo al suo sogno
he had to think of his dream again
Si chinò leggermente verso la donna
he bend slightly down to the woman
e le baciò con le labbra il capezzolo bruno del suo seno
and he kissed with his lips the brown nipple of her breast
Alzando lo sguardo, vide il suo viso sorridente
Looking up, he saw her face smiling
e i suoi occhi erano pieni di lussuria
and her eyes were full of lust
Anche Siddharta sentiva il desiderio di lei
Siddhartha also felt desire for her
Sentiva la fonte della sua sessualità muoversi
he felt the source of his sexuality moving
ma non aveva mai toccato una donna prima
but he had never touched a woman before
Così esitò un attimo
so he hesitated for a moment

Le sue mani erano già pronte a raggiungerla
his hands were already prepared to reach out for her
ma poi udì la voce del suo io più intimo
but then he heard the voice of his innermost self
Rabbrividì per lo stupore della sua voce
he shuddered with awe at his voice
e questa voce gli disse di no
and this voice told him no
Tutti gli incantesimi scomparvero dal volto sorridente della giovane donna
all charms disappeared from the young woman's smiling face
Non vide più nient'altro che uno sguardo umido
he no longer saw anything else but a damp glance
Tutto quello che riusciva a vedere era una femmina in calore
all he could see was female animal in heat
Educatamente, le accarezzò la guancia
Politely, he petted her cheek
Si allontanò da lei e scomparve
he turned away from her and disappeared away
Si allontanò dalla donna delusa con passi leggeri
he left from the disappointed woman with light steps
e scomparve nel bosco di bambù
and he disappeared into the bamboo-wood

Raggiunse la grande città prima di sera
he reached the large city before the evening
ed era felice di aver raggiunto la città
and he was happy to have reached the city
perché sentiva il bisogno di stare in mezzo alla gente
because he felt the need to be among people
o per molto tempo, aveva vissuto nelle foreste
or a long time, he had lived in the forests
Per la prima volta dopo tanto tempo dormì sotto un tetto
for first time in a long time he slept under a roof
Prima della città c'era un giardino splendidamente recintato
Before the city was a beautifully fenced garden
Il viaggiatore si imbatté in un gruppetto di servitori

the traveller came across a small group of servants
I servi portavano cesti di frutta
the servants were carrying baskets of fruit
Quattro servitori portavano una portantina ornamentale
four servants were carrying an ornamental sedan-chair
Su questa sedia sedeva una donna, la padrona
on this chair sat a woman, the mistress
Era su cuscini rossi sotto un baldacchino colorato
she was on red pillows under a colourful canopy
Siddharta si fermò all'ingresso del giardino delle delizie
Siddhartha stopped at the entrance to the pleasure-garden
e guardava la sfilata che passava
and he watched the parade go by
vide i servi e le serve
he saw saw the servants and the maids
Vide i cestini e la portantina
he saw the baskets and the sedan-chair
e vide la signora sulla sedia
and he saw the lady on the chair
Sotto i suoi capelli neri vide un viso molto delicato
Under her black hair he saw a very delicate face
una bocca rosso vivo, come un fico appena screpolato
a bright red mouth, like a freshly cracked fig
sopracciglia ben curate e dipinte in un arco alto
eyebrows which were well tended and painted in a high arch
Erano occhi scuri intelligenti e vigili
they were smart and watchful dark eyes
un collo chiaro e alto si alzava da una veste verde e dorata
a clear, tall neck rose from a green and golden garment
Le sue mani riposavano, lunghe e sottili
her hands were resting, long and thin
Aveva ampi braccialetti d'oro ai polsi
she had wide golden bracelets over her wrists
Siddharta vide quanto era bella, e il suo cuore si rallegrò
Siddhartha saw how beautiful she was, and his heart rejoiced
Si inchinò profondamente, quando la portantina si avvicinò
He bowed deeply, when the sedan-chair came closer

Raddrizzandosi di nuovo, guardò il viso bello e affascinante
straightening up again, he looked at the fair, charming face
Lesse i suoi occhi intelligenti con gli archi alti
he read her smart eyes with the high arcs
Respirò la fragranza di qualcosa che non conosceva
he breathed in a fragrance of something he did not know
Con un sorriso, la bella donna annuì per un attimo
With a smile, the beautiful woman nodded for a moment
poi scomparve nel giardino
then she disappeared into the garden
e poi anche i servi scomparvero
and then the servants disappeared as well
"Sto entrando in questa città con un affascinante presagio" pensò Siddharta
"I am entering this city with a charming omen" Siddhartha thought
All'istante si sentì attratto dal giardino
He instantly felt drawn into the garden
ma pensò alla sua situazione
but he thought about his situation
Si rese conto di come i servi e le cameriere lo avevano guardato
he became aware of how the servants and maids had looked at him
Lo consideravano spregevole, diffidente e lo respingevano
they thought him despicable, distrustful, and rejected him
"Sono ancora un Samana" pensò
"I am still a Samana" he thought
"Sono ancora un asceta e un mendicante"
"I am still an ascetic and beggar"
"Non devo rimanere così"
"I must not remain like this"
"Non potrò entrare in giardino in questo modo", disse ridendo
"I will not be able to enter the garden like this," he laughed
Chiese alla persona successiva che passava lungo il sentiero del giardino

he asked the next person who came along the path about the garden
e chiese il nome della donna
and he asked for the name of the woman
gli fu detto che quello era il giardino di Kamala, la famosa cortigiana
he was told that this was the garden of Kamala, the famous courtesan
E gli fu detto che anche lei possedeva una casa in città
and he was told that she also owned a house in the city
Poi, è entrato in città con un obiettivo
Then, he entered the city with a goal
Perseguendo il suo obiettivo, ha permesso alla città di risucchiarlo
Pursuing his goal, he allowed the city to suck him in
Andò alla deriva attraverso il flusso delle strade
he drifted through the flow of the streets
Stava fermo sulle piazze della città
he stood still on the squares in the city
si riposò sulle scale di pietra in riva al fiume
he rested on the stairs of stone by the river
Quando venne la sera, fece amicizia con l'assistente di un barbiere
When the evening came, he made friends with a barber's assistant
L'aveva visto lavorare all'ombra di un arco
he had seen him working in the shade of an arch
e lo trovò di nuovo a pregare in un tempio di Vishnu
and he found him again praying in a temple of Vishnu
raccontò le storie di Vishnu e di Lakshmi
he told about stories of Vishnu and the Lakshmi
Tra le barche lungo il fiume, ha dormito questa notte
Among the boats by the river, he slept this night
Siddharta andò da lui prima che i primi clienti entrassero nel suo negozio
Siddhartha came to him before the first customers came into his shop

Si fece radere la barba e tagliare i capelli dall'assistente del barbiere
he had the barber's assistant shave his beard and cut his hair
Si pettinò i capelli e li unse con olio fino
he combed his hair and anointed it with fine oil
Poi andò a fare il bagno nel fiume
Then he went to take his bath in the river

nel tardo pomeriggio, la bella Kamala si avvicinò al suo giardino
late in the afternoon, beautiful Kamala approached her garden
Siddharta era di nuovo in piedi all'ingresso
Siddhartha was standing at the entrance again
Fece un inchino e ricevette il saluto della cortigiana
he made a bow and received the courtesan's greeting
Attirò l'attenzione di uno dei servi
he got the attention of one of the servant
Gli chiese di informare la sua padrona
he asked him to inform his mistress
"un giovane brahmano desidera parlarle"
"a young Brahman wishes to talk to her"
Dopo un po', il servo tornò
After a while, the servant returned
il servo chiese a Siddharta di seguirlo
the servant asked Siddhartha to follow him
Siddharta seguì il servo in un padiglione
Siddhartha followed the servant into a pavilion
qui Kamala era sdraiata su un divano
here Kamala was lying on a couch
e la serva lo lasciò solo con lei
and the servant left him alone with her
«Non eri anche tu là fuori ieri, a salutarmi?» chiese Kamala
"Weren't you also standing out there yesterday, greeting me?" asked Kamala
"E' vero che ti ho già visto e salutato ieri"
"It's true that I've already seen and greeted you yesterday"
«Ma ieri non avevi la barba e i capelli lunghi?»

"But didn't you yesterday wear a beard, and long hair?"
"E non c'era polvere nei tuoi capelli?"
"and was there not dust in your hair?"
"Hai osservato bene, hai visto tutto"
"You have observed well, you have seen everything"
"Hai visto Siddharta, il figlio di un brahmano"
"You have seen Siddhartha, the son of a Brahman"
"il Brahman che ha lasciato la sua casa per diventare un Samana"
"the Brahman who has left his home to become a Samana"
"il Brahman che è stato un Samana per tre anni"
"the Brahman who has been a Samana for three years"
"Ma ora, ho lasciato quel sentiero e sono venuto in questa città"
"But now, I have left that path and came into this city"
"E il primo che ho incontrato, prima ancora di entrare in città, sei stato tu"
"and the first one I met, even before I had entered the city, was you"
"Per dirti questo, sono venuto da te, oh Kamala!"
"To say this, I have come to you, oh Kamala!"
"prima, Siddharta si rivolgeva a tutte le donne con gli occhi a terra"
"before, Siddhartha addressed all woman with his eyes to the ground"
"Tu sei la prima donna a cui mi rivolgo in altro modo"
"You are the first woman whom I address otherwise"
"Non voglio mai più volgere gli occhi a terra"
"Never again do I want to turn my eyes to the ground"
"Non mi volto quando mi imbatto in una bella donna"
"I won't turn when I'm coming across a beautiful woman"
Kamala sorrise e giocò con il suo ventaglio di piume di pavone
Kamala smiled and played with her fan of peacocks' feathers
«E solo per dirmi questo, Siddharta è venuto da me?»
"And only to tell me this, Siddhartha has come to me?"
"Per dirti questo e per ringraziarti di essere così bella"

"To tell you this and to thank you for being so beautiful"
"Vorrei chiederti di essere mio amico e maestro"
"I would like to ask you to be my friend and teacher"
"perché non so ancora nulla di quell'arte che hai padroneggiato"
"for I know nothing yet of that art which you have mastered"
A queste parole, Kamala rise ad alta voce
At this, Kamala laughed aloud
"Mai prima d'ora mi era successo, amico mio"
"Never before this has happened to me, my friend"
"Un Samana della foresta è venuto da me e voleva imparare da me!"
"a Samana from the forest came to me and wanted to learn from me!"
"Mai prima d'ora mi era successo questo"
"Never before this has happened to me"
"Mi è venuta da me una Samana con i capelli lunghi e un vecchio perizoma strappato!"
"a Samana came to me with long hair and an old, torn loincloth!"
"Molti giovani vengono da me"
"Many young men come to me"
"e tra loro ci sono anche figli di brahmani"
"and there are also sons of Brahmans among them"
"ma vengono in bei vestiti"
"but they come in beautiful clothes"
"Vengono in belle scarpe"
"they come in fine shoes"
"Hanno il profumo nei capelli
"they have perfume in their hair"
"E hanno i soldi nelle loro borse"
"and they have money in their pouches"
"Così sono i giovani che vengono da me"
"This is how the young men are like, who come to me"
Siddharta disse: "Sto già cominciando a imparare da te"
Spoke Siddhartha, "Already I am starting to learn from you"
"Anche ieri stavo già imparando"

"Even yesterday, I was already learning"
"Mi sono già tolto la barba"
"I have already taken off my beard"
"Ho pettinato i capelli"
"I have combed the hair"
"e ho l'olio nei capelli"
"and I have oil in my hair"
"C'è poco che mi manca ancora"
"There is little which is still missing in me"
"Oh ottimo, bei vestiti, belle scarpe, soldi nella mia borsa"
"oh excellent one, fine clothes, fine shoes, money in my pouch"
"Saprai che Siddharta si è posto obiettivi più difficili"
"You shall know Siddhartha has set harder goals for himself"
"E ha raggiunto questi obiettivi"
"and he has reached these goals"
"Come dovrei non raggiungere quell'obiettivo?"
"How shouldn't I reach that goal?"
"l'obiettivo che mi sono prefissato ieri"
"the goal which I have set for myself yesterday"
"Essere tuo amico e imparare da te le gioie dell'amore"
"to be your friend and to learn the joys of love from you"
"Vedrai che imparerò in fretta, Kamala"
"You'll see that I'll learn quickly, Kamala"
"Ho già imparato cose più difficili di quelle che dovresti insegnarmi"
"I have already learned harder things than what you're supposed to teach me"
"E ora diamoci da fare"
"And now let's get to it"
«Non sei soddisfatto di Siddharta così com'è?»
"You aren't satisfied with Siddhartha as he is?"
"con l'olio nei capelli, ma senza vestiti"
"with oil in his hair, but without clothes"
"Siddharta senza scarpe, senza soldi"
"Siddhartha without shoes, without money"
Ridendo, Kamala esclamò: "No, mia cara"
Laughing, Kamala exclaimed, "No, my dear"

"**Non mi soddisfa, ancora**"
"he doesn't satisfy me, yet"
"**I vestiti sono ciò che deve avere**"
"Clothes are what he must have"
"**Bei vestiti e scarpe è ciò di cui ha bisogno**"
"pretty clothes, and shoes is what he needs"
"**Belle scarpe e un sacco di soldi nella sua borsa**"
"pretty shoes, and lots of money in his pouch"
"**e deve avere dei doni per Kamala**"
"and he must have gifts for Kamala"
"**Lo sai ora, Samana della foresta?**"
"Do you know it now, Samana from the forest?"
"**Hai segnato le mie parole?**"
"Did you mark my words?"
«**Sì, ho segnato le tue parole!**» esclamò Siddharta
"Yes, I have marked your words," Siddhartha exclaimed
"**Come potrei non segnare le parole che escono da una tale bocca!**"
"How should I not mark words which are coming from such a mouth!"
"**La tua bocca è come un fico appena screpolato, Kamala**"
"Your mouth is like a freshly cracked fig, Kamala"
"**Anche la mia bocca è rossa e fresca**"
"My mouth is red and fresh as well"
"**Sarà un abbinamento adatto al tuo, vedrai**"
"it will be a suitable match for yours, you'll see"
"**Ma dimmi, bella Kamala**"
"But tell me, beautiful Kamala"
"**Non hai affatto paura del Samaná della foresta?**"
"aren't you at all afraid of the Samana from the forest"
"**il Samaná che è venuto per imparare a fare l'amore**"
"the Samana who has come to learn how to make love"
"**Perché dovrei aver paura di una Samana?**"
"Whatever for should I be afraid of a Samana?"
"**una stupida Samana della foresta**"
"a stupid Samana from the forest"
"**una Samana che viene dagli sciacalli**"

"a Samana who is coming from the jackals"
"una Samana che non sa ancora cosa sono le donne?"
"a Samana who doesn't even know yet what women are?"
"Oh, è forte, il Samanà"
"Oh, he's strong, the Samana"
"E non ha paura di niente"
"and he isn't afraid of anything"
"Potrebbe costringerti, bella ragazza"
"He could force you, beautiful girl"
"Potrebbe rapirti e farti del male"
"He could kidnap you and hurt you"
"No, Samana, non ho paura di questo"
"No, Samana, I am not afraid of this"
"C'è mai stato un Samana o un Brahman che qualcuno potesse venire a prenderlo?"
"Did any Samana or Brahman ever fear someone might come and grab him?"
"Potrebbe temere che qualcuno rubi la sua istruzione?
"could he fear someone steals his learning?"
"Qualcuno potrebbe prendere la sua devozione religiosa"
"could anyone take his religious devotion"
"E' possibile cogliere la sua profondità di pensiero?
"is it possible to take his depth of thought?"
"No, perché queste cose sono sue"
"No, because these things are his very own"
"Darebbe via solo la conoscenza che è disposto a dare"
"he would only give away the knowledge he is willing to give"
"Darebbe solo a coloro a cui è disposto a dare"
"he would only give to those he is willing to give to"
"proprio così è anche con Kamala"
"precisely like this it is also with Kamala"
"E lo stesso vale per i piaceri dell'amore"
"and it is the same way with the pleasures of love"
"Bella e rossa è la bocca di Kamala," rispose Siddharta
"Beautiful and red is Kamala's mouth," answered Siddhartha
"ma non provare a baciarlo contro la volontà di Kamala"
"but don't try to kiss it against Kamala's will"

"perché non ne otterrai una sola goccia di dolcezza"
"because you will not obtain a single drop of sweetness from it"
"Stai imparando facilmente, Siddharta"
"You are learning easily, Siddhartha"
"Dovresti imparare anche questo"
"you should also learn this"
"L'amore si ottiene mendicando, comprando"
"love can be obtained by begging, buying"
"puoi riceverlo in regalo"
"you can receive it as a gift"
"oppure puoi trovarlo per strada"
"or you can find it in the street"
"Ma l'amore non si può rubare"
"but love cannot be stolen"
"In questo, hai imboccato la strada sbagliata"
"In this, you have come up with the wrong path"
"Sarebbe un peccato se volessi affrontare l'amore in modo così sbagliato"
"it would be a pity if you would want to tackle love in such a wrong manner"
Siddharta si inchinò con un sorriso
Siddhartha bowed with a smile
"Sarebbe un peccato, Kamala, hai proprio ragione"
"It would be a pity, Kamala, you are so right"
"Sarebbe un vero peccato"
"It would be such a great pity"
"No, non perderò una sola goccia di dolcezza dalla tua bocca"
"No, I shall not lose a single drop of sweetness from your mouth"
"E non perderai dolcezza dalla mia bocca"
"nor shall you lose sweetness from my mouth"
"Quindi è d'accordo. Siddharta ritornerà"
"So it is agreed. Siddhartha will return"
"Siddharta tornerà una volta che avrà ciò che ancora gli manca"

"Siddhartha will return once he has what he still lacks"
"Tornerà con vestiti, scarpe e denaro"
"he will come back with clothes, shoes, and money"
"Ma parla, cara Kamala, non potresti darmi ancora un piccolo consiglio?"
"But speak, lovely Kamala, couldn't you still give me one small advice?"
"Ti dai un consiglio? Perché no?"
"Give you an advice? Why not?"
"Chi non vorrebbe dare consigli a una povera e ignorante Samanà?"
"Who wouldn't like to give advice to a poor, ignorant Samana?"
"Cara Kamala, dove dovrei andare a trovare queste tre cose più in fretta?"
"Dear Kamala, where I should go to find these three things most quickly?"
"Amico, molti vorrebbero saperlo"
"Friend, many would like to know this"
"Devi fare quello che hai imparato e chiedere soldi"
"You must do what you've learned and ask for money"
"Non c'è altro modo per un povero di ottenere denaro"
"There is no other way for a poor man to obtain money"
"Che cosa potresti essere in grado di fare?"
"What might you be able to do?"
"Riesco a pensare. Posso aspettare. Posso digiunare" disse Siddharta
"I can think. I can wait. I can fast" said Siddhartha
"Nient'altro?" chiese Kamala
"Nothing else?" asked Kamala
"Sì, so anche scrivere poesie"
"yes, I can also write poetry"
"Ti va di darmi un bacio per una poesia?"
"Would you like to give me a kiss for a poem?"
"Mi piacerebbe, se mi piace la tua poesia"
"I would like to, if I like your poem"
"Quale sarebbe il suo titolo?"

"What would be its title?"
Siddharta parlò, dopo averci pensato un momento
Siddhartha spoke, after he had thought about it for a moment
"Nel suo giardino ombreggiato entrò la graziosa Kamala"
"Into her shady garden stepped the pretty Kamala"
"All'ingresso del giardino c'era la marrone Samanà"
"At the garden's entrance stood the brown Samana"
"Profondamente, vedendo il fiore del loto, s'inchinò quell'uomo"
"Deeply, seeing the lotus's blossom, Bowed that man"
"e sorridendo, Kamala lo ringraziò"
"and smiling, Kamala thanked him"
"Più belle, pensò il giovane, delle offerte per gli dei"
"More lovely, thought the young man, than offerings for gods"
Kamala batté le mani così forte che i braccialetti d'oro tintinnarono
Kamala clapped her hands so loud that the golden bracelets clanged
"Belli sono i tuoi versi, o marrone Samana"
"Beautiful are your verses, oh brown Samana"
"E davvero, non sto perdendo nulla quando ti do un bacio per loro"
"and truly, I'm losing nothing when I'm giving you a kiss for them"
Gli fece un cenno con lo sguardo
She beckoned him with her eyes
inclinò la testa in modo che il suo viso toccasse quello di lei
he tilted his head so that his face touched hers
ed egli posò la sua bocca sulla bocca di lei
and he placed his mouth on her mouth
la bocca che era come un fico appena screpolato
the mouth which was like a freshly cracked fig
Per molto tempo, Kamala lo baciò
For a long time, Kamala kissed him
e con profondo stupore Siddharta sentì come lei gli insegnava
and with a deep astonishment Siddhartha felt how she taught

him
Sentiva quanto fosse saggia
he felt how wise she was
Sentiva come lei lo controllava
he felt how she controlled him
Sentiva come lei lo rifiutava
he felt how she rejected him
Sentiva come lei lo attirava
he felt how she lured him
e sentiva come ci sarebbero stati altri baci
and he felt how there were to be more kisses
Ogni bacio era diverso dagli altri
every kiss was different from the others
era immobile, quando ricevette i baci
he was still, when he received the kisses
Respirando profondamente, rimase in piedi dov'era
Breathing deeply, he remained standing where he was
Era stupito come un bambino delle cose che valeva la pena imparare
he was astonished like a child about the things worth learning
La conoscenza si rivelò davanti ai suoi occhi
the knowledge revealed itself before his eyes
"Molto belli sono i tuoi versi" esclamò Kamala
"Very beautiful are your verses" exclaimed Kamala
"se fossi ricco, ti darei monete d'oro per loro"
"if I were rich, I would give you pieces of gold for them"
"Ma sarà difficile per te guadagnare abbastanza soldi con i versetti"
"But it will be difficult for you to earn enough money with verses"
"perché hai bisogno di un sacco di soldi, se vuoi essere amico di Kamala"
"because you need a lot of money, if you want to be Kamala's friend"
«Il modo in cui riesci a baciare, Kamala!» balbettò Siddharta
"The way you're able to kiss, Kamala!" stammered Siddhartha
"Sì, questo sono in grado di fare"

"Yes, this I am able to do"
"perciò non mi mancano vestiti, scarpe, bracciali"
"therefore I do not lack clothes, shoes, bracelets"
"Ho tutte le cose belle"
"I have all the beautiful things"
"Ma che ne sarà di te?"
"But what will become of you?"
"Non sei in grado di fare nient'altro?"
"Aren't you able to do anything else?"
"Puoi fare di più che pensare, digiunare e fare poesia?"
"can you do mroe than think, fast, and make poetry?"
"Conosco anche i canti sacrificali", disse Siddharta
"I also know the sacrificial songs" said Siddhartha
"ma non voglio più cantare quelle canzoni"
"but I do not want to sing those songs any more"
"So anche come fare incantesimi"
"I also know how to make magic spells"
"ma non voglio più parlarle"
"but I do not want to speak them any more"
"Ho letto le Scritture"
"I have read the scriptures"
"Fermati!" Kamala lo interruppe
"Stop!" Kamala interrupted him
"Sai leggere e scrivere?"
"You're able to read and write?"
"Certamente, posso farlo, molte persone possono"
"Certainly, I can do this, many people can"
"La maggior parte delle persone non può", rispose Kamala
"Most people can't," Kamala replied
"Anch'io sono uno di quelli che non ce la fa"
"I am also one of those who can't do it"
"È molto bello che tu sia in grado di leggere e scrivere"
"It is very good that you're able to read and write"
"Troverai anche l'uso per gli incantesimi"
"you will also find use for the magic spells"
In quel momento, una cameriera entrò di corsa
In this moment, a maid came running in

Sussurrò un messaggio all'orecchio della sua padrona
she whispered a message into her mistress's ear
"C'è un visitatore per me" esclamò Kamala
"There's a visitor for me" exclaimed Kamala
"Sbrigati e vattene, Siddharta"
"Hurry and get yourself away, Siddhartha"
"Nessuno può vederti qui dentro, ricordati di questo!"
"nobody may see you in here, remember this!"
"Domani ci rivedremo"
"Tomorrow, I'll see you again"
Kamala ordinò alla cameriera di dare a Siddharta delle vesti bianche
Kamala ordered her maid to give Siddhartha white garments
e poi Siddharta si trovò trascinato via dalla fanciulla
and then Siddhartha found himself being dragged away by the maid
Fu condotto in una casetta con giardino, fuori dalla vista di qualsiasi sentiero
he was brought into a garden-house out of sight of any paths
poi fu condotto tra i cespugli del giardino
then he was led into the bushes of the garden
Fu esortato a uscire dal giardino il più presto possibile
he was urged to get himself out of the garden as soon as possible
e gli fu detto che non doveva essere visto
and he was told he must not be seen
Fece come gli era stato detto
he did as he had been told
Era abituato alla foresta
he was accustomed to the forest
così riuscì ad uscire senza emettere un suono
so he managed to get out without making a sound

Tornò in città portando le vesti arrotolate sotto il braccio
he returned to the city carrying the rolled up garments under his arm
Alla locanda, dove alloggiano i viaggiatori, si posizionò

vicino alla porta
At the inn, where travellers stay, he positioned himself by the door
senza parole chiese del cibo
without words he asked for food
Senza dire una parola accettò un pezzo di torta di riso
without a word he accepted a piece of rice-cake
Pensò a come aveva sempre implorato
he thought about how he had always begged
"Forse già domani non chiederò più cibo a nessuno"
"Perhaps as soon as tomorrow I will ask no one for food any more"
Improvvisamente, l'orgoglio divampò in lui
Suddenly, pride flared up in him
Non era più Samana
He was no Samana any more
Non era più appropriato per lui mendicare cibo
it was no longer appropriate for him to beg for food
Diede la torta di riso a un cane
he gave the rice-cake to a dog
e quella notte rimase senza cibo
and that night he remained without food
Siddharta pensò tra sé e sé riguardo alla città
Siddhartha thought to himself about the city
"Semplice è la vita che gli uomini conducono in questo mondo"
"Simple is the life which people lead in this world"
"Questa vita non presenta difficoltà"
"this life presents no difficulties"
"Tutto era difficile e faticoso quando ero un Samana"
"Everything was difficult and toilsome when I was a Samana"
"come Samana tutto era senza speranza"
"as a Samana everything was hopeless"
"Ma ora è tutto facile"
"but now everything is easy"
"è facile come la lezione di baci di Kamala"
"it is easy like the lesson in kissing from Kamala"

"Ho bisogno di vestiti e soldi, nient'altro"
"I need clothes and money, nothing else"
"Questi obiettivi sono piccoli e raggiungibili"
"these goals are small and achievable"
"Tali obiettivi non faranno perdere il sonno a una persona"
"such goals won't make a person lose any sleep"

il giorno dopo tornò a casa di Kamala
the next day he returned to Kamala's house
"Le cose stanno andando bene", gli gridò
"Things are working out well" she called out to him
"Ti aspettano da Kamaswami"
"They are expecting you at Kamaswami's"
"È il mercante più ricco della città"
"he is the richest merchant of the city"
"Se gli piaci, ti accetterà al suo servizio"
"If he likes you, he'll accept you into his service"
"ma devi essere furba, marrone Samana"
"but you must be smart, brown Samana"
"Ho fatto in modo che altri gli parlassero di te"
"I had others tell him about you"
"Sii educato con lui, è molto potente"
"Be polite towards him, he is very powerful"
"Ma ti avverto, non essere troppo modesto!"
"But I warn you, don't be too modest!"
"Non voglio che tu diventi suo servitore"
"I do not want you to become his servant"
"Diventerai suo pari"
"you shall become his equal"
"altrimenti non mi accontenterò di te"
"or else I won't be satisfied with you"
"Kamaswami sta cominciando a diventare vecchio e pigro"
"Kamaswami is starting to get old and lazy"
"Se gli piaci, ti affiderà molto"
"If he likes you, he'll entrust you with a lot"
Siddharta la ringraziò e rise
Siddhartha thanked her and laughed

Scoprì che non aveva mangiato
she found out that he had not eaten
Così gli mandò pane e frutta
so she sent him bread and fruits
"Sei stato fortunato" disse quando si separarono
"You've been lucky" she said when they parted
"Ti apro una porta dopo l'altra"
"I'm opening one door after another for you"
"Come mai? Hai un incantesimo?"
"How come? Do you have a spell?"
"Ti ho detto che sapevo pensare, aspettare e digiunare"
"I told you I knew how to think, to wait, and to fast"
"Ma tu pensavi che non servisse a niente"
"but you thought this was of no use"
"Ma è utile per molte cose"
"But it is useful for many things"
"Kamala, vedrai che gli stupidi Samana sono bravi a imparare"
"Kamala, you'll see that the stupid Samanas are good at learning"
"Vedrai che sono in grado di fare molte cose carine nella foresta"
"you'll see they are able to do many pretty things in the forest"
"cose di cui quelli come te non sono capaci"
"things which the likes of you aren't capable of"
"L'altro ieri ero ancora un mendicante arruffato"
"The day before yesterday, I was still a shaggy beggar"
"Non più tardi di ieri ho baciato Kamala"
"as recently as yesterday I have kissed Kamala"
"e presto sarò un mercante e avrò soldi"
"and soon I'll be a merchant and have money"
"E avrò tutte quelle cose su cui insisti"
"and I'll have all those things you insist upon"
«Ebbene sì», ammise lei, «ma dove saresti senza di me?»
"Well yes," she admitted, "but where would you be without me?"
"Cosa saresti, se Kamala non ti stesse aiutando?"

"What would you be, if Kamala wasn't helping you?"
«Cara Kamala» disse Siddharta
"Dear Kamala" said Siddhartha
e si raddrizzò in tutta la sua altezza
and he straightened up to his full height
"Quando sono venuto da te nel tuo giardino, ho fatto il primo passo"
"when I came to you into your garden, I did the first step"
"Era mia risoluzione imparare l'amore da questa bellissima donna"
"It was my resolution to learn love from this most beautiful woman"
"in quel momento avevo preso questa decisione"
"that moment I had made this resolution"
"e sapevo che l'avrei portato a termine"
"and I knew I would carry it out"
"Sapevo che mi avresti aiutato"
"I knew that you would help me"
"al tuo primo sguardo all'ingresso del giardino lo sapevo già"
"at your first glance at the entrance of the garden I already knew it"
"E se non avessi voluto?" chiese Kamala
"But what if I hadn't been willing?" asked Kamala
"Tu eri disposto" rispose Siddharta
"You were willing" replied Siddhartha
"Quando si getta un sasso in acqua, si prende la rotta più veloce verso il fondo"
"When you throw a rock into water, it takes the fastest course to the bottom"
"È così quando Siddharta ha un obiettivo"
"This is how it is when Siddhartha has a goal"
"Siddharta non fa nulla; aspetta, pensa, digiuna"
"Siddhartha does nothing; he waits, he thinks, he fasts"
"Ma egli passa attraverso le cose del mondo come un sasso attraverso l'acqua"
"but he passes through the things of the world like a rock

through water"
"Passò attraverso l'acqua senza fare nulla"
"he passed through the water without doing anything"
"È attratto dal fondo dell'acqua"
"he is drawn to the bottom of the water"
"si lascia cadere in fondo all'acqua"
"he lets himself fall to the bottom of the water"
"Il suo obiettivo lo attrae verso di essa"
"His goal attracts him towards it"
"Non lascia entrare nella sua anima nulla che possa opporsi all'obiettivo"
"he doesn't let anything enter his soul which might oppose the goal"
"Questo è ciò che Siddharta ha imparato tra i Samana"
"This is what Siddhartha has learned among the Samanas"
"Questo è ciò che gli sciocchi chiamano magia"
"This is what fools call magic"
"Pensano che sia fatto dai demoni"
"they think it is done by daemons"
"ma i demoni non fanno nulla"
"but nothing is done by daemons"
"Non ci sono demoni in questo mondo"
"there are no daemons in this world"
"Tutti possono fare magie, se lo desiderano"
"Everyone can perform magic, should they choose to"
"Ognuno può raggiungere i propri obiettivi se è in grado di pensare"
"everyone can reach his goals if he is able to think"
"Ognuno può raggiungere i propri obiettivi se è in grado di aspettare"
"everyone can reach his goals if he is able to wait"
"Ognuno può raggiungere i propri obiettivi se è in grado di digiunare"
"everyone can reach his goals if he is able to fast"
Kamala lo ascoltò; Amava la sua voce
Kamala listened to him; she loved his voice
Le piaceva lo sguardo dei suoi occhi

she loved the look from his eyes
"Forse è come dici tu, amico"
"Perhaps it is as you say, friend"
"Ma forse c'è un'altra spiegazione"
"But perhaps there is another explanation"
"Siddharta è un bell'uomo"
"Siddhartha is a handsome man"
"Il suo sguardo piace alle donne"
"his glance pleases the women"
"La buona sorte viene verso di lui per questo"
"good fortune comes towards him because of this"
Con un bacio, Siddharta si congedò
With one kiss, Siddhartha bid his farewell
"Vorrei che fosse così, maestro mio"
"I wish that it should be this way, my teacher"
"Desidero che il mio sguardo ti piaccia"
"I wish that my glance shall please you"
"Desidero che tu mi porti sempre fortuna"
"I wish that that you always bring me good fortune"

Con le Persone Infantili
With the Childlike People

Siddharta andò da Kamaswami il mercante
Siddhartha went to Kamaswami the merchant
Fu condotto in una casa ricca
he was directed into a rich house
I servi lo condussero tra tappeti preziosi in una camera
servants led him between precious carpets into a chamber
Nella camera era dove aspettava il padrone di casa
in the chamber was where he awaited the master of the house
Kamaswami entrò rapidamente nella stanza
Kamaswami entered swiftly into the room
Era un uomo che si muoveva dolcemente
he was a smoothly moving man
Aveva i capelli molto grigi e gli occhi molto intelligenti e cauti
he had very gray hair and very intelligent, cautious eyes
e aveva una bocca avida
and he had a greedy mouth
Educatamente, il padrone di casa e l'ospite si salutarono a vicenda
Politely, the host and the guest greeted one another
"Mi è stato detto che eri un brahmano" cominciò il mercante
"I have been told that you were a Brahman" the merchant began
"Mi è stato detto che sei un uomo istruito"
"I have been told that you are a learned man"
"E mi è stata detta anche un'altra cosa"
"and I have also been told something else"
"Cerchi di essere al servizio di un mercante"
"you seek to be in the service of a merchant"
"Potresti essere diventato indigente, Brahman, così da cercare di servire?"
"Might you have become destitute, Brahman, so that you seek to serve?"
«No», disse Siddharta, «non sono diventato indigente»

"No," said Siddhartha, "I have not become destitute"
"Né sono mai stato indigente" aggiunse Siddharta
"nor have I ever been destitute" added Siddhartha
"Dovete sapere che vengo dai Samana"
"You should know that I'm coming from the Samanas"
"Ho vissuto con loro per molto tempo"
"I have lived with them for a long time"
"tu vieni dai Samana"
"you are coming from the Samanas"
"Come potresti essere qualcosa di diverso dall'indigente?"
"how could you be anything but destitute?"
"I Samana non sono del tutto privi di beni?"
"Aren't the Samanas entirely without possessions?"
"Io sono senza possedimenti, se è questo che intendi" disse Siddharta
"I am without possessions, if that is what you mean" said Siddhartha
"Ma io sono senza possedimenti volontariamente"
"But I am without possessions voluntarily"
"e perciò non sono indigente"
"and therefore I am not destitute"
"Ma di che cosa pensi di vivere, essendo senza possedimenti?"
"But what are you planning to live of, being without possessions?"
"Non ci ho ancora pensato, signore"
"I haven't thought of this yet, sir"
"Da più di tre anni sono senza possedimenti"
"For more than three years, I have been without possessions"
"e non ho mai pensato a cosa dovrei vivere"
"and I have never thought about of what I should live"
"Così hai vissuto dei beni altrui"
"So you've lived of the possessions of others"
"Presumibilmente, è così?"
"Presumable, this is how it is?"
"Beh, i mercanti vivono anche di ciò che gli altri possiedono"
"Well, merchants also live of what other people own"

«Ben detto» concesse il marchese
"Well said," granted the marchent
"Ma non prendeva niente da un'altra persona per niente"
"But he wouldn't take anything from another person for nothing"
"Avrebbe dato la sua merce in cambio", ha detto Kamaswami
"he would give his merchandise in return" said Kamaswami
"Sembra proprio di sì"
"So it seems to be indeed"
"Tutti prendono, tutti danno, così è la vita"
"Everyone takes, everyone gives, such is life"
"Ma se non ti dispiace che te lo chieda, ho una domanda"
"But if you don't mind me asking, I have a question"
"Essendo senza possedimenti, cosa vorresti dare?"
"being without possessions, what would you like to give?"
"Ognuno dà quello che ha"
"Everyone gives what he has"
"Il guerriero dà forza"
"The warrior gives strength"
"Il mercante dà mercanzia"
"the merchant gives merchandise"
"Il maestro dà insegnamenti"
"the teacher gives teachings"
"Il contadino dà il riso"
"the farmer gives rice"
"Il pescatore dà il pesce"
"the fisher gives fish"
"Sì, certamente. E cos'è che hai da dare?"
"Yes indeed. And what is it that you've got to give?"
"Che cosa hai imparato?"
"What is it that you've learned?"
"Che cosa sei in grado di fare?"
"what you're able to do?"
"Riesco a pensare. Posso aspettare. Posso digiunare"
"I can think. I can wait. I can fast"
«È tutto?» chiese Kamaswami
"That's everything?" asked Kamaswami

"Credo che sia tutto quello che c'è!"
"I believe that is everything there is!"
"E a che serve?"
"And what's the use of that?"
"Per esempio; digiuno. A cosa serve?"
"For example; fasting. What is it good for?"
"E' molto buono, signore"
"It is very good, sir"
"Ci sono momenti in cui una persona non ha niente da mangiare"
"there are times a person has nothing to eat"
"Allora il digiuno è la cosa più intelligente che possa fare"
"then fasting is the smartest thing he can do"
"c'è stato un tempo in cui Siddharta non aveva imparato a digiunare"
"there was a time where Siddhartha hadn't learned to fast"
"In questo periodo ha dovuto accettare qualsiasi tipo di servizio"
"in this time he had to accept any kind of service"
"perché la fame lo costringerebbe ad accettare il servizio"
"because hunger would force him to accept the service"
"Ma così, Siddharta può aspettare con calma"
"But like this, Siddhartha can wait calmly"
"Non conosce l'impazienza, non conosce l'emergenza"
"he knows no impatience, he knows no emergency"
"Per molto tempo può permettere alla fame di assediarlo"
"for a long time he can allow hunger to besiege him"
"E può ridere della fame"
"and he can laugh about the hunger"
"Questo, signore, è ciò a cui serve il digiuno"
"This, sir, is what fasting is good for"
"Hai ragione, Samana" riconobbe Kamaswami
"You're right, Samana" acknowledged Kamaswami
"Aspetta un momento" chiese al suo ospite
"Wait for a moment" he asked of his guest
Kamaswami uscì dalla stanza e tornò con una pergamena
Kamaswami left the room and returned with a scroll

porse a Siddharta il rotolo e gli chiese di leggerlo
he handed Siddhartha the scroll and asked him to read it
Siddharta guardò il rotolo che gli era stato consegnato
Siddhartha looked at the scroll handed to him
Sulla pergamena era stato scritto un contratto di vendita
on the scroll a sales-contract had been written
Cominciò a leggere il contenuto del rotolo
he began to read out the scroll's contents
Kamaswami era molto contento di Siddharta
Kamaswami was very pleased with Siddhartha
"Scriveresti qualcosa per me su questo pezzo di carta?"
"would you write something for me on this piece of paper?"
Gli porse un pezzo di carta e una penna
He handed him a piece of paper and a pen
Siddharta scrisse, e restituì il foglio
Siddhartha wrote, and returned the paper
Kamaswami ha letto: "Scrivere è bene, pensare è meglio"
Kamaswami read, "Writing is good, thinking is better"
"Essere intelligenti è bene, essere pazienti è meglio"
"Being smart is good, being patient is better"
"È eccellente come sei in grado di scrivere", lo elogiò il mercante
"It is excellent how you're able to write" the merchant praised him
"Dovremo ancora discutere molte cose tra di noi"
"Many a thing we will still have to discuss with one another"
"Per oggi ti chiedo di essere mio ospite"
"For today, I'm asking you to be my guest"
"Per favore, vieni a vivere in questa casa"
"please come to live in this house"
Siddharta ringraziò Kamaswami e accettò la sua offerta
Siddhartha thanked Kamaswami and accepted his offer
Da quel momento in poi visse nella casa del commerciante
he lived in the dealer's house from now on
Gli furono portati dei vestiti e delle scarpe
Clothes were brought to him, and shoes
e ogni giorno un servo gli preparava il bagno

and every day, a servant prepared a bath for him

Due volte al giorno veniva servito un pasto abbondante
Twice a day, a plentiful meal was served
ma Siddharta mangiava solo una volta al giorno
but Siddhartha only ate once a day
e non mangiò carne, né bevve vino
and he ate neither meat, nor did he drink wine
Kamaswami gli parlò del suo mestiere
Kamaswami told him about his trade
Gli mostrò la mercanzia e i magazzini
he showed him the merchandise and storage-rooms
Gli mostrò come venivano fatti i calcoli
he showed him how the calculations were done
Siddharta conobbe molte cose nuove
Siddhartha got to know many new things
Sentiva molto e parlava poco
he heard a lot and spoke little
ma non dimenticò le parole di Kamala
but he did not forget Kamala's words
quindi non fu mai sottomesso al mercante
so he was never subservient to the merchant
Lo costrinse a trattarlo come un suo pari
he forced him to treat him as an equal
forse lo costrinse a trattarlo come qualcosa di più di un suo pari
perhaps he forced him to treat him as even more than an equal
Kamaswami condusse i suoi affari con cura
Kamaswami conducted his business with care
ed era molto appassionato della sua attività
and he was very passionate about his business
ma Siddharta considerava tutto questo come se fosse un gioco
but Siddhartha looked upon all of this as if it was a game
Si sforzò di imparare con precisione le regole del gioco
he tried hard to learn the rules of the game precisely
Ma il contenuto del gioco non gli toccò il cuore

but the contents of the game did not touch his heart
Non era stato a lungo in casa di Kamaswami
He had not been in Kamaswami's house for long
ma ben presto prese parte agli affari del padrone di casa
but soon he took part in his landlord's business

ogni giorno andava a trovare la bella Kamala
every day he visited beautiful Kamala
Kamala aveva fissato un'ora per le loro adunanze
Kamala had an hour appointed for their meetings
Indossava bei vestiti e belle scarpe
she was wearing pretty clothes and fine shoes
e presto le portò anche dei doni
and soon he brought her gifts as well
Molto imparò dalla sua bocca rossa e intelligente
Much he learned from her red, smart mouth
Imparò molto dalla sua mano tenera ed elastica
Much he learned from her tender, supple hand
riguardo all'amore, Siddharta era ancora un ragazzo
regarding love, Siddhartha was still a boy
e aveva la tendenza a tuffarsi ciecamente nell'amore
and he had a tendency to plunge into love blindly
cadde nella lussuria come in un pozzo senza fondo
he fell into lust like into a bottomless pit
Gli ha insegnato a fondo, a partire dalle basi
she taught him thoroughly, starting with the basics
Il piacere non può essere preso senza dare piacere
pleasure cannot be taken without giving pleasure
ogni gesto, ogni carezza, ogni tocco, ogni sguardo
every gesture, every caress, every touch, every look
Ogni punto del corpo, per quanto piccolo fosse, aveva il suo segreto
every spot of the body, however small it was, had its secret
I segreti porterebbero felicità a chi li conosce
the secrets would bring happiness to those who know them
Gli innamorati non devono separarsi l'uno dall'altro dopo aver celebrato l'amore

lovers must not part from one another after celebrating love
non devono separarsi senza che l'uno ammiri l'altro
they must not part without one admiring the other
Devono essere tanto sconfitti quanto vittoriosi
they must be as defeated as they have been victorious
Nessuno dei due amanti dovrebbe iniziare a sentirsi stufo o annoiato
neither lover should start feeling fed up or bored
non dovrebbero avere la brutta sensazione di essere stati violenti
they should not get the evil feeling of having been abusive
e non dovrebbero sentirsi come se fossero stati abusati
and they should not feel like they have been abused
Ore meravigliose trascorse con la bella e intelligente artista
Wonderful hours he spent with the beautiful and smart artist
Divenne il suo allievo, il suo amante, il suo amico
he became her student, her lover, her friend
Qui con Kamala c'era il valore e lo scopo della sua vita attuale
Here with Kamala was the worth and purpose of his present life
il suo scopo non era con gli affari di Kamaswami
his purpose was not with the business of Kamaswami

Siddharta ricevette lettere e contratti importanti
Siddhartha received important letters and contracts
Kamaswami cominciò a discutere con lui di tutti gli affari importanti
Kamaswami began discussing all important affairs with him
Ben presto si accorse che Siddharta sapeva poco del riso e della lana
He soon saw that Siddhartha knew little about rice and wool
ma si accorse di aver agito in modo fortunato
but he saw that he acted in a fortunate manner
e Siddharta lo superò in calma ed equanimità
and Siddhartha surpassed him in calmness and equanimity
Lo superò nell'arte di comprendere persone prima

sconosciute
he surpassed him in the art of understanding previously unknown people
Kamaswami parlò di Siddharta ad un amico
Kamaswami spoke about Siddhartha to a friend
"Questo Brahman non è un vero mercante"
"This Brahman is no proper merchant"
"Non sarà mai un mercante"
"he will never be a merchant"
"Per gli affari non c'è mai passione nella sua anima"
"for business there is never any passion in his soul"
"Ma ha una qualità misteriosa in lui"
"But he has a mysterious quality about him"
"Questa qualità porta il successo da sola"
"this quality brings success about all by itself"
"potrebbe essere da una buona Stella della sua nascita"
"it could be from a good Star of his birth"
"o potrebbe essere qualcosa che ha imparato tra Samana"
"or it could be something he has learned among Samanas"
"Sembra sempre che stia solo giocando con i nostri affari"
"He always seems to be merely playing with our business-affairs"
"La sua attività non diventa mai pienamente parte di lui"
"his business never fully becomes a part of him"
"I suoi affari non governano mai su di lui"
"his business never rules over him"
"Non ha mai paura di fallire"
"he is never afraid of failure"
"Non è mai turbato da una perdita"
"he is never upset by a loss"
L'amico consigliò il commerciante
The friend advised the merchant
"Dategli un terzo dei profitti che fa per voi"
"Give him a third of the profits he makes for you"
"Ma sia responsabile anche quando ci sono perdite"
"but let him also be liable when there are losses"
"Allora diventerà più zelante"

"Then, he'll become more zealous"
Kamaswami era curioso e seguì il consiglio
Kamaswami was curious, and followed the advice
Ma Siddharta si preoccupava poco delle perdite o dei profitti
But Siddhartha cared little about loses or profits
Quando realizzava un profitto, lo accettava con equanimità
When he made a profit, he accepted it with equanimity
Quando subiva perdite, ci rideva sopra
when he made losses, he laughed it off
Sembrava davvero che non gli importasse nulla dell'affare
It seemed indeed, as if he did not care about the business
Una volta, si recò in un villaggio
At one time, he travelled to a village
Vi si recò per comprare un grande raccolto di riso
he went there to buy a large harvest of rice
Ma quando arrivò, il riso era già stato venduto
But when he got there, the rice had already been sold
Un altro mercante era arrivato al villaggio prima di lui
another merchant had gotten to the village before him
Ciononostante, Siddharta rimase per diversi giorni in quel villaggio
Nevertheless, Siddhartha stayed for several days in that village
Ha offerto da bere ai contadini
he treated the farmers for a drink
Diede monete di rame ai loro figli
he gave copper-coins to their children
si unì alla celebrazione di un matrimonio
he joined in the celebration of a wedding
ed è tornato estremamente soddisfatto dal suo viaggio
and he returned extremely satisfied from his trip
Kamaswami era arrabbiato per il fatto che Siddharta avesse sprecato tempo e denaro
Kamaswami was angry that Siddhartha had wasted time and money
Siddharta rispose: "Smettila di rimproverare, caro amico!"
Siddhartha answered "Stop scolding, dear friend!"

"**Non si è mai ottenuto nulla con il rimprovero**"
"Nothing was ever achieved by scolding"
"**Se c'è stata una perdita, lasciami sopportare quella perdita**"
"If a loss has occurred, let me bear that loss"
"**Sono molto soddisfatto di questo viaggio**"
"I am very satisfied with this trip"
"**Ho conosciuto molti tipi di persone**"
"I have gotten to know many kinds of people"
"**un brahmano è diventato mio amico**"
"a Brahman has become my friend"
"**I bambini si sono seduti sulle mie ginocchia**"
"children have sat on my knees"
"**I contadini mi hanno mostrato i loro campi**"
"farmers have shown me their fields"
"**nessuno sapeva che ero un mercante**"
"nobody knew that I was a merchant"
"**È tutto molto bello**", esclamò Kamaswami indignato
"That's all very nice," exclaimed Kamaswami indignantly
"**Ma in realtà, dopo tutto, sei un mercante**"
"but in fact, you are a merchant after all"
«**O hai viaggiato solo per il tuo divertimento?**»
"Or did you have only travel for your amusement?"
"**Certo che ho viaggiato per il mio divertimento**" disse Siddharta ridendo
"of course I have travelled for my amusement" Siddhartha laughed
"**Per cos'altro avrei viaggiato?**"
"For what else would I have travelled?"
"**Ho conosciuto persone e luoghi**"
"I have gotten to know people and places"
"**Ho ricevuto gentilezza e fiducia**"
"I have received kindness and trust"
"**Ho trovato amicizie in questo villaggio**"
"I have found friendships in this village"
"**se fossi stato Kamaswami, sarei tornato indietro infastidito**"
"if I had been Kamaswami, I would have travelled back annoyed"

"Sarei andato di fretta non appena il mio acquisto non fosse andato a buon fine"
"I would have been in hurry as soon as my purchase failed"
"E tempo e denaro sarebbero stati davvero persi"
"and time and money would indeed have been lost"
"Ma così, ho avuto un paio di giorni buoni"
"But like this, I've had a few good days"
"Ho imparato dal tempo che ho trascorso lì"
"I've learned from my time there"
"e ho avuto gioia dall'esperienza"
"and I have had joy from the experience"
"Non ho fatto del male né a me stesso né agli altri con il fastidio e la fretta"
"I've neither harmed myself nor others by annoyance and hastiness"
"se mai tornerò amichevolmente la gente mi accoglierà"
"if I ever return friendly people will welcome me"
"se torno a fare affari amichevoli anche le persone mi accoglieranno"
"if I return to do business friendly people will welcome me too"
"Mi lodo per non aver mostrato alcuna fretta o dispiacere"
"I praise myself for not showing any hurry or displeasure"
"Allora, lascialo così com'è, amico mio"
"So, leave it as it is, my friend"
"E non farti del male rimproverandoti"
"and don't harm yourself by scolding"
"Se vedi Siddharta che si fa del male, allora parla con me"
"If you see Siddhartha harming himself, then speak with me"
"e Siddharta andrà per la sua strada"
"and Siddhartha will go on his own path"
"Ma fino ad allora, accontentiamoci l'uno dell'altro"
"But until then, let's be satisfied with one another"
i tentativi del mercante di convincere Siddharta furono inutili
the merchant's attempts to convince Siddhartha were futile
non riusciva a far mangiare il pane a Siddharta

he could not make Siddhartha eat his bread
Siddharta mangiò il suo pane
Siddhartha ate his own bread
O meglio, entrambi mangiavano il pane degli altri
or rather, they both ate other people's bread
Siddharta non ascoltò mai le preoccupazioni di Kamaswami
Siddhartha never listened to Kamaswami's worries
e Kamaswami aveva molte preoccupazioni che voleva condividere
and Kamaswami had many worries he wanted to share
c'erano affari in corso che rischiavano di fallire
there were business-deals going on in danger of failing
Le spedizioni di merce sembravano essere andate perse
shipments of merchandise seemed to have been lost
i debitori sembravano non essere in grado di pagare
debtors seemed to be unable to pay
Kamaswami non riuscì mai a convincere Siddharta a pronunciare parole di preoccupazione
Kamaswami could never convince Siddhartha to utter words of worry
Kamaswami non riusciva a far provare a Siddharta rabbia nei confronti degli affari
Kamaswami could not make Siddhartha feel anger towards business
non riusciva a fargli avere le rughe sulla fronte
he could not get him to to have wrinkles on the forehead
non riusciva a far dormire male Siddharta
he could not make Siddhartha sleep badly

un giorno, Kamaswami cercò di parlare con Siddharta
one day, Kamaswami tried to speak with Siddhartha
"Siddharta, non sei riuscito a imparare nulla di nuovo"
"Siddhartha, you have failed to learn anything new"
ma Siddharta rise di nuovo
but again, Siddhartha laughed at this
"Per favore, non prendermi in giro con queste barzellette"
"Would you please not kid me with such jokes"

"Quello che ho imparato da te è quanto costa un cesto di pesce"
"What I've learned from you is how much a basket of fish costs"
"e ho imparato quanti interessi possono essere addebitati sul denaro prestato"
"and I learned how much interest may be charged on loaned money"
"Queste sono le vostre aree di competenza"
"These are your areas of expertise"
"Non ho imparato a pensare da te, mio caro Kamaswami"
"I haven't learned to think from you, my dear Kamaswami"
"Dovresti essere tu a cercare di imparare da me"
"you ought to be the one seeking to learn from me"
In verità la sua anima non era con il mestiere
Indeed his soul was not with the trade
L'affare era abbastanza buono da fornirgli denaro per Kamala
The business was good enough to provide him with money for Kamala
E gli ha fatto guadagnare molto più di quanto gli servisse
and it earned him much more than he needed
Oltre a Kamala, la curiosità di Siddharta era rivolta alla gente
Besides Kamala, Siddhartha's curiosity was with the people
i loro affari, i loro mestieri, le loro preoccupazioni e i loro piaceri
their businesses, crafts, worries, and pleasures
Tutte queste cose gli erano estranee
all these things used to be alien to him
I loro atti di stoltezza erano lontani come la luna
their acts of foolishness used to be as distant as the moon
Riusciva facilmente a parlare con tutti loro
he easily succeeded in talking to all of them
Poteva vivere con tutti loro
he could live with all of them
E poteva continuare a imparare da tutti loro

and he could continue to learn from all of them
ma c'era qualcosa che lo separava da loro
but there was something which separated him from them
Sentiva una divisione tra lui e la gente
he could feel a divide between him and the people
questo fattore di separazione era il fatto che egli era un Samana
this separating factor was him being a Samana
Vedeva l'umanità vivere la vita in modo infantile
He saw mankind going through life in a childlike manner
Per molti versi vivevano come vivono gli animali
in many ways they were living the way animals live
Amava e disprezzava anche il loro modo di vivere
he loved and also despised their way of life
Li vide faticare e soffrire
He saw them toiling and suffering
stavano diventando grigi per cose indegne di questo prezzo
they were becoming gray for things unworthy of this price
Facevano cose per soldi e piccoli piaceri
they did things for money and little pleasures
Hanno fatto le cose per essere un po' onorati
they did things for being slightly honoured
Li vide rimproverarsi e insultarsi a vicenda
he saw them scolding and insulting each other
Li vide lamentarsi del dolore
he saw them complaining about pain
dolori di cui un Samana sorriderebbe solo
pains at which a Samana would only smile
e li vide soffrire per le privazioni
and he saw them suffering from deprivations
privazioni che un Samana non sentirebbe
deprivations which a Samana would not feel
Era aperto a tutto ciò che queste persone gli portavano
He was open to everything these people brought his way
Il benvenuto fu il mercante che gli offrì la biancheria in vendita
welcome was the merchant who offered him linen for sale

Benvenuto era il debitore che chiedeva un altro prestito
welcome was the debtor who sought another loan
Benvenuto fu il mendicante che gli raccontò la storia della sua povertà
welcome was the beggar who told him the story of his poverty
il mendicante che non era povero nemmeno la metà di qualsiasi Samana
the beggar who was not half as poor as any Samana
Non trattò il ricco mercante e il suo servo in modo diverso
He did not treat the rich merchant and his servant different
Si è lasciato imbrogliare dal venditore ambulante quando ha comprato le banane
he let street-vendor cheat him when buying bananas
Kamaswami si lamentava spesso con lui delle sue preoccupazioni
Kamaswami would often complain to him about his worries
o lo avrebbe rimproverato per i suoi affari
or he would reproach him about his business
Ascoltava curioso e felice
he listened curiously and happily
ma era perplesso dal suo amico
but he was puzzled by his friend
cercò di capirlo
he tried to understand him
E ha ammesso di aver avuto ragione, fino a un certo punto
and he admitted he was right, up to a certain point
furono molti quelli che chiesero di Siddharta
there were many who asked for Siddhartha
Molti volevano fare affari con lui
many wanted to do business with him
C'erano molti che volevano imbrogliarlo
there were many who wanted to cheat him
Molti volevano strappargli qualche segreto
many wanted to draw some secret out of him
Molti volevano fare appello alla sua simpatia
many wanted to appeal to his sympathy
Molti volevano avere il suo consiglio

many wanted to get his advice
Dava consigli a chi lo voleva
He gave advice to those who wanted it
Ebbe pietà di coloro che avevano bisogno di pietà
he pitied those who needed pity
Faceva regali a coloro a cui piacevano i regali
he made gifts to those who liked presents
Ha lasciato che alcuni lo imbrogliassero un po'
he let some cheat him a bit
Questo gioco a cui tutti giocavano occupava i suoi pensieri
this game which all people played occupied his thoughts
pensava a questo gioco tanto quanto pensava agli Dei
he thought about this game just as much as he had about the Gods
Nel profondo del petto sentì una voce morente
deep in his chest he felt a dying voice
Questa voce lo ammonì sommessamente
this voice admonished him quietly
e a malapena percepiva la voce dentro di sé
and he hardly perceived the voice inside of himself
E poi, per un'ora, si accorse di qualcosa
And then, for an hour, he became aware of something
Si rese conto della strana vita che stava conducendo
he became aware of the strange life he was leading
Si rese conto che quella vita era solo un gioco
he realized this life was only a game
A volte provava felicità e gioia
at times he would feel happiness and joy
Ma la vita reale continuava a passargli accanto
but real life was still passing him by
e passava senza toccarlo
and it was passing by without touching him
Siddharta giocherellava con i suoi affari
Siddhartha played with his business-deals
Siddharta trovava divertimento nelle persone che lo circondavano
Siddhartha found amusement in the people around him

ma per quanto riguarda il suo cuore, non era con loro
but regarding his heart, he was not with them
La fonte correva da qualche parte, lontano da lui
The source ran somewhere, far away from him
Correva e correva invisibile
it ran and ran invisibly
Non aveva più nulla a che fare con la sua vita
it had nothing to do with his life any more
Più volte si spaventò a causa di tali pensieri
at several times he became scared on account of such thoughts
Avrebbe voluto partecipare a tutti quei giochi infantili
he wished he could participate in all of these childlike games
Voleva vivere davvero
he wanted to really live
Voleva davvero recitare nel loro teatro
he wanted to really act in their theatre
Voleva davvero godere dei loro piaceri
he wanted to really enjoy their pleasures
E voleva vivere, invece di stare a guardare come spettatore
and he wanted to live, instead of just standing by as a spectator

Ma ancora e ancora, è tornato dalla bella Kamala
But again and again, he came back to beautiful Kamala
Imparò l'arte dell'amore
he learned the art of love
e praticava il culto della lussuria
and he practised the cult of lust
lussuria, in cui il dare e l'avere diventano una cosa sola
lust, in which giving and taking becomes one
Ha chiacchierato con lei e ha imparato da lei
he chatted with her and learned from her
Le dava consigli, e riceveva i suoi consigli
he gave her advice, and he received her advice
Lo capiva meglio di quanto Govinda lo capisse
She understood him better than Govinda used to understand him

era più simile a lui di quanto non lo fosse stato Govinda
she was more similar to him than Govinda had been
"Tu sei come me", le disse
"You are like me," he said to her
"Sei diverso dalla maggior parte delle persone"
"you are different from most people"
"Tu sei Kamala, nient'altro"
"You are Kamala, nothing else"
"E dentro di te c'è pace e rifugio"
"and inside of you, there is a peace and refuge"
"un rifugio dove recarsi ad ogni ora del giorno"
"a refuge to which you can go at every hour of the day"
"Puoi stare a casa con te stesso"
"you can be at home with yourself"
"Posso farlo anch'io"
"I can do this too"
"Poche persone hanno questo posto"
"Few people have this place"
"Eppure tutti potrebbero averlo"
"and yet all of them could have it"
"Non tutte le persone sono intelligenti", ha detto Kamala
"Not all people are smart" said Kamala
«No», disse Siddharta, «non è questo il motivo»
"No," said Siddhartha, "that's not the reason why"
"Kamaswami è intelligente quanto me"
"Kamaswami is just as smart as I am"
"ma non ha rifugio in se stesso"
"but he has no refuge in himself"
"Altri ce l'hanno, anche se hanno la mente dei bambini"
"Others have it, although they have the minds of children"
"La maggior parte delle persone, Kamala, è come una foglia che cade"
"Most people, Kamala, are like a falling leaf"
"una foglia che soffia e gira nell'aria"
"a leaf which is blown and is turning around through the air"
"una foglia che ondeggia e cade a terra"
"a leaf which wavers, and tumbles to the ground"

"Ma altri, pochi, sono come le stelle"
"But others, a few, are like stars"
"Seguono un percorso fisso"
"they go on a fixed course"
"Non c'è vento che li raggiunga"
"no wind reaches them"
"Hanno in se stessi la loro legge e la loro condotta"
"in themselves they have their law and their course"
"Tra tutti gli uomini dotti che ho incontrato, ce n'era uno di questo tipo"
"Among all the learned men I have met, there was one of this kind"
"Era veramente perfetto"
"he was a truly perfected one"
"Non potrò mai dimenticarlo"
"I'll never be able to forget him"
"È quel Gotama, l'eccelso"
"It is that Gotama, the exalted one"
"Migliaia di seguaci ascoltano i suoi insegnamenti ogni giorno"
"Thousands of followers are listening to his teachings every day"
"Seguono le sue istruzioni ogni ora"
"they follow his instructions every hour"
"ma sono tutte foglie che cadono"
"but they are all falling leaves"
"Non hanno in se stessi insegnamenti e una legge"
"not in themselves they have teachings and a law"
Kamala lo guardò con un sorriso
Kamala looked at him with a smile
"Ancora una volta, stai parlando di lui", disse lei
"Again, you're talking about him," she said
"di nuovo, stai avendo i pensieri di una Samana"
"again, you're having a Samana's thoughts"
Siddharta non disse nulla, e fecero il gioco dell'amore
Siddhartha said nothing, and they played the game of love
uno dei trenta o quaranta giochi diversi che Kamala

conosceva
one of the thirty or forty different games Kamala knew
Il suo corpo era flessibile come quello di un giaguaro
Her body was flexible like that of a jaguar
flessibile come l'arco di un cacciatore
flexible like the bow of a hunter
lui che aveva imparato da lei a fare l'amore
he who had learned from her how to make love
Era a conoscenza di molte forme di lussuria
he was knowledgeable of many forms of lust
Colui che imparava da lei conosceva molti segreti
he that learned from her knew many secrets
Per molto tempo suonò con Siddharta
For a long time, she played with Siddhartha
lei lo ha adescato e respinto
she enticed him and rejected him
Lei lo costrinse e lo abbracciò
she forced him and embraced him
Le piacevano le sue abilità magistrali
she enjoyed his masterful skills
fino a quando non fu sconfitto e riposò esausto al suo fianco
until he was defeated and rested exhausted by her side
La cortigiana si chinò su di lui
The courtesan bent over him
Guardò a lungo il suo viso
she took a long look at his face
Guardò i suoi occhi, che si erano stancati
she looked at his eyes, which had grown tired
"Sei il miglior amante che abbia mai visto" disse pensierosa
"You are the best lover I have ever seen" she said thoughtfully
"Sei più forte degli altri, più flessibile, più volenteroso"
"You're stronger than others, more supple, more willing"
"Hai imparato bene la mia arte, Siddharta"
"You've learned my art well, Siddhartha"
"A un certo punto, quando sarò più grande, vorrei partorire tuo figlio"
"At some time, when I'll be older, I'd want to bear your child"

"Eppure, mia cara, sei rimasta una Samana"
"And yet, my dear, you've remained a Samana"
"E nonostante questo, tu non mi ami"
"and despite this, you do not love me"
"Non c'è nessuno che ami"
"there is nobody that you love"
«Non è così?» chiese Kamala
"Isn't it so?" asked Kamala
«Potrebbe benissimo essere così» disse Siddharta stancamente
"It might very well be so," Siddhartha said tiredly
"Io sono come te, perché anche tu non ami"
"I am like you, because you also do not love"
"In quale altro modo potresti praticare l'amore come un mestiere?"
"how else could you practise love as a craft?"
"Forse, le persone della nostra specie non possono amare"
"Perhaps, people of our kind can't love"
"Le persone infantili possono amare, questo è il loro segreto"
"The childlike people can love, that's their secret"

Sansara

Per molto tempo, Siddharta aveva vissuto nel mondo e nella lussuria
For a long time, Siddhartha had lived in the world and lust
Viveva in questo modo, però, senza farne parte
he lived this way though, without being a part of it
l'aveva uccisa quando era stato un Samana
he had killed this off when he had been a Samana
ma ora si erano svegliati di nuovo
but now they had awoken again
Aveva assaporato la ricchezza, la lussuria e il potere
he had tasted riches, lust, and power
per molto tempo era rimasto un Samana nel suo cuore
for a long time he had remained a Samana in his heart
Kamala, essendo intelligente, se n'era resa conto perfettamente
Kamala, being smart, had realized this quite right
Il pensiero, l'attesa e il digiuno guidavano ancora la sua vita
thinking, waiting, and fasting still guided his life
le persone infantili gli rimasero estranee
the childlike people remained alien to him
e rimase estraneo alla gente infantile
and he remained alien to the childlike people
Passarono gli anni; Circondati dalla bella vita
Years passed by; surrounded by the good life
Siddharta sentiva a malapena gli anni svanire
Siddhartha hardly felt the years fading away
Era diventato ricco e possedeva una casa tutta sua
He had become rich and possessed a house of his own
Aveva anche i suoi servitori
he even had his own servants
Aveva un giardino davanti alla città, vicino al fiume
he had a garden before the city, by the river
La gente lo amava e si rivolgeva a lui per soldi o consigli
The people liked him and came to him for money or advice
ma non c'era nessuno vicino a lui, tranne Kamala

but there was nobody close to him, except Kamala
lo stato luminoso dell'essere svegli
the bright state of being awake
il sentimento che aveva provato nel pieno della sua giovinezza
the feeling which he had experienced at the height of his youth
in quei giorni dopo il sermone di Gotama
in those days after Gotama's sermon
dopo la separazione da Govinda
after the separation from Govinda
l'attesa tesa della vita
the tense expectation of life
l'orgoglioso stato di stare da soli
the proud state of standing alone
essere senza insegnamenti né maestri
being without teachings or teachers
la flessuosa disponibilità ad ascoltare la voce divina nel proprio cuore
the supple willingness to listen to the divine voice in his own heart
Tutte queste cose erano pian piano diventate un ricordo
all these things had slowly become a memory
Il ricordo era stato fugace, lontano e silenzioso
the memory had been fleeting, distant, and quiet
La fonte santa, che un tempo era vicina, ora mormorava solo
the holy source, which used to be near, now only murmured
la fonte santa, che mormorava dentro di sé
the holy source, which used to murmur within himself
Ciononostante, molte cose le aveva imparate dai Samana
Nevertheless, many things he had learned from the Samanas
aveva imparato da Gotama
he had learned from Gotama
aveva imparato da suo padre il Brahman
he had learned from his father the Brahman
Suo padre era rimasto a lungo nel suo essere
his father had remained within his being for a long time

vita moderata, la gioia di pensare, ore di meditazione
moderate living, the joy of thinking, hours of meditation
la conoscenza segreta del sé; la sua eterna entità
the secret knowledge of the self; his eternal entity
il sé che non è né corpo né coscienza
the self which is neither body nor consciousness
Molte parti di questo le aveva ancora
Many a part of this he still had
ma una parte dopo l'altra era stata sommersa
but one part after another had been submerged
e alla fine ogni parte raccolse polvere
and eventually each part gathered dust
Un tornio da vasaio, una volta in movimento, girerà a lungo
a potter's wheel, once in motion, will turn for a long time
perde il suo vigore solo lentamente
it loses its vigour only slowly
e si ferma solo dopo un po' di tempo
and it comes to a stop only after time
L'anima di Siddharta aveva continuato a girare la ruota dell'ascetismo
Siddhartha's soul had kept on turning the wheel of asceticism
La ruota del pensiero continuava a girare da molto tempo
the wheel of thinking had kept turning for a long time
La ruota della differenziazione girava ancora da molto tempo
the wheel of differentiation had still turned for a long time
ma si voltò lentamente ed esitante
but it turned slowly and hesitantly
ed era quasi sul punto di fermarsi
and it was close to coming to a standstill
Lentamente, come l'umidità che entra nel fusto morente di un albero
Slowly, like humidity entering the dying stem of a tree
riempiendo lentamente il gambo e facendolo marcire
filling the stem slowly and making it rot
il mondo e l'accidia erano entrati nell'anima di Siddharta
the world and sloth had entered Siddhartha's soul

Lentamente gli riempì l'anima e la rese pesante
slowly it filled his soul and made it heavy
gli ha stancato l'anima e l'ha addormentata
it made his soul tired and put it to sleep
D'altra parte, i suoi sensi erano diventati vivi
On the other hand, his senses had become alive
C'erano molte cose che i suoi sensi avevano imparato
there was much his senses had learned
C'erano molte cose che i suoi sensi avevano sperimentato
there was much his senses had experienced
Siddharta aveva imparato a commerciare
Siddhartha had learned to trade
Aveva imparato a usare il suo potere sulle persone
he had learned how to use his power over people
Aveva imparato a divertirsi con una donna
he had learned how to enjoy himself with a woman
Aveva imparato a indossare bei vestiti
he had learned how to wear beautiful clothes
Aveva imparato a dare ordini ai servi
he had learned how to give orders to servants
Aveva imparato a fare il bagno in acque profumate
he had learned how to bathe in perfumed waters
Aveva imparato a mangiare con tenerezza e a preparare con cura il cibo
He had learned how to eat tenderly and carefully prepared food
Mangiava anche pesce, carne e pollame
he even ate fish, meat, and poultry
spezie e dolci e vino, che provoca accidia e dimenticanza
spices and sweets and wine, which causes sloth and forgetfulness
Aveva imparato a giocare con i dadi e sulla scacchiera
He had learned to play with dice and on a chess-board
Aveva imparato a guardare le ragazze che ballavano
he had learned to watch dancing girls
Imparò a farsi trasportare da solo su una portantina
he learned to have himself carried about in a sedan-chair

Ha imparato a dormire su un letto morbido
he learned to sleep on a soft bed
Ma si sentiva ancora diverso dagli altri
But still he felt different from others
Si sentiva ancora superiore agli altri
he still felt superior to the others
Li guardava sempre con un po' di scherno
he always watched them with some mockery
C'era sempre un po' di disprezzo beffardo per quello che provava per loro
there was always some mocking disdain to how he felt about them
lo stesso disprezzo che un Samana prova per la gente del mondo
the same disdain a Samana feels for the people of the world

Kamaswami era malato e si sentiva infastidito
Kamaswami was ailing and felt annoyed
si sentì insultato da Siddharta
he felt insulted by Siddhartha
ed era tormentato dalle sue preoccupazioni di mercante
and he was vexed by his worries as a merchant
Siddharta aveva sempre guardato queste cose con scherno
Siddhartha had always watched these things with mockery
ma la sua derisione si era fatta più stanca
but his mockery had become more tired
La sua superiorità si era attenuata
his superiority had become more quiet
lento e impercettibile come il passare della stagione delle piogge
as slowly imperceptible as the rainy season passing by
lentamente, Siddharta aveva assunto qualcosa dei modi infantili della gente
slowly, Siddhartha had assumed something of the childlike people's ways
Aveva guadagnato un po' della loro puerilità
he had gained some of their childishness

e aveva guadagnato un po' della loro paura
and he had gained some of their fearfulness
Eppure, più diventava simile a loro, più li invidiava
And yet, the more be become like them the more he envied them
Li invidiava per l'unica cosa che gli mancava
He envied them for the one thing that was missing from him
l'importanza che hanno saputo attribuire alla loro vita
the importance they were able to attach to their lives
la quantità di passione nelle loro gioie e paure
the amount of passion in their joys and fears
la spaventosa ma dolce felicità di essere costantemente innamorati
the fearful but sweet happiness of being constantly in love
Queste persone erano sempre innamorate di se stesse
These people were in love with themselves all of the time
Le donne amavano i loro figli, con gli onori o con il denaro
women loved their children, with honours or money
Gli uomini amavano se stessi con progetti o speranze
the men loved themselves with plans or hopes
Ma non l'ha imparato da loro
But he did not learn this from them
Non ha imparato la gioia dei bambini
he did not learn the joy of children
e non imparò la loro stoltezza
and he did not learn their foolishness
Ciò che imparò maggiormente furono le loro cose spiacevoli
what he mostly learned were their unpleasant things
ed egli disprezzava queste cose
and he despised these things
al mattino, dopo aver avuto compagnia
in the morning, after having had company
Sempre più spesso rimase a letto per molto tempo
more and more he stayed in bed for a long time
Si sentiva incapace di pensare ed era stanco
he felt unable to think, and was tired
si arrabbiò e si spazientiva quando Kamaswami lo annoiava

con le sue preoccupazioni
he became angry and impatient when Kamaswami bored him with his worries
Rideva troppo forte quando perdeva una partita a dadi
he laughed just too loud when he lost a game of dice
Il suo volto era ancora più intelligente e più spirituale degli altri
His face was still smarter and more spiritual than others
ma il suo viso raramente rideva più
but his face rarely laughed anymore
Lentamente, il suo volto assunse altri lineamenti
slowly, his face assumed other features
i lineamenti che spesso si trovano nei volti dei ricchi
the features often found in the faces of rich people
caratteristiche di malcontento, di malessere, di malumore
features of discontent, of sickliness, of ill-humour
caratteristiche dell'accidia e della mancanza d'amore
features of sloth, and of a lack of love
la malattia dell'anima che hanno i ricchi
the disease of the soul which rich people have
Lentamente, questa malattia si impadronì di lui
Slowly, this disease grabbed hold of him
come una nebbia sottile, la stanchezza si impossessò di Siddharta
like a thin mist, tiredness came over Siddhartha
Lentamente, questa nebbia diventava un po' più densa ogni giorno
slowly, this mist got a bit denser every day
Diventava un po' più torbido ogni mese
it got a bit murkier every month
E ogni anno diventava un po' più pesante
and every year it got a bit heavier
Gli abiti invecchiano con il tempo
dresses become old with time
I vestiti perdono il loro bel colore nel tempo
clothes lose their beautiful colour over time
si macchiano, si sgualciscono, si consumano alle cuciture

they get stains, wrinkles, worn off at the seams
Cominciano a mostrare qua e là macchie logore
they start to show threadbare spots here and there
così fu la nuova vita di Siddharta
this is how Siddhartha's new life was
la vita che aveva iniziato dopo la separazione da Govinda
the life which he had started after his separation from Govinda
La sua vita era invecchiata e aveva perso colore
his life had grown old and lost colour
Con il passare degli anni c'era meno splendore
there was less splendour to it as the years passed by
La sua vita stava raccogliendo rughe e macchie
his life was gathering wrinkles and stains
e nascosti in fondo, la delusione e il disgusto aspettavano
and hidden at bottom, disappointment and disgust were waiting
mostravano la loro bruttezza
they were showing their ugliness
Siddharta non si accorse di queste cose
Siddhartha did not notice these things
Ricordava la voce brillante e affidabile dentro di lui
he remembered the bright and reliable voice inside of him
Notò che la voce era diventata silenziosa
he noticed the voice had become silent
la voce che si era risvegliata in lui in quel momento
the voice which had awoken in him at that time
la voce che lo aveva guidato nei suoi momenti migliori
the voice that had guided him in his best times
era stato catturato dal mondo
he had been captured by the world
era stato catturato dalla lussuria, dalla cupidigia, dall'accidia
he had been captured by lust, covetousness, sloth
e finalmente era stato catturato dal suo vizio più disprezzato
and finally he had been captured by his most despised vice
il vizio di cui si faceva più beffe
the vice which he mocked the most

il più sciocco di tutti i vizi
the most foolish one of all vices
aveva lasciato che l'avidità entrasse nel suo cuore
he had let greed into his heart
Anche le proprietà, i possedimenti e le ricchezze lo avevano finalmente catturato
Property, possessions, and riches also had finally captured him
Avere delle cose non era più un gioco per lui
having things was no longer a game to him
I suoi beni erano diventati una catena e un peso
his possessions had become a shackle and a burden
Era accaduto in un modo strano e subdolo
It had happened in a strange and devious way
Siddharta aveva preso questo vizio dal gioco dei dadi
Siddhartha had gotten this vice from the game of dice
aveva smesso di essere un Samana nel suo cuore
he had stopped being a Samana in his heart
E poi ha iniziato a giocare per soldi
and then he began to play the game for money
Per prima cosa si è unito al gioco con un sorriso
first he joined the game with a smile
A quel tempo giocava solo casualmente
at this time he only played casually
Voleva unirsi alle usanze della gente infantile
he wanted to join the customs of the childlike people
ma ora suonava con una rabbia e una passione crescenti
but now he played with an increasing rage and passion
Era un giocatore d'azzardo temuto tra gli altri mercanti
He was a feared gambler among the other merchants
La sua posta in gioco era così audace che pochi osavano affrontarlo
his stakes were so audacious that few dared to take him on
Ha giocato a causa di un dolore al cuore
He played the game due to a pain of his heart
Perdere e sperperare il suo misero denaro gli procurava una gioia rabbiosa

losing and wasting his wretched money brought him an angry joy

Non poteva dimostrare il suo disprezzo per la ricchezza in nessun altro modo
he could demonstrate his disdain for wealth in no other way

Non poteva deridere il falso dio dei mercanti in un modo migliore
he could not mock the merchants' false god in a better way

Così ha giocato d'azzardo con puntate alte
so he gambled with high stakes

Odiava se stesso senza pietà e si prendeva gioco di se stesso
he mercilessly hated himself and mocked himself

Ne ha vinte migliaia, ne ha buttate via migliaia
he won thousands, threw away thousands

Ha perso soldi, gioielli, una casa in campagna
he lost money, jewellery, a house in the country

L'ha vinta di nuovo, e poi ha perso di nuovo
he won it again, and then he lost again

Amava la paura che provava mentre tirava i dadi
he loved the fear he felt while he was rolling the dice

Amava sentirsi preoccupato di perdere ciò che aveva scommesso
he loved feeling worried about losing what he gambled

Ha sempre voluto portare questa paura a un livello leggermente più alto
he always wanted to get this fear to a slightly higher level

Provava qualcosa di simile alla felicità solo quando provava questa paura
he only felt something like happiness when he felt this fear

Era qualcosa di simile a un'intossicazione
it was something like an intoxication

qualcosa di simile a una forma elevata di vita
something like an elevated form of life

qualcosa di più luminoso in mezzo alla sua vita noiosa
something brighter in the midst of his dull life

E dopo ogni grande perdita, la sua mente era rivolta a nuove ricchezze

And after each big loss, his mind was set on new riches
Seguì il mestiere con più zelo
he pursued the trade more zealously
Costrinse i suoi debitori a pagare più severamente
he forced his debtors more strictly to pay
perché voleva continuare a giocare d'azzardo
because he wanted to continue gambling
Voleva continuare a sperperare
he wanted to continue squandering
Voleva continuare a dimostrare il suo disprezzo per la ricchezza
he wanted to continue demonstrating his disdain of wealth
Siddharta perdeva la calma quando si verificavano le perdite
Siddhartha lost his calmness when losses occurred
Ha perso la pazienza quando non è stato pagato in tempo
he lost his patience when he was not paid on time
Ha perso la sua gentilezza verso i mendicanti
he lost his kindness towards beggars
Ha scommesso decine di migliaia di dollari in un solo lancio di dadi
He gambled away tens of thousands at one roll of the dice
Divenne più severo e più meschino nei suoi affari
he became more strict and more petty in his business
Di tanto in tanto, di notte, sognava soldi!
occasionally, he was dreaming at night about money!
Ogni volta che si svegliava da questo brutto incantesimo, continuava a fuggire
whenever he woke up from this ugly spell, he continued fleeing
Ogni volta che si accorgeva che la sua faccia allo specchio era invecchiata, trovava un nuovo gioco
whenever he found his face in the mirror to have aged, he found a new game
Ogni volta che l'imbarazzo e il disgusto si impadronivano di lui, intorpidiva la sua mente
whenever embarrassment and disgust came over him, he numbed his mind

Ha intorpidito la sua mente con il sesso e il vino
he numbed his mind with sex and wine
e da lì fuggì di nuovo nell'impulso di accumulare e ottenere beni
and from there he fled back into the urge to pile up and obtain possessions
In questo ciclo inutile correva
In this pointless cycle he ran
dalla sua vita si stanca, invecchia e si ammala
fromt his life he grow tired, old, and ill

Poi venne il momento in cui un sogno lo avvertì
Then the time came when a dream warned him
Aveva trascorso le ore della serata con Kamala
He had spent the hours of the evening with Kamala
Era stato nel suo bel giardino di delizie
he had been in her beautiful pleasure-garden
Erano stati seduti sotto gli alberi, a parlare
They had been sitting under the trees, talking
e Kamala aveva detto parole premurose
and Kamala had said thoughtful words
parole dietro le quali si nascondevano una tristezza e una stanchezza
words behind which a sadness and tiredness lay hidden
Gli aveva chiesto di parlarle di Gotama
She had asked him to tell her about Gotama
Non riusciva a sentirne parlare abbastanza
she could not hear enough of him
Le piaceva quanto fossero chiari i suoi occhi
she loved how clear his eyes were
Le piaceva quanto fosse calma e bella la sua bocca
she loved how still and beautiful his mouth was
Amava la gentilezza del suo sorriso
she loved the kindness of his smile
Le piaceva quanto fosse stata tranquilla la sua passeggiata
she loved how peaceful his walk had been
Per molto tempo dovette parlarle dell'eccelso Buddha

For a long time, he had to tell her about the exalted Buddha
e Kamala aveva sospirato e parlato
and Kamala had sighed, and spoke
"Un giorno, forse presto, seguirò anch'io quel Buddha"
"One day, perhaps soon, I'll also follow that Buddha"
"Gli darò in regalo il mio giardino delle delizie"
"I'll give him my pleasure-garden for a gift"
"e mi rifugierò nei suoi insegnamenti"
"and I will take my refuge in his teachings"
Ma dopo questo, lei lo aveva eccitato
But after this, she had aroused him
lo aveva legato a sé nell'atto di fare l'amore
she had tied him to her in the act of making love
con fervore doloroso, mordente e in lacrime
with painful fervour, biting and in tears
Era come se volesse spremere l'ultima goccia dolce da quel vino
it was as if she wanted to squeeze the last sweet drop out of this wine
Mai prima di allora era diventato così stranamente chiaro a Siddharta
Never before had it become so strangely clear to Siddhartha
Sentiva quanto la lussuria fosse simile alla morte
he felt how close lust was akin to death
si sdraiò al suo fianco, e il viso di Kamala era vicino a lui
he laid by her side, and Kamala's face was close to him
sotto gli occhi e agli angoli della bocca
under her eyes and next to the corners of her mouth
Era chiaro come mai prima d'ora
it was as clear as never before
Là si leggeva un'iscrizione spaventosa
there read a fearful inscription
un'iscrizione di piccole linee e lievi scanalature
an inscription of small lines and slight grooves
un'iscrizione che ricorda l'autunno e la vecchiaia
an inscription reminiscent of autumn and old age
qua e là, capelli grigi tra i suoi neri

here and there, gray hairs among his black ones
Lo stesso Siddharta, che aveva solo quarant'anni, notò la stessa cosa
Siddhartha himself, who was only in his forties, noticed the same thing
La stanchezza era scritta sul bel viso di Kamala
Tiredness was written on Kamala's beautiful face
stanchezza per aver percorso un lungo sentiero
tiredness from walking a long path
un cammino che non ha una meta felice
a path which has no happy destination
la stanchezza e l'inizio dell'appassimento
tiredness and the beginning of withering
paura della vecchiaia, dell'autunno e di dover morire
fear of old age, autumn, and having to die
Con un sospiro, le aveva detto addio
With a sigh, he had bid his farewell to her
l'anima piena di riluttanza e piena di malcelata ansietà
the soul full of reluctance, and full of concealed anxiety

Siddharta aveva passato la notte in casa sua con delle ballerine
Siddhartha had spent the night in his house with dancing girls
Si comportava come se fosse superiore a loro
he acted as if he was superior to them
Si comportava in modo superiore verso i compagni della sua casta
he acted superior towards the fellow-members of his caste
ma questo non era più vero
but this was no longer true
Quella sera aveva bevuto molto vino
he had drunk much wine that night
e andò a letto molto tempo dopo la mezzanotte
and he went to bed a long time after midnight
stanco eppure eccitato, vicino al pianto e alla disperazione
tired and yet excited, close to weeping and despair
Cercò a lungo di dormire, ma invano

for a long time he sought to sleep, but it was in vain
il suo cuore era pieno di miseria
his heart was full of misery
Pensava di non poter più sopportare
he thought he could not bear any longer
Era pieno di disgusto, che sentiva penetrargli in tutto il corpo
he was full of a disgust, which he felt penetrating his entire body
come il sapore tiepido e ripugnante del vino
like the lukewarm repulsive taste of the wine
la musica noiosa era un po' troppo allegra
the dull music was a little too happy
Il sorriso delle ballerine era un po' troppo dolce
the smile of the dancing girls was a little too soft
Il profumo dei loro capelli e dei loro seni era un po' troppo dolce
the scent of their hair and breasts was a little too sweet
Ma più che per ogni altra cosa, era disgustato da se stesso
But more than by anything else, he was disgusted by himself
Era disgustato dai suoi capelli profumati
he was disgusted by his perfumed hair
Era disgustato dall'odore di vino che gli usciva dalla bocca
he was disgusted by the smell of wine from his mouth
Era disgustato dalla svogliatezza della sua pelle
he was disgusted by the listlessness of his skin
Come quando qualcuno che ha mangiato e bevuto troppo
Like when someone who has eaten and drunk far too much
lo vomitano di nuovo con dolore agonizzante
they vomit it back up again with agonising pain
ma si sentono sollevati dal vomito
but they feel relieved by the vomiting
Quest'uomo insonne desiderava liberarsi di questi piaceri
this sleepless man wished to free himself of these pleasures
Voleva sbarazzarsi di queste abitudini
he wanted to be rid of these habits
Voleva fuggire da tutta quella vita inutile

he wanted to escape all of this pointless life
e voleva fuggire da se stesso
and he wanted to escape from himself
Fu solo alle prime luci del mattino che si addormentò leggermente
it wasn't until the light of the morning when he had slightly fallen sleep
Le prime attività in strada erano già iniziate
the first activities in the street were already beginning
Per qualche istante aveva trovato un accenno di sonno
for a few moments he had found a hint of sleep
In quei momenti, ha fatto un sogno
In those moments, he had a dream
Kamala possedeva un piccolo, raro uccello canoro in una gabbia dorata
Kamala owned a small, rare singing bird in a golden cage
Gli cantava sempre al mattino
it always sung to him in the morning
ma poi sognò che quell'uccello era diventato muto
but then he dreamt this bird had become mute
Da quando questo attirò la sua attenzione, si mise davanti alla gabbia
since this arose his attention, he stepped in front of the cage
Guardò l'uccello dentro la gabbia
he looked at the bird inside the cage
L'uccellino era morto e giaceva rigido a terra
the small bird was dead, and lay stiff on the ground
Tirò fuori l'uccello morto dalla gabbia
He took the dead bird out of its cage
Si prese un momento per pesare l'uccello morto che aveva in mano
he took a moment to weigh the dead bird in his hand
e poi l'ho buttato via, in strada
and then threw it away, out in the street
Nello stesso istante si sentì terribilmente scioccato
in the same moment he felt terribly shocked
Il suo cuore gli faceva male come se avesse gettato via ogni

valore
his heart hurt as if he had thrown away all value
Tutto ciò che di buono c'era dentro quell'uccello morto
everything good had been inside of this dead bird
Partendo da questo sogno, si sentì avvolto da una profonda tristezza
Starting up from this dream, he felt encompassed by a deep sadness
tutto gli sembrava inutile
everything seemed worthless to him
inutile e inutile era il modo in cui aveva attraversato la vita
worthless and pointless was the way he had been going through life
Nulla di ciò che era vivo era rimasto nelle sue mani
nothing which was alive was left in his hands
Nulla di ciò che era in qualche modo delizioso poteva essere conservato
nothing which was in some way delicious could be kept
Niente che valga la pena tenere rimarrebbe
nothing worth keeping would stay
Rimase solo, vuoto, come un naufrago sulla riva
alone he stood there, empty like a castaway on the shore

Con l'animo cupo, Siddharta se ne andò nel suo giardino di delizie
With a gloomy mind, Siddhartha went to his pleasure-garden
Chiuse a chiave il cancello e si sedette sotto un albero di mango
he locked the gate and sat down under a mango-tree
Sentiva la morte nel cuore e l'orrore nel petto
he felt death in his heart and horror in his chest
Sentiva come tutto moriva e appassiva in lui
he sensed how everything died and withered in him
A poco a poco, raccolse i suoi pensieri nella sua mente
By and by, he gathered his thoughts in his mind
Ancora una volta, ha percorso l'intero percorso della sua vita
once again, he went through the entire path of his life

Ha iniziato con i primi giorni che riusciva a ricordare
he started with the first days he could remember
Quando mai c'è stato un momento in cui ha provato una vera beatitudine?
When was there ever a time when he had felt a true bliss?
Oh sì, diverse volte aveva sperimentato una cosa del genere
Oh yes, several times he had experienced such a thing
Nei suoi anni da ragazzo aveva avuto un assaggio di beatitudine
In his years as a boy he had had a taste of bliss
aveva sentito la felicità nel suo cuore quando aveva ottenuto la lode dei brahmani
he had felt happiness in his heart when he obtained praise from the Brahmans
"C'è un cammino davanti a chi si è distinto"
"There is a path in front of the one who has distinguished himself"
Aveva provato beatitudine recitando i versetti sacri
he had felt bliss reciting the holy verses
Aveva provato beatitudine discutendo con i dotti
he had felt bliss disputing with the learned ones
Aveva provato beatitudine quando era assistente nelle offerte
he had felt bliss when he was an assistant in the offerings
Poi, l'aveva sentita nel suo cuore
Then, he had felt it in his heart
"C'è un sentiero davanti a te"
"There is a path in front of you"
"Tu sei destinato a questo cammino"
"you are destined for this path"
"Gli dèi ti aspettano"
"the gods are awaiting you"
E di nuovo, da giovane, aveva provato beatitudine
And again, as a young man, he had felt bliss
quando i suoi pensieri lo separavano da quelli che pensavano le stesse cose
when his thoughts separated him from those thinking on the

same things
quando lottava nel dolore per lo scopo del Brahman
when he wrestled in pain for the purpose of Brahman
quando ogni conoscenza acquisita non faceva che accendere in lui una nuova sete
when every obtained knowledge only kindled new thirst in him
In mezzo al dolore sentì la stessa cosa
in the midst of the pain he felt this very same thing
"Avanti! Tu sei chiamato!"
"Go on! You are called upon!"
Aveva sentito quella voce quando era uscito di casa
He had heard this voice when he had left his home
udì udire questa voce quando ebbe scelto la vita di un Samana
he heard heard this voice when he had chosen the life of a Samana
e di nuovo udì questa voce quando lasciò i Samana
and again he heard this voice when left the Samanas
Aveva udito la voce quando era andato a trovare il perfetto
he had heard the voice when he went to see the perfected one
e quando si era allontanato dal perfetto, aveva udito la voce
and when he had gone away from the perfected one, he had heard the voice
Aveva udito la voce quando era entrato nell'incerto
he had heard the voice when he went into the uncertain
Da quanto tempo non sentiva più quella voce?
For how long had he not heard this voice any more?
Da quanto tempo non raggiungeva più l'altezza?
for how long had he reached no height any more?
Quanto era uniforme e noioso il modo in cui attraversava la vita?
how even and dull was the manner in which he went through life?
per molti lunghi anni senza un obiettivo elevato
for many long years without a high goal
era stato senza sete né elevazione

he had been without thirst or elevation
si era accontentato di piccoli piaceri lussuriosi
he had been content with small lustful pleasures
Eppure non era mai soddisfatto!
and yet he was never satisfied!
Per tutti questi anni si era sforzato di diventare come gli altri
For all of these years he had tried hard to become like the others
Desiderava ardentemente essere una di quelle persone infantili
he longed to be one of the childlike people
Ma non sapeva che era quello che voleva veramente
but he didn't know that that was what he really wanted
La sua vita era stata molto più miserabile e più povera della loro
his life had been much more miserable and poorer than theirs
perché i loro obiettivi e le loro preoccupazioni non erano i suoi
because their goals and worries were not his
l'intero mondo del popolo Kamaswami era stato per lui solo un gioco
the entire world of the Kamaswami-people had only been a game to him
le loro vite erano una danza che lui avrebbe guardato
their lives were a dance he would watch
Rappresentavano una commedia con cui poteva divertirsi
they performed a comedy he could amuse himself with
Solo Kamala gli era stata cara e preziosa
Only Kamala had been dear and valuable to him
Ma era ancora preziosa per lui?
but was she still valuable to him?
Aveva ancora bisogno di lei?
Did he still need her?
O aveva ancora bisogno di lui?
Or did she still need him?
Non hanno forse giocato una partita senza un finale?
Did they not play a game without an ending?

Era necessario vivere per questo?
Was it necessary to live for this?
No, non era necessario!
No, it was not necessary!
Il nome di questo gioco era Sansara
The name of this game was Sansara
un gioco per bambini che forse era divertente da fare una volta
a game for children which was perhaps enjoyable to play once
forse potrebbe essere giocato due volte
maybe it could be played twice
forse potresti giocarci dieci volte
perhaps you could play it ten times
Ma dovresti giocarci per sempre?
but should you play it for ever and ever?
Allora, Siddharta capì che il gioco era finito
Then, Siddhartha knew that the game was over
Sapeva che non poteva più suonarla
he knew that he could not play it any more
I brividi gli percorsero il corpo e dentro di lui
Shivers ran over his body and inside of him
Sentiva che qualcosa era morto
he felt that something had died

Per tutto il giorno si sedette sotto l'albero di mango
That entire day, he sat under the mango-tree
Pensava a suo padre
he was thinking of his father
pensava a Govinda
he was thinking of Govinda
e pensava a Gotama
and he was thinking of Gotama
Doveva lasciarli per diventare un Kamaswami?
Did he have to leave them to become a Kamaswami?
Era ancora seduto lì quando era scesa la notte
He was still sitting there when the night had fallen
Scorse le stelle e pensò tra sé

he caught sight of the stars, and thought to himself
"Eccomi seduto sotto il mio albero di mango nel mio giardino di delizie"
"Here I'm sitting under my mango-tree in my pleasure-garden"
Sorrise un po' tra sé e sé
He smiled a little to himself
Era davvero necessario possedere un giardino?
was it really necessary to own a garden?
Non era un gioco sciocco?
was it not a foolish game?
Aveva bisogno di possedere un albero di mango?
did he need to own a mango-tree?
Ha anche posto fine a tutto questo
He also put an end to this
Anche questo è morto in lui
this also died in him
Si alzò e disse addio all'albero di mango
He rose and bid his farewell to the mango-tree
Diede l'addio al giardino delle delizie
he bid his farewell to the pleasure-garden
Dato che quel giorno era rimasto senza cibo, sentì una forte fame
Since he had been without food this day, he felt strong hunger
e pensò alla sua casa in città
and he thought of his house in the city
Pensò alla sua camera e al suo letto
he thought of his chamber and bed
Pensò al tavolo con sopra i pasti
he thought of the table with the meals on it
Sorrise stancamente, si scosse e disse addio a queste cose
He smiled tiredly, shook himself, and bid his farewell to these things
Nella stessa ora della notte, Siddharta uscì dal suo giardino
In the same hour of the night, Siddhartha left his garden
Ha lasciato la città e non è più tornato
he left the city and never came back

Per molto tempo, Kamaswami ha fatto in modo che la gente lo cercasse
For a long time, Kamaswami had people look for him
Pensavano che fosse caduto nelle mani dei briganti
they thought he had fallen into the hands of robbers
Kamala non aveva nessuno che lo cercasse
Kamala had no one look for him
Non era stupita della sua scomparsa
she was not astonished by his disappearance
Non se l'aspettava sempre?
Did she not always expect it?
Non era forse un Samana?
Was he not a Samana?
un uomo che non era a casa da nessuna parte, un pellegrino
a man who was at home nowhere, a pilgrim
Lo aveva sentito l'ultima volta che erano stati insieme
she had felt this the last time they had been together
Era felice nonostante tutto il dolore della perdita
she was happy despite all the pain of the loss
Era felice di essere stata con lui un'ultima volta
she was happy she had been with him one last time
Era felice di averlo stretto così affettuosamente al suo cuore
she was happy she had pulled him so affectionately to her heart
Era felice di essersi sentita completamente posseduta e penetrata da lui
she was happy she had felt completely possessed and penetrated by him
Quando ricevette la notizia, andò alla finestra
When she received the news, she went to the window
Alla finestra teneva un raro uccello canterino
at the window she held a rare singing bird
L'uccello fu tenuto prigioniero in una gabbia dorata
the bird was held captive in a golden cage
Aprì la porta della gabbia
She opened the door of the cage
Tirò fuori l'uccello e lo lasciò volare

she took the bird out and let it fly
Per molto tempo lo guardò
For a long time, she gazed after it
Da quel giorno in poi, non ricevette più visite
From this day on, she received no more visitors
e teneva la sua casa chiusa a chiave
and she kept her house locked
Ma dopo un po' di tempo, si è resa conto di essere incinta
But after some time, she became aware that she was pregnant
era incinta dall'ultima volta che era stata con Siddharta
she was pregnant from the last time she was with Siddhartha

In Riva al Fiume
By the River

Siddharta camminò attraverso la foresta
Siddhartha walked through the forest
Era già lontano dalla città
he was already far from the city
e non sapeva altro che una cosa
and he knew nothing but one thing
Non c'era modo di tornare indietro per lui
there was no going back for him
La vita che aveva vissuto per molti anni era finita
the life that he had lived for many years was over
aveva assaporato tutta questa vita
he had tasted all of this life
Aveva succhiato tutto da questa vita
he had sucked everything out of this life
fino a quando non ne fu disgustato
until he was disgusted with it
L'uccello canterino che aveva sognato era morto
the singing bird he had dreamt of was dead
e anche l'uccello nel suo cuore era morto
and the bird in his heart was dead too
era rimasto profondamente invischiato in Sansara
he had been deeply entangled in Sansara
Aveva risucchiato il disgusto e la morte nel suo corpo
he had sucked up disgust and death into his body
come una spugna aspira l'acqua fino a riempirla
like a sponge sucks up water until it is full
Era pieno di miseria e di morte
he was full of misery and death
Non c'era più nulla in questo mondo che avrebbe potuto attrarlo
there was nothing left in this world which could have attracted him
Nulla avrebbe potuto dargli gioia o conforto
nothing could have given him joy or comfort

Desiderava ardentemente di non sapere più nulla di sé
he passionately wished to know nothing about himself anymore
Voleva riposarsi ed essere morto
he wanted to have rest and be dead
Avrebbe voluto che ci fosse un fulmine a colpirlo a morte!
he wished there was a lightning-bolt to strike him dead!
Se solo ci fosse una tigre a divorarlo!
If there only was a tiger to devour him!
Se solo ci fosse un vino velenoso che intorpidisce i suoi sensi
If there only was a poisonous wine which would numb his senses
un vino che gli portava l'oblio e il sonno
a wine which brought him forgetfulness and sleep
un vino da cui non si sarebbe svegliato
a wine from which he wouldn't awake from
C'era ancora qualche tipo di sporcizia con cui non si era sporcato?
Was there still any kind of filth he had not soiled himself with?
C'era un peccato o un'azione stolta che non aveva commesso?
was there a sin or foolish act he had not committed?
C'era una tristezza dell'anima che non conosceva?
was there a dreariness of the soul he didn't know?
C'era qualcosa che non si era procurato?
was there anything he had not brought upon himself?
Era ancora possibile essere vivi?
Was it still at all possible to be alive?
Era possibile inspirare ancora e ancora?
Was it possible to breathe in again and again?
Riusciva ancora a respirare?
Could he still breathe out?
Era in grado di sopportare la fame?
was he able to bear hunger?
C'era un modo per mangiare di nuovo?

was there any way to eat again?
Era possibile dormire di nuovo?
was it possible to sleep again?
Poteva andare a letto di nuovo con una donna?
could he sleep with a woman again?
Questo ciclo non si era esaurito?
had this cycle not exhausted itself?
Le cose non sono state portate a conclusione?
were things not brought to their conclusion?

Siddharta raggiunse il grande fiume nella foresta
Siddhartha reached the large river in the forest
Era lo stesso fiume che aveva attraversato quando era ancora un giovane
it was the same river he crossed when he had still been a young man
era lo stesso fiume che attraversava dalla città di Gotama
it was the same river he crossed from the town of Gotama
Si ricordò di un traghettatore che lo aveva portato al di là del fiume
he remembered a ferryman who had taken him over the river
Presso questo fiume si fermò e, esitante, si fermò sulla riva
By this river he stopped, and hesitantly he stood at the bank
La stanchezza e la fame lo avevano indebolito
Tiredness and hunger had weakened him
"Per cosa dovrei camminare?"
"what should I walk on for?"
"A quale meta restava da arrivare?"
"to what goal was there left to go?"
No, non c'erano più gol
No, there were no more goals
Non c'era altro che un doloroso desiderio di scrollarsi di dosso questo sogno
there was nothing left but a painful yearning to shake off this dream
Desiderava ardentemente sputare quel vino rafffermo
he yearned to spit out this stale wine

Voleva porre fine a questa vita miserabile e vergognosa
he wanted to put an end to this miserable and shameful life
un albero di cocco piegato sulla riva del fiume
a coconut-tree bent over the bank of the river
Siddharta si appoggiò alla sua proboscide con la spalla
Siddhartha leaned against its trunk with his shoulder
Abbracciò il tronco con un braccio
he embraced the trunk with one arm
e guardò giù nell'acqua verde
and he looked down into the green water
l'acqua scorreva sotto di lui
the water ran under him
Abbassò lo sguardo e si ritrovò completamente pervaso dal desiderio di lasciarsi andare
he looked down and found himself to be entirely filled with the wish to let go
Voleva annegare in queste acque
he wanted to drown in these waters
L'acqua rifletteva un vuoto spaventoso verso di lui
the water reflected a frightening emptiness back at him
L'acqua rispondeva al terribile vuoto della sua anima
the water answered to the terrible emptiness in his soul
Sì, era arrivato alla fine
Yes, he had reached the end
Non gli restava altro da fare che annientare se stesso
There was nothing left for him, except to annihilate himself
Voleva distruggere il fallimento in cui aveva plasmato la sua vita
he wanted to smash the failure into which he had shaped his life
Voleva gettare la sua vita davanti ai piedi di dèi che ridevano beffardamente
he wanted to throw his life before the feet of mockingly laughing gods
Questo era il grande vomito che aveva desiderato; morte
This was the great vomiting he had longed for; death
la frantumazione a pezzi della forma che odiava

the smashing to bits of the form he hated
Che sia cibo per pesci e coccodrilli
Let him be food for fishes and crocodiles
Siddharta il cane, un pazzo
Siddhartha the dog, a lunatic
un corpo depravato e marcio; un'anima indebolita e maltrattata!
a depraved and rotten body; a weakened and abused soul!
Lascia che venga fatto a pezzi dai demoni
let him be chopped to bits by the daemons
Con la faccia stravolta, fissava l'acqua
With a distorted face, he stared into the water
Vide il riflesso del suo viso e gli sputò addosso
he saw the reflection of his face and spat at it
Profondamente stanco, allontanò il braccio dal tronco dell'albero
In deep tiredness, he took his arm away from the trunk of the tree
Si voltò un po', per lasciarsi cadere dritto
he turned a bit, in order to let himself fall straight down
per affogare definitivamente nel fiume
in order to finally drown in the river
Con gli occhi chiusi, scivolò verso la morte
With his eyes closed, he slipped towards death
Poi, da zone remote della sua anima, si levò un suono
Then, out of remote areas of his soul, a sound stirred up
un suono suscitato dai tempi passati della sua vita ormai stanca
a sound stirred up out of past times of his now weary life
Era una parola singolare, una sola sillaba
It was a singular word, a single syllable
senza pensarci parlò a se stesso
without thinking he spoke the voice to himself
biascicava l'inizio e la fine di tutte le preghiere dei brahmani
he slurred the beginning and the end of all prayers of the Brahmans
pronunciò il santo Om

he spoke the holy Om
"ciò che è perfetto" o "il completamento"
"that what is perfect" or "the completion"
E in quel momento si rese conto della follia delle sue azioni
And in the moment he realized the foolishness of his actions
il suono di Om toccò l'orecchio di Siddharta
the sound of Om touched Siddhartha's ear
Il suo spirito assopito si risvegliò all'improvviso
his dormant spirit suddenly woke up
Siddharta era profondamente scioccato
Siddhartha was deeply shocked
Vide che le cose stavano così con lui
he saw this was how things were with him
Era così condannato che era stato in grado di cercare la morte
he was so doomed that he had been able to seek death
Aveva smarrito così tanto la strada che desiderava la fine
he had lost his way so much that he wished the end
il desiderio di un bambino aveva potuto crescere in lui
the wish of a child had been able to grow in him
Aveva desiderato trovare riposo annientando il suo corpo!
he had wished to find rest by annihilating his body!
tutta l'agonia degli ultimi tempi
all the agony of recent times
tutte realizzazioni che fanno riflettere che la sua vita aveva creato
all sobering realizations that his life had created
tutta la disperazione che aveva provato
all the desperation that he had felt
Queste cose non hanno portato a questo momento
these things did not bring about this moment
quando l'Om entrò nella sua coscienza, divenne consapevole di se stesso
when the Om entered his consciousness he became aware of himself
si rese conto della sua miseria e del suo errore
he realized his misery and his error
Om! parlò a se stesso

Om! he spoke to himself
Om! e di nuovo seppe del Brahman
Om! and again he knew about Brahman
Om! Conosceva l'indistruttibilità della vita
Om! he knew about the indestructibility of life
Om! Sapeva tutto ciò che è divino, che aveva dimenticato
Om! he knew about all that is divine, which he had forgotten
Ma questo fu solo un momento che gli balenò davanti
But this was only a moment that flashed before him
Ai piedi dell'albero di cocco, Siddharta crollò
By the foot of the coconut-tree, Siddhartha collapsed
fu colpito dalla stanchezza
he was struck down by tiredness
borbottando "Om", appoggiò la testa sulla radice dell'albero
mumbling "Om", he placed his head on the root of the tree
e cadde in un sonno profondo
and he fell into a deep sleep
Il suo sonno era profondo e senza sogni
Deep was his sleep, and without dreams
Era da molto tempo che non conosceva più un sonno simile
for a long time he had not known such a sleep any more

Quando si svegliò dopo molte ore, si sentì come se fossero passati dieci anni
When he woke up after many hours, he felt as if ten years had passed
Sentì l'acqua scorrere silenziosamente
he heard the water quietly flowing
non sapeva dove fosse
he did not know where he was
e non sapeva chi l'avesse portato lì
and he did not know who had brought him here
Aprì gli occhi e lo guardò con stupore
he opened his eyes and looked with astonishment
c'erano alberi e il cielo sopra di lui
there were trees and the sky above him
Si ricordò dov'era e come era arrivato lì

he remembered where he was and how he got here
Ma gli ci volle molto tempo per questo
But it took him a long while for this
Il passato gli sembrava come se fosse stato coperto da un velo
the past seemed to him as if it had been covered by a veil
infinitamente distante, infinitamente lontana, infinitamente insignificante
infinitely distant, infinitely far away, infinitely meaningless
Sapeva solo che la sua vita precedente era stata abbandonata
He only knew that his previous life had been abandoned
Questa vita passata gli sembrava un'incarnazione molto antica e precedente
this past life seemed to him like a very old, previous incarnation
Questa vita passata sembrava una pre-nascita del suo sé presente
this past life felt like a pre-birth of his present self
Pieno di disgusto e di miseria, aveva intenzione di gettare via la sua vita
full of disgust and wretchedness, he had intended to throw his life away
Era tornato in sé vicino a un fiume, sotto un albero di cocco
he had come to his senses by a river, under a coconut-tree
la sacra parola "Om" era sulle sue labbra
the holy word "Om" was on his lips
Si era addormentato e ora si era svegliato
he had fallen asleep and had now woken up
Guardava il mondo come un uomo nuovo
he was looking at the world as a new man
Silenziosamente, pronunciò la parola "Om" a se stesso
Quietly, he spoke the word "Om" to himself
l'"Om" che stava pronunciando quando si era addormentato
the "Om" he was speaking when he had fallen asleep
il suo sonno non sembrava altro che una lunga recitazione meditativa di "Om"
his sleep felt like nothing more than a long meditative

recitation of "Om"
tutto il suo sonno era stato un pensiero di "Om"
all his sleep had been a thinking of "Om"
un'immersione e l'entrata completa in "Om"
a submergence and complete entering into "Om"
un andare verso il perfezionato e il completato
a going into the perfected and completed
Che sonno meraviglioso era stato questo!
What a wonderful sleep this had been!
Non era mai stato così ristorato dal sonno
he had never before been so refreshed by sleep
Forse, era davvero morto
Perhaps, he really had died
Forse era annegato ed era rinato in un nuovo corpo?
maybe he had drowned and was reborn in a new body?
Ma no, conosceva se stesso e chi era
But no, he knew himself and who he was
Conosceva le sue mani e i suoi piedi
he knew his hands and his feet
Conosceva il luogo in cui giaceva
he knew the place where he lay
Conosceva questo sé nel suo petto
he knew this self in his chest
Siddharta l'eccentrico, lo strano
Siddhartha the eccentric, the weird one
ma questo Siddharta fu nondimeno trasformato
but this Siddhartha was nevertheless transformed
Era stranamente ben riposato e sveglio
he was strangely well rested and awake
ed era gioioso e curioso
and he was joyful and curious

Siddharta si raddrizzò e si guardò intorno
Siddhartha straightened up and looked around
Poi vide una persona seduta di fronte a lui
then he saw a person sitting opposite to him
un monaco in una veste gialla con la testa rasata

a monk in a yellow robe with a shaven head
Era seduto nella posizione di meditare
he was sitting in the position of pondering
Osservò l'uomo, che non aveva né capelli né barba
He observed the man, who had neither hair on his head nor a beard
Non lo aveva osservato a lungo quando riconobbe quel monaco
he had not observed him for long when he recognised this monk
era Govinda, l'amico della sua giovinezza
it was Govinda, the friend of his youth
Govinda, che si era rifugiato presso l'eccelso Buddha
Govinda, who had taken his refuge with the exalted Buddha
Come Siddharta, anche Govinda era invecchiato
Like Siddhartha, Govinda had also aged
ma il suo viso aveva ancora gli stessi lineamenti
but his face still bore the same features
Il suo volto esprimeva ancora zelo e fedeltà
his face still expressed zeal and faithfulness
Si vedeva che stava ancora cercando, ma timidamente
you could see he was still searching, but timidly
Govinda percepì il suo sguardo, aprì gli occhi e lo guardò
Govinda sensed his gaze, opened his eyes, and looked at him
Siddharta vide che Govinda non lo riconosceva
Siddhartha saw that Govinda did not recognise him
Govinda fu felice di trovarlo sveglio
Govinda was happy to find him awake
A quanto pare, era seduto lì da molto tempo
apparently, he had been sitting here for a long time
Aveva aspettato che si svegliasse
he had been waiting for him to wake up
Attese, anche se non lo conosceva
he waited, although he did not know him
"Ho dormito" disse Siddharta
"I have been sleeping" said Siddhartha
"Come sei arrivato qui?"

"How did you get here?"
"Hai dormito" rispose Govinda
"You have been sleeping" answered Govinda
"Non è bello dormire in questi posti"
"It is not good to be sleeping in such places"
"I serpenti e gli animali della foresta hanno qui le loro strade"
"snakes and the animals of the forest have their paths here"
"Io, oh signore, sono un seguace dell'eccelso Gotama"
"I, oh sir, am a follower of the exalted Gotama"
"Ero in pellegrinaggio su questo sentiero"
"I was on a pilgrimage on this path"
"Ti ho visto sdraiato e dormire in un posto dove è pericoloso dormire"
"I saw you lying and sleeping in a place where it is dangerous to sleep"
"Perciò ho cercato di svegliarti"
"Therefore, I sought to wake you up"
"ma ho visto che il tuo sonno era molto profondo"
"but I saw that your sleep was very deep"
"così sono rimasto indietro dal mio gruppo"
"so I stayed behind from my group"
"e mi sono seduto con te finché non ti sei svegliato"
"and I sat with you until you woke up"
"E poi, così sembra, mi sono addormentato anch'io"
"And then, so it seems, I have fallen asleep myself"
"Io, che volevo custodire il tuo sonno, mi sono addormentato"
"I, who wanted to guard your sleep, fell asleep"
"Male, ti ho servito"
"Badly, I have served you"
"La stanchezza mi aveva sopraffatto"
"tiredness had overwhelmed me"
"Ma visto che sei sveglio, lasciami andare a raggiungere i miei fratelli"
"But since you're awake, let me go to catch up with my brothers"

"Ti ringrazio, Samana, per aver vegliato sul mio sonno" disse Siddharta

"I thank you, Samana, for watching out over my sleep" spoke Siddhartha

"Siete amichevoli, voi seguaci dell'Eccelso"

"You're friendly, you followers of the exalted one"

"Ora puoi andare da loro"

"Now you may go to them"

"Me ne vado, signore. Che tu possa essere sempre in buona salute"

"I'm going, sir. May you always be in good health"

"Ti ringrazio, Samana"

"I thank you, Samana"

Govinda fece il gesto di un saluto e disse: "Addio"

Govinda made the gesture of a salutation and said "Farewell"

«Addio, Govinda» disse Siddharta

"Farewell, Govinda" said Siddhartha

Il monaco si fermò come colpito da un fulmine

The monk stopped as if struck by lightning

«Mi permetta di chiederle, signore, da dove conosce il mio nome?»

"Permit me to ask, sir, from where do you know my name?"

Siddharta sorrise: "Ti conosco, o Govinda, dalla capanna di tuo padre"

Siddhartha smiled, "I know you, oh Govinda, from your father's hut"

"E ti conosco dalla scuola dei Brahmani"

"and I know you from the school of the Brahmans"

"E ti riconosco dalle offerte"

"and I know you from the offerings"

"E ti conosco dal nostro cammino verso le Samana"

"and I know you from our walk to the Samanas"

"E ti conosco da quando ti sei rifugiato presso l'Eccelso"

"and I know you from when you took refuge with the exalted one"

«Tu sei Siddharta», esclamò Govinda ad alta voce, «ora ti riconosco»

"You're Siddhartha," Govinda exclaimed loudly, "Now, I recognise you"
"Non capisco come ho potuto non riconoscerti subito"
"I don't comprehend how I couldn't recognise you right away"
"Siddharta, è grande la mia gioia di rivederti"
"Siddhartha, my joy is great to see you again"
"Mi dà anche gioia rivederti" disse Siddharta
"It also gives me joy, to see you again" spoke Siddhartha
"Sei stata la guardia del mio sonno"
"You've been the guard of my sleep"
"Ancora una volta, ti ringrazio per questo"
"again, I thank you for this"
"ma non avrei avuto bisogno di alcuna guardia"
"but I wouldn't have required any guard"
"Dove stai andando, oh amico?"
"Where are you going to, oh friend?"
"Non vado da nessuna parte", rispose Govinda
"I'm going nowhere," answered Govinda
"Noi monaci siamo sempre in viaggio"
"We monks are always travelling"
"Ogni volta che non è la stagione delle piogge, ci spostiamo da un posto all'altro"
"whenever it is not the rainy season, we move from one place to another"
"Viviamo secondo le regole degli insegnamenti che ci sono stati trasmessi"
"we live according to the rules of the teachings passed on to us"
"Accettiamo l'elemosina e poi andiamo avanti"
"we accept alms, and then we move on"
"E' sempre così"
"It is always like this"
«Ma tu, Siddharta, dove vai?»
"But you, Siddhartha, where are you going to?"
"Per me è come per voi"
"for me it is as it is with you"
"Non vado da nessuna parte; Sto solo viaggiando"

"I'm going nowhere; I'm just travelling"
"Anch'io sono in pellegrinaggio"
"I'm also on a pilgrimage"
Govinda parlò: "Tu dici di essere in pellegrinaggio, e io ti credo"
Govinda spoke "You say you're on a pilgrimage, and I believe you"
"Ma, perdonami, o Siddharta, tu non sembri un pellegrino"
"But, forgive me, oh Siddhartha, you do not look like a pilgrim"
"Stai indossando abiti da ricco"
"You're wearing a rich man's garments"
"Indossi i panni di un distinto gentiluomo"
"you're wearing the shoes of a distinguished gentleman"
"E i tuoi capelli, con la fragranza del profumo, non sono capelli da pellegrino"
"and your hair, with the fragrance of perfume, is not a pilgrim's hair"
"tu non hai i capelli di un Samana"
"you do not have the hair of a Samana"
"Hai ragione, mia cara"
"you are right, my dear"
"Hai osservato bene le cose"
"you have observed things well"
"I tuoi occhi acuti vedono tutto"
"your keen eyes see everything"
"Ma non ti ho detto che ero una Samana"
"But I haven't said to you that I was a Samana"
"Ho detto che sono in pellegrinaggio"
"I said I'm on a pilgrimage"
"E così è, sono in pellegrinaggio"
"And so it is, I'm on a pilgrimage"
«Sei in pellegrinaggio» disse Govinda
"You're on a pilgrimage" said Govinda
"Ma pochi andrebbero in pellegrinaggio con questi abiti"
"But few would go on a pilgrimage in such clothes"
"Pochi si metterebbero in queste scarpe"

"few would pilger in such shoes"
"E pochi pellegrini hanno questi capelli"
"and few pilgrims have such hair"
"Non ho mai incontrato un pellegrino così"
"I have never met such a pilgrim"
"e sono pellegrino da molti anni"
"and I have been a pilgrim for many years"
"Ti credo, mio caro Govinda"
"I believe you, my dear Govinda"
"Ma ora, oggi, hai incontrato un pellegrino proprio così"
"But now, today, you've met a pilgrim just like this"
"un pellegrino che indossa questo tipo di scarpe e indumenti"
"a pilgrim wearing these kinds of shoes and garment"
"Ricorda, mia cara, che il mondo delle apparenze non è eterno"
"Remember, my dear, the world of appearances is not eternal"
"Le nostre scarpe e i nostri capi sono tutt'altro che eterni"
"our shoes and garments are anything but eternal"
"Anche i nostri capelli e il nostro corpo non sono eterni"
"our hair and bodies are not eternal either"
Indosso abiti da ricco"
I'm wearing a rich man's clothes"
"Hai visto bene"
"you've seen this quite right"
"Li indosso, perché sono stato un uomo ricco"
"I'm wearing them, because I have been a rich man"
"e porto i miei capelli come le persone mondane e lussuriose"
"and I'm wearing my hair like the worldly and lustful people"
"perché sono stato uno di loro"
"because I have been one of them"
«E tu che cosa sei adesso, Siddharta?» Chiese Govinda
"And what are you now, Siddhartha?" Govinda asked
"Non lo so, proprio come te"
"I don't know it, just like you"
"Ero un uomo ricco, e ora non sono più un uomo ricco"

"I was a rich man, and now I am not a rich man anymore"
"E cosa sarò domani, non lo so"
"and what I'll be tomorrow, I don't know"
«Hai perso le tue ricchezze?» chiese Govinda
"You've lost your riches?" asked Govinda
"Ho perso le mie ricchezze, o loro hanno perso me"
"I've lost my riches, or they have lost me"
"Le mie ricchezze in qualche modo mi sono scivolate via"
"My riches somehow happened to slip away from me"
"La ruota delle manifestazioni fisiche sta girando rapidamente, Govinda"
"The wheel of physical manifestations is turning quickly, Govinda"
"Dov'è Siddharta il Brahman?"
"Where is Siddhartha the Brahman?"
"Dov'è Siddharta il Samanà?"
"Where is Siddhartha the Samana?"
"Dov'è Siddharta il ricco?"
"Where is Siddhartha the rich man?"
"Le cose non eterne cambiano rapidamente, Govinda, lo sai"
"Non-eternal things change quickly, Govinda, you know it"
Govinda guardò a lungo l'amico della sua giovinezza
Govinda looked at the friend of his youth for a long time
Lo guardò con il dubbio negli occhi
he looked at him with doubt in his eyes
Dopodiché gli rivolse il saluto che si userebbe per un gentiluomo
After that, he gave him the salutation which one would use on a gentleman
Ed egli proseguì per la sua strada, e continuò il suo pellegrinaggio
and he went on his way, and continued his pilgrimage
Con un volto sorridente, Siddharta lo guardò andarsene
With a smiling face, Siddhartha watched him leave
Lo amava ancora, quest'uomo fedele e timoroso
he loved him still, this faithful, fearful man
Come avrebbe potuto non amare tutti e tutto in quel

momento?
how could he not have loved everybody and everything in this moment?
nell'ora gloriosa dopo il suo meraviglioso sonno, piena di Om!
in the glorious hour after his wonderful sleep, filled with Om!
L'incantesimo, che era accaduto dentro di lui nel sonno
The enchantment, which had happened inside of him in his sleep
Questo incantesimo era tutto ciò che amava
this enchantment was everything that he loved
Era pieno di amore gioioso per tutto ciò che vedeva
he was full of joyful love for everything he saw
Esattamente questa era stata la sua malattia prima
exactly this had been his sickness before
Non era stato in grado di amare niente e nessuno
he had not been able to love anybody or anything
Con un volto sorridente, Siddharta guardò il monaco che se ne andava
With a smiling face, Siddhartha watched the leaving monk

Il sonno lo aveva fortificato molto
The sleep had strengthened him a lot
ma la fame gli dava un grande dolore
but hunger gave him great pain
Ormai non mangiava da due giorni
by now he had not eaten for two days
Erano lontani i tempi in cui poteva resistere a tanta fame
the times were long past when he could resist such hunger
Con tristezza, ma anche con un sorriso, ripensò a quel periodo
With sadness, and yet also with a smile, he thought of that time
In quei giorni, così ricordava, si era vantato di tre cose con Kamala
In those days, so he remembered, he had boasted of three things to Kamala

Era stato in grado di compiere tre nobili e imbattibili imprese
he had been able to do three noble and undefeatable feats
Era in grado di digiunare, aspettare e pensare
he was able to fast, wait, and think
Questi erano stati i suoi possedimenti; il suo potere e la sua forza
These had been his possessions; his power and strength
Negli anni indaffarati e laboriosi della sua giovinezza, aveva imparato queste tre imprese
in the busy, laborious years of his youth, he had learned these three feats
E ora, le sue imprese lo avevano abbandonato
And now, his feats had abandoned him
nessuna delle sue imprese era più sua
none of his feats were his any more
né digiuno, né attesa, né pensiero
neither fasting, nor waiting, nor thinking
Li aveva abbandonati per le cose più miserabili
he had given them up for the most wretched things
Cos'è che svanisce più rapidamente?
what is it that fades most quickly?
la lussuria sensuale, la bella vita e le ricchezze!
sensual lust, the good life, and riches!
La sua vita era stata davvero strana
His life had indeed been strange
E ora, così sembrava, era diventato davvero una persona infantile
And now, so it seemed, he had really become a childlike person
Siddharta pensò alla sua situazione
Siddhartha thought about his situation
Pensare era difficile per lui ora
Thinking was hard for him now
Non aveva molta voglia di pensare
he did not really feel like thinking
ma si costrinse a pensare

but he forced himself to think
"Tutte queste cose che più facilmente perivano mi sono sfuggite"
"all these most easily perishing things have slipped from me"
"di nuovo, ora sono qui sotto il sole"
"again, now I'm standing here under the sun"
"Sto qui come un bambino"
"I am standing here just like a little child"
"niente è mio, non ho capacità"
"nothing is mine, I have no abilities"
"non c'è niente che io possa realizzare"
"there is nothing I could bring about"
"Non ho imparato nulla dalla mia vita"
"I have learned nothing from my life"
"Com'è meraviglioso tutto questo!"
"How wondrous all of this is!"
"è meraviglioso che io non sia più giovane"
"it's wondrous that I'm no longer young"
"I miei capelli sono già mezzi grigi e la mia forza sta svanendo"
"my hair is already half gray and my strength is fading"
"E ora ricomincio dall'inizio, da bambino!"
"and now I'm starting again at the beginning, as a child!"
Ancora una volta, dovette sorridere tra sé e sé
Again, he had to smile to himself
Sì, il suo destino era stato strano!
Yes, his fate had been strange!
Le cose stavano andando male con lui
Things were going downhill with him
E ora era di nuovo di fronte al mondo nudo e stupido
and now he was again facing the world naked and stupid
Ma non poteva sentirsi triste per questo
But he could not feel sad about this
No, sentiva anche una gran voglia di ridere
no, he even felt a great urge to laugh
Sentì il bisogno di ridere di se stesso
he felt an urge to laugh about himself

Sentì il bisogno di ridere di quello strano e sciocco mondo
he felt an urge to laugh about this strange, foolish world
"Le cose stanno andando male con te!" si disse
"Things are going downhill with you!" he said to himself
E rideva della sua situazione
and he laughed about his situation
Mentre lo diceva, gli capitò di dare un'occhiata al fiume
as he was saying it he happened to glance at the river
E vide anche il fiume che scendeva
and he also saw the river going downhill
Era cantare ed essere felici di tutto
it was singing and being happy about everything
Gli piacque, e gentilmente sorrise al fiume
He liked this, and kindly he smiled at the river
Non era questo il fiume in cui aveva intenzione di annegare?
Was this not the river in which he had intended to drown himself?
in tempi passati, cento anni fa
in past times, a hundred years ago
O l'aveva sognato?
or had he dreamed this?
"Davvero meravigliosa è stata la mia vita", pensò
"Wondrous indeed was my life" he thought
"La mia vita ha preso meravigliose deviazioni"
"my life has taken wondrous detours"
"Da ragazzo mi occupavo solo di divinità e offerte"
"As a boy, I only dealt with gods and offerings"
"Da giovane mi occupavo solo di ascetismo"
"As a youth, I only dealt with asceticism"
"Ho passato il mio tempo a pensare e meditare"
"I spent my time in thinking and meditation"
"Ero alla ricerca di Brahman
"I was searching for Brahman
"e ho adorato l'eterno nell'Atman"
"and I worshipped the eternal in the Atman"
"Ma da giovane seguivo i penitenti"
"But as a young man, I followed the penitents"

"Vivevo nella foresta e soffrivo il caldo e il gelo"
"I lived in the forest and suffered heat and frost"
"lì ho imparato a vincere la fame"
"there I learned how to overcome hunger"
"e ho insegnato al mio corpo a diventare morto"
"and I taught my body to become dead"
"Meravigliosamente, poco dopo, l'intuizione è venuta verso di me"
"Wonderfully, soon afterwards, insight came towards me"
"intuizione nella forma degli insegnamenti del grande Buddha"
"insight in the form of the great Buddha's teachings"
"Ho sentito la conoscenza dell'unità del mondo"
"I felt the knowledge of the oneness of the world"
"L'ho sentito girare dentro di me come il mio stesso sangue"
"I felt it circling in me like my own blood"
"Ma ho anche dovuto lasciare Buddha e la grande conoscenza"
"But I also had to leave Buddha and the great knowledge"
"Sono andato e ho imparato l'arte dell'amore con Kamala"
"I went and learned the art of love with Kamala"
"Ho imparato il trading e gli affari con Kamaswami"
"I learned trading and business with Kamaswami"
"Ho accumulato denaro e l'ho sprecato di nuovo"
"I piled up money, and wasted it again"
"Ho imparato ad amare il mio stomaco e a soddisfare i miei sensi"
"I learned to love my stomach and please my senses"
"Ho dovuto passare molti anni a perdere il mio spirito"
"I had to spend many years losing my spirit"
"e ho dovuto disimparare di nuovo a pensare"
"and I had to unlearn thinking again"
"lì avevo dimenticato l'unità"
"there I had forgotten the oneness"
"Non è come se mi fossi trasformato lentamente da uomo in bambino"?
"Isn't it just as if I had turned slowly from a man into a child"?

"**Da pensatore a persona infantile**"
"from a thinker into a childlike person"
"**Eppure, questo percorso è stato molto buono**"
"And yet, this path has been very good"
"**Eppure, l'uccello nel mio petto non è morto**"
"and yet, the bird in my chest has not died"
"**Che percorso è stato questo!**"
"what a path has this been!"
"**Ho dovuto passare attraverso tanta stupidità**"
"I had to pass through so much stupidity"
"**Ho dovuto passare attraverso tanto vizio**"
"I had to pass through so much vice"
"**Ho dovuto fare tanti errori**"
"I had to make so many errors"
"**Ho dovuto provare così tanto disgusto e delusione**"
"I had to feel so much disgust and disappointment"
"**Ho dovuto fare tutto questo per tornare bambina**"
"I had to do all this to become a child again"
"**e poi potrei ricominciare da capo**"
"and then I could start over again"
"**Ma era il modo giusto per farlo**"
"But it was the right way to do it"
"**Il mio cuore dice di sì e i miei occhi sorridono**"
"my heart says yes to it and my eyes smile to it"
"**Ho dovuto sperimentare la disperazione**"
"I've had to experience despair"
"**Ho dovuto sprofondare nel più sciocco di tutti i pensieri**"
"I've had to sink down to the most foolish of all thoughts"
"**Ho dovuto pensare ai pensieri di suicidio**"
"I've had to think to the thoughts of suicide"
"**solo allora sarei stato in grado di sperimentare la grazia divina**"
"only then would I be able to experience divine grace"
"**solo allora ho potuto sentire di nuovo Om**"
"only then could I hear Om again"
"**solo allora sarei stato in grado di dormire bene e svegliarmi di nuovo**"

"only then would I be able to sleep properly and awake again"
"Dovevo diventare uno sciocco, per ritrovare l'Atman in me"
"I had to become a fool, to find Atman in me again"
"Ho dovuto peccare, per poter vivere di nuovo"
"I had to sin, to be able to live again"
"Dove altro potrebbe portarmi il mio cammino?"
"Where else might my path lead me to?"
"E' sciocco, questo sentiero, si muove ad anello"
"It is foolish, this path, it moves in loops"
"Forse sta girando in tondo"
"perhaps it is going around in a circle"
"Lascia che questo sentiero vada dove vuole"
"Let this path go where it likes"
"ovunque vada questa strada, voglio seguirla"
"where ever this path goes, I want to follow it"
Sentì la gioia rotolargli come onde nel petto
he felt joy rolling like waves in his chest
Chiese al suo cuore: "Da dove hai preso questa felicità?"
he asked his heart, "from where did you get this happiness?"
«Deriva forse da quel lungo e buon sonno?»
"does it perhaps come from that long, good sleep?"
"Il sonno che mi ha fatto tanto bene"
"the sleep which has done me so much good"
"O deriva dalla parola Om, che ho detto?"
"or does it come from the word Om, which I said?"
"O viene dal fatto che sono scappato?"
"Or does it come from the fact that I have escaped?"
"Questa felicità viene dallo stare come un bambino sotto il cielo?"
"does this happiness come from standing like a child under the sky?"
"Oh, com'è bello essere fuggiti"
"Oh how good is it to have fled"
"E' bello essere diventati liberi!"
"it is great to have become free!"
"Com'è pulita e bella l'aria qui"
"How clean and beautiful the air here is"

"L'aria è buona da respirare"
"the air is good to breath"
"dove sono scappato da tutto puzzava di unguenti"
"where I ran away from everything smelled of ointments"
"spezie, vino, eccesso, accidia"
"spices, wine, excess, sloth"
"Quanto ho odiato questo mondo dei ricchi"
"How I hated this world of the rich"
"Odiavo quelli che si dilettano nel buon cibo e i giocatori d'azzardo!"
"I hated those who revel in fine food and the gamblers!"
"Mi odiavo per essere rimasta in questo mondo terribile per così tanto tempo!
"I hated myself for staying in this terrible world for so long!"
"Mi sono privato, avvelenato e torturato"
"I have deprived, poisoned, and tortured myself"
"Mi sono fatto vecchio e cattivo!"
"I have made myself old and evil!"
"No, non farò mai più le cose che mi piacevano tanto fare"
"No, I will never again do the things I liked doing so much"
"Non mi illudo che Siddharta fosse saggio!"
"I won't delude myself into thinking that Siddhartha was wise!"
"Ma questa cosa l'ho fatta bene"
"But this one thing I have done well"
"questo mi piace, questo devo lodare"
"this I like, this I must praise"
"Mi piace che ora sia finita l'odio contro me stesso"
"I like that there is now an end to that hatred against myself"
"C'è una fine a quella vita sciocca e triste!"
"there is an end to that foolish and dreary life!"
"Ti lodo, Siddharta, dopo tanti anni di stoltezza"
"I praise you, Siddhartha, after so many years of foolishness"
"Ancora una volta hai avuto un'idea"
"you have once again had an idea"
"Hai sentito cantare l'uccello nel tuo petto"
"you have heard the bird in your chest singing"

"E tu hai seguito il canto dell'uccello!"
"and you followed the song of the bird!"
Con questi pensieri si lodò
with these thoughts he praised himself
Aveva ritrovato la gioia in se stesso
he had found joy in himself again
Ascoltò con curiosità il suo stomaco che brontolava per la fame
he listened curiously to his stomach rumbling with hunger
Aveva assaggiato e sputato un pezzo di sofferenza e di miseria
he had tasted and spat out a piece of suffering and misery
In questi ultimi tempi e giorni, ecco come si sentiva
in these recent times and days, this is how he felt
l'aveva divorata fino alla disperazione e alla morte
he had devoured it up to the point of desperation and death
il modo in cui tutto era accaduto era buono
how everything had happened was good
avrebbe potuto rimanere con Kamaswami molto più a lungo
he could have stayed with Kamaswami for much longer
Avrebbe potuto fare più soldi, e poi li ha sprecati
he could have made more money, and then wasted it
avrebbe potuto riempirsi lo stomaco e lasciar morire di sete la sua anima
he could have filled his stomach and let his soul die of thirst
Avrebbe potuto vivere in quell'inferno imbottito molto più a lungo
he could have lived in this soft upholstered hell much longer
Se questo non fosse accaduto, avrebbe continuato questa vita
if this had not happened, he would have continued this life
il momento di completa disperazione e disperazione
the moment of complete hopelessness and despair
il momento più estremo in cui si librava sulle acque impetuose
the most extreme moment when he hung over the rushing waters

nel momento in cui era pronto a distruggersi
the moment he was ready to destroy himself
nel momento in cui aveva provato quella disperazione e quel profondo disgusto
the moment he had felt this despair and deep disgust
non vi aveva ceduto
he had not succumbed to it
Dopotutto, l'uccello era ancora vivo
the bird was still alive after all
Per questo provava gioia e rideva
this was why he felt joy and laughed
Questo era il motivo per cui il suo viso sorrideva luminoso sotto i suoi capelli
this was why his face was smiling brightly under his hair
i suoi capelli che ora erano diventati grigi
his hair which had now turned gray
"È bene", pensò, "avere un assaggio di tutto da soli"
"It is good," he thought, "to get a taste of everything for oneself"
"Tutto quello che c'è da sapere"
"everything which one needs to know"
"La brama del mondo e le ricchezze non appartengono ai buoni"
"lust for the world and riches do not belong to the good things"
"L'ho già imparato da bambino"
"I have already learned this as a child"
"Lo so da molto tempo"
"I have known it for a long time"
"ma non l'avevo sperimentato fino ad ora"
"but I hadn't experienced it until now"
"E ora che l'ho sperimentato lo so"
"And now that I I've experienced it I know it"
"Non lo so solo nella mia memoria, ma nei miei occhi, nel mio cuore e nel mio stomaco"
"I don't just know it in my memory, but in my eyes, heart, and stomach"

"È bene per me saperlo!"
"it is good for me to know this!"

Per molto tempo ha riflettuto sulla sua trasformazione
For a long time, he pondered his transformation
Ascoltò l'uccello, che cantava di gioia
he listened to the bird, as it sang for joy
Questo uccello non era morto in lui?
Had this bird not died in him?
Non aveva sentito la morte di quell'uccello?
had he not felt this bird's death?
No, qualcos'altro dentro di lui era morto
No, something else from within him had died
qualcosa che anelava a morire era morto
something which yearned to die had died
Non era questo che aveva intenzione di uccidere?
Was it not this that he used to intend to kill?
Non era forse il suo piccolo, spaventato e orgoglioso io che era morto?
Was it not his his small, frightened, and proud self that had died?
Aveva lottato con se stesso per così tanti anni
he had wrestled with his self for so many years
l'io che lo aveva sconfitto più e più volte
the self which had defeated him again and again
l'io che era tornato dopo ogni uccisione
the self which was back again after every killing
il sé che proibiva la gioia e provava paura?
the self which prohibited joy and felt fear?
Non era questo sé che oggi era finalmente giunto alla sua morte?
Was it not this self which today had finally come to its death?
qui nella foresta, vicino a questo bel fiume
here in the forest, by this lovely river
Non era forse a causa di questa morte, che ora era come un bambino?
Was it not due to this death, that he was now like a child?

così pieno di fiducia e di gioia, senza paura
so full of trust and joy, without fear
Ora Siddharta si fece anche un'idea del motivo per cui aveva combattuto invano contro questo sé
Now Siddhartha also got some idea of why he had fought this self in vain
sapeva perché non poteva combattere se stesso come Brahman
he knew why he couldn't fight his self as a Brahman
Troppa conoscenza lo aveva trattenuto
Too much knowledge had held him back
Troppi versetti sacri, regole sacrificali e autocastigazione
too many holy verses, sacrificial rules, and self-castigation
Tutte queste cose lo trattennero
all these things held him back
Tanto fare e lottare per quell'obiettivo!
so much doing and striving for that goal!
era stato pieno di arroganza
he had been full of arrogance
Era sempre il più intelligente
he was always the smartest
Lavorava sempre di più
he was always working the most
Era sempre stato un passo avanti a tutti gli altri
he had always been one step ahead of all others
Egli è sempre stato il Sapiente e lo Spirituale
he was always the knowing and spiritual one
è sempre stato considerato il sacerdote o il saggio
he was always considered the priest or wise one
Il suo io si era ritirato nell'essere un prete, l'arroganza e la spiritualità
his self had retreated into being a priest, arrogance, and spirituality
Lì si è seduto saldamente ed è cresciuto per tutto questo tempo
there it sat firmly and grew all this time
e aveva pensato di poterla uccidere digiunando

and he had thought he could kill it by fasting
Ora vedeva la sua vita com'era diventata
Now he saw his life as it had become
Vide che la voce segreta aveva ragione
he saw that the secret voice had been right
Nessun maestro sarebbe mai stato in grado di realizzare la sua salvezza
no teacher would ever have been able to bring about his salvation
Perciò dovette andare per il mondo
Therefore, he had to go out into the world
Dovette abbandonarsi alla lussuria e al potere
he had to lose himself to lust and power
Dovette perdersi con le donne e il denaro
he had to lose himself to women and money
Doveva diventare un mercante, un giocatore d'azzardo, un bevitore
he had to become a merchant, a dice-gambler, a drinker
e dovette diventare una persona avida
and he had to become a greedy person
dovette farlo fino a quando il sacerdote e Samana in lui non furono morti
he had to do this until the priest and Samana in him was dead
Pertanto, ha dovuto continuare a sopportare questi brutti anni
Therefore, he had to continue bearing these ugly years
Dovette sopportare il disgusto e gli insegnamenti
he had to bear the disgust and the teachings
Doveva sopportare l'inutilità di una vita triste e sprecata
he had to bear the pointlessness of a dreary and wasted life
Dovette concluderla fino alla sua amara fine
he had to conclude it up to its bitter end
dovette farlo fino a quando anche Siddharta, il lussurioso, poté morire
he had to do this until Siddhartha the lustful could also die
Era morto e un nuovo Siddharta si era svegliato dal sonno
He had died and a new Siddhartha had woken up from the

sleep
anche questo nuovo Siddharta sarebbe invecchiato
this new Siddhartha would also grow old
Alla fine sarebbe anche dovuto morire
he would also have to die eventually
Siddharta era ancora mortale, come lo è ogni forma fisica
Siddhartha was still mortal, as is every physical form
Ma oggi era giovane, bambino e pieno di gioia
But today he was young and a child and full of joy
Pensava a questi pensieri tra sé e sé
He thought these thoughts to himself
Ascoltò con un sorriso allo stomaco
he listened with a smile to his stomach
Ascoltò con gratitudine il ronzio di un'ape
he listened gratefully to a buzzing bee
Allegramente, guardò nel fiume impetuoso
Cheerfully, he looked into the rushing river
Non gli era mai piaciuta un'acqua come questa
he had never before liked a water as much as this one
Non aveva mai percepito una voce così forte
he had never before perceived the voice so stronger
Non aveva mai compreso così fortemente la parabola dell'acqua che si muove
he had never understood the parable of the moving water so strongly
Non aveva mai notato quanto si muovesse magnificamente il fiume
he had never before noticed how beautifully the river moved
Gli sembrò che il fiume avesse qualcosa di speciale da dirgli
It seemed to him, as if the river had something special to tell him
qualcosa che ancora non sapeva, che lo stava ancora aspettando
something he did not know yet, which was still awaiting him
In questo fiume, Siddharta aveva intenzione di annegare
In this river, Siddhartha had intended to drown himself
in questo fiume il vecchio, stanco, disperato Siddharta era

annegato oggi
in this river the old, tired, desperate Siddhartha had drowned today
Ma il nuovo Siddharta provava un profondo amore per quell'acqua impetuosa
But the new Siddhartha felt a deep love for this rushing water
E decise da solo di non lasciarlo molto presto
and he decided for himself, not to leave it very soon

Il Traghettatore
The Ferryman

"Lungo questo fiume voglio restare", pensò Siddharta
"By this river I want to stay," thought Siddhartha
"è lo stesso fiume che ho attraversato molto tempo fa"
"it is the same river which I have crossed a long time ago"
"Stavo andando verso le persone infantili"
"I was on my way to the childlike people"
"Un simpatico traghettatore mi aveva guidato attraverso il fiume"
"a friendly ferryman had guided me across the river"
"è lui quello da cui voglio andare"
"he is the one I want to go to"
"Partendo dalla sua capanna, il mio cammino mi ha portato a una nuova vita"
"starting out from his hut, my path led me to a new life"
"Un sentiero che era invecchiato e ora è morto"
"a path which had grown old and is now dead"
"Anche il mio cammino attuale avrà inizio lì!"
"my present path shall also take its start there!"
Con tenerezza, guardò nell'acqua impetuosa
Tenderly, he looked into the rushing water
Guardò le linee verdi trasparenti che l'acqua disegnava
he looked into the transparent green lines the water drew
Le linee cristalline dell'acqua erano ricche di segreti
the crystal lines of water were rich in secrets
Vide perle luminose sorgere dal profondo
he saw bright pearls rising from the deep
silenziose bolle d'aria che galleggiano sulla superficie riflettente
quiet bubbles of air floating on the reflecting surface
l'azzurro del cielo raffigurato nelle bolle
the blue of the sky depicted in the bubbles
il fiume lo guardava con mille occhi
the river looked at him with a thousand eyes
Il fiume aveva gli occhi verdi e gli occhi bianchi

the river had green eyes and white eyes
Il fiume aveva occhi di cristallo e occhi azzurri
the river had crystal eyes and sky-blue eyes
Amava molto quest'acqua, lo deliziava
he loved this water very much, it delighted him
Era grato all'acqua
he was grateful to the water
Nel suo cuore udì la voce che parlava
In his heart he heard the voice talking
"Adoro quest'acqua! Tieniti vicino!"
"Love this water! Stay near it!"
"Impara dall'acqua!" gli ordinò la sua voce
"Learn from the water!" hiw voice commanded him
Oh sì, voleva imparare da questo
Oh yes, he wanted to learn from it
Voleva ascoltare l'acqua
he wanted to listen to the water
Colui che vuole capire i segreti di quest'acqua
He who would understand this water's secrets
Capirebbe anche molte altre cose
he would also understand many other things
così gli è sembrato
this is how it seemed to him
Ma di tutti i segreti del fiume, oggi ne ha visto solo uno
But out of all secrets of the river, today he only saw one
Questo segreto gli toccò l'anima
this secret touched his soul
quest'acqua scorreva e scorreva, incessantemente
this water ran and ran, incessantly
L'acqua scorreva, ma era sempre lì
the water ran, but nevertheless it was always there
l'acqua era sempre la stessa
the water always, at all times, was the same
e allo stesso tempo era nuovo in ogni momento
and at the same time it was new in every moment
Chi riuscisse ad afferrare questo sarebbe grande
he who could grasp this would be great

ma non l'ha capito o afferrato
but he didn't understand or grasp it
Sentiva solo un'idea che si muoveva
he only felt some idea of it stirring
Era come un lontano ricordo, una voce divina
it was like a distant memory, a divine voices

Siddharta si alzò mentre la fame nel suo corpo diventava insopportabile
Siddhartha rose as the workings of hunger in his body became unbearable
Stordito, si allontanò dalla città
In a daze he walked further away from the city
Risalì il fiume lungo il sentiero lungo la riva
he walked up the river along the path by the bank
ascoltò la corrente dell'acqua
he listened to the current of the water
Ascoltò il brontolio della fame nel suo corpo
he listened to the rumbling hunger in his body
Quando raggiunse il traghetto, la barca era appena arrivata
When he reached the ferry, the boat was just arriving
lo stesso traghettatore che una volta aveva trasportato il giovane Samaná attraverso il fiume
the same ferryman who had once transported the young Samana across the river
si fermò nella barca e Siddharta lo riconobbe
he stood in the boat and Siddhartha recognised him
Era anche molto invecchiato
he had also aged very much
Il traghettatore si meravigliò di vedere un uomo così elegante camminare a piedi
the ferryman was astonished to see such an elegant man walking on foot
«Ti va di traghettarmi?» chiese
"Would you like to ferry me over?" he asked
Lo prese nella sua barca e la spinse fuori dalla riva
he took him into his boat and pushed it off the bank

"È una bella vita quella che hai scelto per te stessa", disse il passeggero
"It's a beautiful life you have chosen for yourself" the passenger spoke
"Deve essere bello vivere di quest'acqua ogni giorno"
"It must be beautiful to live by this water every day"
"E dev'essere bello navigarci sopra sul fiume"
"and it must be beautiful to cruise on it on the river"
Con un sorriso, l'uomo al remo si spostò da una parte all'altra
With a smile, the man at the oar moved from side to side
"E' bello come dite, signore"
"It is as beautiful as you say, sir"
"Ma non è bella ogni vita e ogni lavoro?"
"But isn't every life and all work beautiful?"
"Può darsi che sia vero" rispose Siddharta
"This may be true" replied Siddhartha
"Ma ti invidio per la tua vita"
"But I envy you for your life"
"Ah, presto smetteresti di divertirti"
"Ah, you would soon stop enjoying it"
"Questo non è un lavoro per persone che indossano abiti eleganti"
"This is no work for people wearing fine clothes"
Siddharta rise dell'osservazione
Siddhartha laughed at the observation
"Una volta, oggi sono stato guardato a causa dei miei vestiti"
"Once before, I have been looked upon today because of my clothes"
"Sono stato guardato con diffidenza"
"I have been looked upon with distrust"
"Sono una seccatura per me"
"they are a nuisance to me"
"Non ti piacerebbe, traghettatore, accettare questi vestiti?"
"Wouldn't you, ferryman, like to accept these clothes"
"perché devi sapere che non ho soldi per pagare il tuo biglietto"

"because you must know, I have no money to pay your fare"
«Sta scherzando, signore» disse ridendo il traghettatore
"You're joking, sir," the ferryman laughed
"Non sto scherzando, amico"
"I'm not joking, friend"
"Una volta mi hai traghettato attraverso quest'acqua con la tua barca"
"once before you have ferried me across this water in your boat"
"L'hai fatto per la ricompensa immateriale di una buona azione"
"you did it for the immaterial reward of a good deed"
"Traghettami dall'altra parte del fiume e accetta i miei vestiti per questo"
"ferry me across the river and accept my clothes for it"
«E voi, signore, avete intenzione di continuare a viaggiare senza vestiti?»
"And do you, sir, intent to continue travelling without clothes?"
"Ah, più di tutto non vorrei assolutamente continuare a viaggiare"
"Ah, most of all I wouldn't want to continue travelling at all"
"Preferirei che mi dessi un vecchio perizoma"
"I would rather you gave me an old loincloth"
"Mi piacerebbe che mi tenessi con te come tuo assistente"
"I would like it if you kept me with you as your assistant"
"o meglio, mi piacerebbe se mi accettassi come tuo tirocinante"
"or rather, I would like if you accepted me as your trainee"
"perché prima dovrò imparare a gestire la barca"
"because first I'll have to learn how to handle the boat"
Per molto tempo, il traghettatore guardò lo straniero
For a long time, the ferryman looked at the stranger
Stava cercando nella sua memoria quello strano uomo
he was searching in his memory for this strange man
"Ora ti riconosco", disse infine
"Now I recognise you," he finally said

"Una volta hai dormito nella mia capanna"
"At one time, you've slept in my hut"
"Questo è stato molto tempo fa, forse più di vent'anni"
"this was a long time ago, possibly more than twenty years"
"E tu sei stato traghettato dall'altra parte del fiume da me"
"and you've been ferried across the river by me"
"Quel giorno ci siamo lasciati come buoni amici"
"that day we parted like good friends"
"Non sei stato un Samanà?"
"Haven't you been a Samana?"
"Non riesco più a pensare al tuo nome"
"I can't think of your name any more"
"Il mio nome è Siddharta, ed ero un Samana"
"My name is Siddhartha, and I was a Samana"
"Ero ancora un Samana quando mi hai visto l'ultima volta"
"I had still been a Samana when you last saw me"
"Benvenuto dunque, Siddharta. Il mio nome è Vasudeva"
"So be welcome, Siddhartha. My name is Vasudeva"
"Tu sarai, così spero, mio ospite anche oggi"
"You will, so I hope, be my guest today as well"
"E tu dormirai nella mia capanna"
"and you may sleep in my hut"
"E tu puoi dirmi da dove vieni"
"and you may tell me, where you're coming from"
"E tu puoi dirmi perché questi bei vestiti ti danno così fastidio"
"and you may tell me why these beautiful clothes are such a nuisance to you"
Avevano raggiunto il centro del fiume
They had reached the middle of the river
Vasudeva spinse il remo con più forza
Vasudeva pushed the oar with more strength
al fine di superare l'attuale
in order to overcome the current
Lavorava con calma, con le braccia muscolose
He worked calmly, with brawny arms
I suoi occhi erano fissi sulla prua della barca

his eyes were fixed in on the front of the boat
Siddharta si sedette e lo guardò
Siddhartha sat and watched him
si ricordò del suo tempo come Samana
he remembered his time as a Samana
Si ricordò di come l'amore per quell'uomo si fosse risvegliato nel suo cuore
he remembered how love for this man had stirred in his heart
Ringraziato, accettò l'invito di Vasudeva
Gratefully, he accepted Vasudeva's invitation
Quando raggiunsero la riva, lo aiutò a legare la barca ai pali
When they had reached the bank, he helped him to tie the boat to the stakes
Dopodiché, il traghettatore gli chiese di entrare nella capanna
after this, the ferryman asked him to enter the hut
gli offrì pane e acqua, e Siddharta mangiò con avido piacere
he offered him bread and water, and Siddhartha ate with eager pleasure
e mangiò anche con avido piacere i frutti di mango che Vasudeva gli offrì
and he also ate with eager pleasure of the mango fruits Vasudeva offered him

Dopodiché, era quasi l'ora del tramonto
Afterwards, it was almost the time of the sunset
Si sedettero su un tronco vicino alla banca
they sat on a log by the bank
Siddharta raccontò al traghettatore da dove veniva
Siddhartha told the ferryman about where he originally came from
Gli raccontò la sua vita come l'aveva vista oggi
he told him about his life as he had seen it today
come l'aveva vista in quell'ora di disperazione
the way he had seen it in that hour of despair
Il racconto della sua vita durò fino a tarda notte
the tale of his life lasted late into the night

Vasudeva ascoltò con grande attenzione
Vasudeva listened with great attention
Ascoltando attentamente, lasciò che tutto entrasse nella sua mente
Listening carefully, he let everything enter his mind
luogo di nascita e infanzia, tutto ciò che
birthplace and childhood, all that learning
tutta quella ricerca, tutta la gioia, tutta l'angoscia
all that searching, all joy, all distress
Questa era una delle più grandi virtù del traghettatore
This was one of the greatest virtues of the ferryman
Come pochi, sapeva ascoltare
like only a few, he knew how to listen
non aveva bisogno di dire una parola
he did not have to speak a word
ma l'oratore percepì come Vasudeva lasciava che le sue parole entrassero nella sua mente
but the speaker sensed how Vasudeva let his words enter his mind
La sua mente era quieta, aperta e in attesa
his mind was quiet, open, and waiting
Non perse una sola parola
he did not lose a single word
Non attese una sola parola con impazienza
he did not await a single word with impatience
non aggiunse la sua lode o il suo rimprovero
he did not add his praise or rebuke
Stava solo ascoltando, e nient'altro
he was just listening, and nothing else
Siddharta sentì che fortuna è confessare a un tale ascoltatore
Siddhartha felt what a happy fortune it is to confess to such a listener
Si sentiva fortunato a seppellire nel suo cuore la propria vita
he felt fortunate to bury in his heart his own life
Ha seppellito la sua ricerca e la sua sofferenza
he burried his own search and suffering
raccontò la storia della vita di Siddharta

he told the tale of Siddhartha's life
quando parlò dell'albero vicino al fiume
when he spoke of the tree by the river
quando parlò della sua profonda caduta
when he spoke of his deep fall
quando parlò del santo Om
when he spoke of the holy Om
quando parlò di come avesse provato un tale amore per il fiume
when he spoke of how he had felt such a love for the river
Il traghettatore ascoltava queste cose con il doppio dell'attenzione
the ferryman listened to these things with twice as much attention
ne era interamente e completamente assorbito
he was entirely and completely absorbed by it
Ascoltava con gli occhi chiusi
he was listening with his eyes closed
quando Siddharta tacque, ci fu un lungo silenzio
when Siddhartha fell silent a long silence occurred
poi Vasudeva parlò: "E' come pensavo"
then Vasudeva spoke "It is as I thought"
"Il fiume ti ha parlato"
"The river has spoken to you"
"Il fiume è anche tuo amico"
"the river is your friend as well"
"Il fiume parla anche a te"
"the river speaks to you as well"
"Questo è buono, questo è molto buono"
"That is good, that is very good"
"Resta con me, Siddharta, amico mio"
"Stay with me, Siddhartha, my friend"
"Avevo una moglie"
"I used to have a wife"
"Il suo letto era accanto al mio"
"her bed was next to mine"
"Ma è morta molto tempo fa"

"but she has died a long time ago"
"Per molto tempo ho vissuto da solo"
"for a long time, I have lived alone"
"Ora vivrai con me"
"Now, you shall live with me"
"C'è abbastanza spazio e cibo per entrambi"
"there is enough space and food for both of us"
"Ti ringrazio", disse Siddharta
"I thank you," said Siddhartha
"Ti ringrazio e accetto"
"I thank you and accept"
"E ti ringrazio anche per questo, Vasudeva"
"And I also thank you for this, Vasudeva"
"Ti ringrazio per avermi ascoltato così bene"
"I thank you for listening to me so well"
"Le persone che sanno ascoltare sono rare"
"people who know how to listen are rare"
"Non ho incontrato una sola persona che lo sapesse bene come te"
"I have not met a single person who knew it as well as you do"
"Imparerò anche da voi sotto questo aspetto"
"I will also learn in this respect from you"
"Lo imparerai", disse Vasudeva
"You will learn it," spoke Vasudeva
"Ma non lo imparerai da me"
"but you will not learn it from me"
"Il fiume mi ha insegnato ad ascoltare"
"The river has taught me to listen"
"Imparerai ad ascoltare anche dal fiume"
"you will learn to listen from the river as well"
"Sa tutto, il fiume"
"It knows everything, the river"
"Tutto si può imparare dal fiume"
"everything can be learned from the river"
"Vedi, questo l'hai già imparato anche dall'acqua"
"See, you've already learned this from the water too"
"Avete imparato che è bene tendere verso il basso"

"you have learned that it is good to strive downwards"
"Hai imparato ad affondare e a cercare la profondità"
"you have learned to sink and to seek depth"
"Il ricco ed elegante Siddharta sta diventando il servo di un rematore"
"The rich and elegant Siddhartha is becoming an oarsman's servant"
"il dotto brahmano Siddharta diventa un traghettatore"
"the learned Brahman Siddhartha becomes a ferryman"
"Anche questo ti è stato detto dal fiume"
"this has also been told to you by the river"
"Imparerai anche un'altra cosa"
"You'll learn the other thing from it as well"
Siddharta parlò dopo una lunga pausa
Siddhartha spoke after a long pause
"Quali altre cose imparerò, Vasudeva?"
"What other things will I learn, Vasudeva?"
Vasudeva si alzò. "E' tardi", disse
Vasudeva rose. "It is late," he said
e Vasudeva propose di andare a dormire
and Vasudeva proposed going to sleep
"Non posso dirti quell'altra cosa, oh amico"
"I can't tell you that other thing, oh friend"
"Imparerai l'altra cosa, o forse la sai già"
"You'll learn the other thing, or perhaps you know it already"
"Vedi, non sono un uomo istruito"
"See, I'm no learned man"
"Non ho particolari capacità di parlare"
"I have no special skill in speaking"
"Inoltre, non ho una particolare capacità di pensare"
"I also have no special skill in thinking"
"Tutto quello che sono in grado di fare è ascoltare ed essere devoto"
"All I'm able to do is to listen and to be godly"
"Non ho imparato nient'altro"
"I have learned nothing else"
"Se fossi in grado di dirlo e insegnarlo, potrei essere un

uomo saggio"
"If I was able to say and teach it, I might be a wise man"
"ma così sono solo un traghettatore"
"but like this I am only a ferryman"
"Ed è mio compito traghettare le persone attraverso il fiume"
"and it is my task to ferry people across the river"
"Ho trasportato molte migliaia di persone"
"I have transported many thousands of people"
"E per tutti loro, il mio fiume non è stato altro che un ostacolo"
"and to all of them, my river has been nothing but an obstacle"
"Era qualcosa che intralciava i loro viaggi"
"it was something that got in the way of their travels"
"Viaggiavano in cerca di soldi e affari"
"they travelled to seek money and business"
"Viaggiavano per matrimoni e pellegrinaggi"
"they travelled for weddings and pilgrimages"
"E il fiume ostruiva il loro cammino"
"and the river was obstructing their path"
"Il compito del traghettatore era quello di farli superare rapidamente quell'ostacolo"
"the ferryman's job was to get them quickly across that obstacle"
"Ma per alcuni tra migliaia, pochi, il fiume ha smesso di essere un ostacolo"
"But for some among thousands, a few, the river has stopped being an obstacle"
"Hanno udito la sua voce e l'hanno ascoltata"
"they have heard its voice and they have listened to it"
"E il fiume è diventato sacro per loro"
"and the river has become sacred to them"
"è diventato sacro per loro come è diventato sacro per me"
"it become sacred to them as it has become sacred to me"
"Per ora, riposiamoci, Siddharta"
"for now, let us rest, Siddhartha"

Siddharta rimase con il traghettatore e imparò a manovrare

la barca

Siddhartha stayed with the ferryman and learned to operate the boat

quando non c'era niente da fare al traghetto, lavorava con Vasudeva nella risaia
when there was nothing to do at the ferry, he worked with Vasudeva in the rice-field

Raccolse la legna e colse i frutti dai banani
he gathered wood and plucked the fruit off the banana-trees

Imparò a costruire un remo e a riparare la barca
He learned to build an oar and how to mend the boat

Imparò a intrecciare cesti e ripagò la capanna
he learned how to weave baskets and repaid the hut

ed era gioioso per tutto ciò che imparava
and he was joyful because of everything he learned

I giorni e i mesi passarono in fretta
the days and months passed quickly

Ma più di quanto Vasudeva potesse insegnargli, fu istruito dal fiume
But more than Vasudeva could teach him, he was taught by the river

Imparò incessantemente dal fiume
Incessantly, he learned from the river

Soprattutto, ha imparato ad ascoltare
Most of all, he learned to listen

Imparò a prestare molta attenzione con un cuore tranquillo
he learned to pay close attention with a quiet heart

Imparò a mantenere un'anima aperta e in attesa
he learned to keep a waiting, open soul

Ha imparato ad ascoltare senza passione
he learned to listen without passion

Ha imparato ad ascoltare senza volere
he learned to listen without a wish

Ha imparato ad ascoltare senza giudicare
he learned to listen without judgement

Ha imparato ad ascoltare senza un'opinione
he learned to listen without an opinion

In modo amichevole, viveva fianco a fianco con Vasudeva
In a friendly manner, he lived side by side with Vasudeva
Di tanto in tanto si scambiavano qualche parola
occasionally they exchanged some words
Poi, a lungo, pensarono alle parole
then, at length, they thought about the words
Vasudeva non era amico delle parole
Vasudeva was no friend of words
Siddharta raramente riusciva a persuaderlo a parlare
Siddhartha rarely succeeded in persuading him to speak
"Anche tu hai appreso questo segreto dal fiume?"
"did you too learn that secret from the river?"
"Il segreto che non c'è tempo?"
"the secret that there is no time?"
Il volto di Vasudeva era pieno di un sorriso luminoso
Vasudeva's face was filled with a bright smile
«Sì, Siddharta», disse
"Yes, Siddhartha," he spoke
"Ho imparato che il fiume è dappertutto allo stesso tempo"
"I learned that the river is everywhere at once"
"È alla sorgente e alla foce del fiume"
"it is at the source and at the mouth of the river"
"È alla cascata e al traghetto"
"it is at the waterfall and at the ferry"
"è alle rapide e nel mare"
"it is at the rapids and in the sea"
"È in montagna e dappertutto allo stesso tempo"
"it is in the mountains and everywhere at once"
"e ho imparato che c'è solo il tempo presente per il fiume"
"and I learned that there is only the present time for the river"
"Non ha l'ombra del passato"
"it does not have the shadow of the past"
"E non ha l'ombra del futuro"
"and it does not have the shadow of the future"
«È questo che intendi?» chiese
"is this what you mean?" he asked

«Questo è ciò che intendevo» disse Siddharta
"This is what I meant," said Siddhartha
"E quando l'ho imparato, ho guardato alla mia vita"
"And when I had learned it, I looked at my life"
"E anche la mia vita era un fiume"
"and my life was also a river"
"il fanciullo Siddharta era separato dall'uomo Siddharta solo da un'ombra"
"the boy Siddhartha was only separated from the man Siddhartha by a shadow"
"e un'ombra separò l'uomo Siddharta dal vecchio Siddharta"
"and a shadow separated the man Siddhartha from the old man Siddhartha"
"Le cose sono separate da un'ombra, non da qualcosa di reale"
"things are separated by a shadow, not by something real"
"Inoltre, le precedenti nascite di Siddharta non erano nel passato"
"Also, Siddhartha's previous births were not in the past"
"e la sua morte e il suo ritorno a Brahma non è nel futuro"
"and his death and his return to Brahma is not in the future"
"Niente era, niente sarà, ma tutto è"
"nothing was, nothing will be, but everything is"
"Tutto esiste ed è presente"
"everything has existence and is present"
Siddharta parlò in estasi
Siddhartha spoke with ecstasy
Questa illuminazione lo aveva profondamente rallegrato
this enlightenment had delighted him deeply
"Non è stato tutto il tempo della sofferenza?"
"was not all suffering time?"
"Tutte le forme di tormentarsi non erano forse una forma di tempo?"
"were not all forms of tormenting oneself a form of time?"
"Non è stato tutto difficile e ostile a causa del tempo?"
"was not everything hard and hostile because of time?"
"Tutto il male non è forse superato quando si vince il

tempo?"
"is not everything evil overcome when one overcomes time?"
"Non appena il tempo lascia la mente, se ne va anche la sofferenza?"
"as soon as time leaves the mind, does suffering leave too?"
Siddharta aveva parlato con gioia estatica
Siddhartha had spoken in ecstatic delight
ma Vasudeva gli sorrise vivacemente e annuì in segno di conferma
but Vasudeva smiled at him brightly and nodded in confirmation
in silenzio annuì e sfiorò la spalla di Siddharta con la mano
silently he nodded and brushed his hand over Siddhartha's shoulder
E poi tornò al suo lavoro
and then he turned back to his work

E Siddharta chiese di nuovo a Vasudeva un'altra volta
And Siddhartha asked Vasudeva again another time
Il fiume aveva appena aumentato la sua portata nella stagione delle piogge
the river had just increased its flow in the rainy season
e fece un rumore potente
and it made a powerful noise
"Non è così, oh amico, il fiume ha molte voci?"
"Isn't it so, oh friend, the river has many voices?"
"Non ha la voce di un re e di un guerriero?"
"Hasn't it the voice of a king and of a warrior?"
"Non ha la voce di un toro e di un uccello della notte?"
"Hasn't it the voice of of a bull and of a bird of the night?"
«Non è forse la voce di una donna che partorisce e di un uomo che sospira?»
"Hasn't it the voice of a woman giving birth and of a sighing man?"
«E non ha anche mille altre voci?»
"and does it not also have a thousand other voices?"
"È come dici tu", annuì Vasudeva

"it is as you say it is," Vasudeva nodded
"Tutte le voci delle creature sono nella sua voce"
"all voices of the creatures are in its voice"
"E lo sai..." Siddharta continuò:
"And do you know..." Siddhartha continued
"Che parola dice quando riesci a sentire tutte le voci contemporaneamente?"
"what word does it speak when you succeed in hearing all of voices at once?"
Fortunatamente, il volto di Vasudeva sorrideva
Happily, Vasudeva's face was smiling
si chinò verso Siddharta e gli pronunciò il santo Om all'orecchio
he bent over to Siddhartha and spoke the holy Om into his ear
E questa era stata proprio la cosa che Siddharta aveva udito
And this had been the very thing which Siddhartha had also been hearing

Di volta in volta, il suo sorriso diventava sempre più simile a quello del traghettatore
time after time, his smile became more similar to the ferryman's
Il suo sorriso divenne luminoso quasi quanto quello del traghettatore
his smile became almost just as bright as the ferryman's
Era quasi altrettanto completamente risplendente di beatitudine
it was almost just as thoroughly glowing with bliss
risplendente da mille piccole rughe
shining out of thousand small wrinkles
proprio come il sorriso di un bambino
just like the smile of a child
proprio come il sorriso di un vecchio
just like the smile of an old man
Molti viaggiatori, vedendo i due traghettatori, pensarono che fossero fratelli
Many travellers, seeing the two ferrymen, thought they were

brothers
Spesso la sera sedevano insieme vicino alla banca
Often, they sat in the evening together by the bank
Non dissero nulla ed entrambi ascoltarono l'acqua
they said nothing and both listened to the water
l'acqua, che per loro non era acqua
the water, which was not water to them
Non era acqua, ma la voce della vita
it wasn't water, but the voice of life
la voce di ciò che esiste e di ciò che sta eternamente prendendo forma
the voice of what exists and what is eternally taking shape
Capitava di tanto in tanto che entrambi pensassero la stessa cosa
it happened from time to time that both thought of the same thing
Pensarono a una conversazione del giorno prima
they thought of a conversation from the day before
Pensarono a uno dei loro viaggiatori
they thought of one of their travellers
Pensavano alla morte e alla loro infanzia
they thought of death and their childhood
Sentirono il fiume dire loro la stessa cosa
they heard the river tell them the same thing
Entrambi si sono rallegrati della stessa risposta alla stessa domanda
both delighted about the same answer to the same question
C'era qualcosa nei due traghettatori che veniva trasmesso ad altri
There was something about the two ferrymen which was transmitted to others
Era qualcosa che molti dei viaggiatori sentivano
it was something which many of the travellers felt
Di tanto in tanto i viaggiatori guardavano le facce dei traghettatori
travellers would occasionally look at the faces of the ferrymen
E poi hanno raccontato la storia della loro vita

and then they told the story of their life
Hanno confessato ogni sorta di cose malvagie
they confessed all sorts of evil things
e chiedevano conforto e consigli
and they asked for comfort and advice
Di tanto in tanto qualcuno chiedeva il permesso di rimanere per una notte
occasionally someone asked for permission to stay for a night
Volevano anche ascoltare il fiume
they also wanted to listen to the river
Accadde anche che venissero dei curiosi
It also happened that curious people came
Era stato detto loro che c'erano due saggi
they had been told that there were two wise men
oppure gli era stato detto che c'erano due stregoni
or they had been told there were two sorcerers
I curiosi hanno fatto molte domande
The curious people asked many questions
ma non hanno avuto risposte alle loro domande
but they got no answers to their questions
non trovarono né stregoni né saggi
they found neither sorcerers nor wise men
Trovarono solo due simpatici vecchietti, che sembravano muti
they only found two friendly little old men, who seemed to be mute
Sembravano essere diventati un po' strani nella foresta da soli
they seemed to have become a bit strange in the forest by themselves
E i curiosi risero di quello che avevano sentito
And the curious people laughed about what they had heard
Dicevano che la gente comune stava stupidamente diffondendo voci vuote
they said common people were foolishly spreading empty rumours

Gli anni passavano e nessuno li contava
The years passed by, and nobody counted them
Poi, una volta, i monaci venivano in pellegrinaggio
Then, at one time, monks came by on a pilgrimage
erano seguaci di Gotama, il Buddha
they were followers of Gotama, the Buddha
Chiesero di essere traghettati attraverso il fiume
they asked to be ferried across the river
Dissero loro che avevano fretta di tornare dal loro saggio maestro
they told them they were in a hurry to get back to their wise teacher
si era sparsa la notizia che l'Eccelso era mortalmente malato
news had spread the exalted one was deadly sick
Presto sarebbe morto la sua ultima morte umana
he would soon die his last human death
per diventare una cosa sola con la salvezza
in order to become one with the salvation
Non passò molto tempo prima che arrivasse un nuovo gregge di monaci
It was not long until a new flock of monks came
Anche loro erano in pellegrinaggio
they were also on their pilgrimage
la maggior parte dei viaggiatori non parlava d'altro che di Gotama
most of the travellers spoke of nothing other than Gotama
La sua morte imminente era tutto ciò a cui pensavano
his impending death was all they thought about
Se ci fosse stata la guerra, altrettanti avrebbero viaggiato
if there had been war, just as many would travel
altrettanti verrebbero all'incoronazione di un re
just as many would come to the coronation of a king
si radunavano come formiche a frotte
they gathered like ants in droves
Si affollarono, come se fossero stati trascinati da un incantesimo
they flocked, like being drawn onwards by a magic spell

andarono dove il grande Buddha stava aspettando la sua morte
they went to where the great Buddha was awaiting his death
quello perfezionato di un'era doveva diventare tutt'uno con la gloria
the perfected one of an era was to become one with the glory
Spesso, Siddharta pensava in quei giorni al saggio morente
Often, Siddhartha thought in those days of the dying wise man
Il grande Maestro la cui voce aveva ammonito le nazioni
the great teacher whose voice had admonished nations
colui che aveva risvegliato centinaia di migliaia di persone
the one who had awoken hundreds of thousands
un uomo di cui aveva udito una volta anche la voce
a man whose voice he had also once heard
un maestro di cui una volta aveva visto con rispetto anche il volto santo
a teacher whose holy face he had also once seen with respect
Gentilmente, pensò a lui
Kindly, he thought of him
Vide il suo cammino verso la perfezione davanti ai suoi occhi
he saw his path to perfection before his eyes
e ricordò con un sorriso le parole che gli aveva detto
and he remembered with a smile those words he had said to him
quando era giovane e parlò all'Eccelso
when he was a young man and spoke to the exalted one
Erano state, così gli sembrava, parole orgogliose e preziose
They had been, so it seemed to him, proud and precious words
Con un sorriso, ricordò le parole
with a smile, he remembered the the words
sapeva che non c'era più nulla che si frapponeva tra lui e Gotama
he knew that there was nothing standing between Gotama and him any more

Lo sapeva già da molto tempo
he had known this for a long time already
anche se non era ancora in grado di accettare i suoi insegnamenti
though he was still unable to accept his teachings
Non c'era modo di insegnare a una persona veramente in ricerca
there was no teaching a truly searching person
qualcuno che voleva veramente trovare, poteva accettare
someone who truly wanted to find, could accept
Ma chi aveva trovato la risposta poteva approvare qualsiasi insegnamento
But he who had found the answer could approve of any teaching
Ogni percorso, ogni obiettivo, erano tutti uguali
every path, every goal, they were all the same
Non c'era più nulla che si frapponesse tra lui e tutte le altre migliaia di persone
there was nothing standing between him and all the other thousands any more
le migliaia che vissero in ciò che è eterno
the thousands who lived in that what is eternal
le migliaia di persone che hanno respirato ciò che è divino
the thousands who breathed what is divine

In uno di questi giorni, anche Kamala andò da lui
On one of these days, Kamala also went to him
Era la più bella delle cortigiane
she used to be the most beautiful of the courtesans
Molto tempo fa, si era ritirata dalla sua vita precedente
A long time ago, she had retired from her previous life
aveva dato in dono il suo giardino ai monaci di Gotama
she had given her garden to the monks of Gotama as a gift
Aveva preso rifugio negli insegnamenti
she had taken her refuge in the teachings
Era tra gli amici e i benefattori dei pellegrini
she was among the friends and benefactors of the pilgrims

era insieme a Siddharta, il ragazzo
she was together with Siddhartha, the boy
Siddharta, il ragazzo, era suo figlio
Siddhartha the boy was her son
era andata per la sua strada a causa della notizia della prossima morte di Gotama
she had gone on her way due to the news of the near death of Gotama
Era in abiti semplici e a piedi
she was in simple clothes and on foot
ed era con il suo figlioletto
and she was With her little son
Stava viaggiando lungo il fiume
she was travelling by the river
Ma il ragazzo si era presto stancato
but the boy had soon grown tired
Desiderava tornare a casa
he desired to go back home
desiderava riposare e mangiare
he desired to rest and eat
Divenne disubbidiente e cominciò a piagnucolare
he became disobedient and started whining
Kamala doveva spesso riposarsi con lui
Kamala often had to take a rest with him
Era abituato a ottenere ciò che voleva
he was accustomed to getting what he wanted
Doveva nutrirlo e confortarlo
she had to feed him and comfort him
Dovette rimproverarlo per il suo comportamento
she had to scold him for his behaviour
Non capiva perché dovesse partire per questo estenuante pellegrinaggio
He did not comprehend why he had to go on this exhausting pilgrimage
Non sapeva perché doveva andare in un luogo sconosciuto
he did not know why he had to go to an unknown place
Sapeva perché doveva vedere un santo straniero morente

he did know why he had to see a holy dying stranger
«E se fosse morto?» si lamentò
"So what if he died?" he complained
Perché questo dovrebbe preoccuparlo?
why should this concern him?
I pellegrini si stavano avvicinando al traghetto di Vasudeva
The pilgrims were getting close to Vasudeva's ferry
il piccolo Siddharta costrinse ancora una volta la madre a riposare
little Siddhartha once again forced his mother to rest
Anche Kamala si era stancata
Kamala had also become tired
Mentre il ragazzo masticava una banana, lei si accovacciò a terra
while the boy was chewing a banana, she crouched down on the ground
Chiuse un po' gli occhi e si riposò
she closed her eyes a bit and rested
Ma all'improvviso emise un urlo lamentoso
But suddenly, she uttered a wailing scream
Il ragazzo la guardò impaurito
the boy looked at her in fear
Vide che il suo viso era diventato pallido per l'orrore
he saw her face had grown pale from horror
e da sotto il suo vestito fuggì un piccolo serpente nero
and from under her dress, a small, black snake fled
un serpente da cui Kamala era stata morsa
a snake by which Kamala had been bitten
In fretta, entrambi corsero lungo il sentiero, per raggiungere le persone
Hurriedly, they both ran along the path, to reach people
si avvicinarono al traghetto e Kamala crollò
they got near to the ferry and Kamala collapsed
Non era in grado di andare oltre
she was not able to go any further
Il ragazzo si mise a piangere disperatamente
the boy started crying miserably

Le sue grida furono interrotte solo quando baciò sua madre
his cries were only interrupted when he kissed his mother
Anche lei si unì alle sue forti grida di aiuto
she also joined his loud screams for help
urlò finché il suono non raggiunse le orecchie di Vasudeva
she screamed until the sound reached Vasudeva's ears
Vasudeva si avvicinò rapidamente e prese la donna tra le braccia
Vasudeva quickly came and took the woman on his arms
La portò nella barca e il ragazzo corse avanti
he carried her into the boat and the boy ran along
ben presto raggiunsero la capanna, dove Siddharta stava accanto alla stufa
soon they reached the hut, where Siddhartha stood by the stove
Stava solo accendendo il fuoco
he was just lighting the fire
Alzò lo sguardo e vide per la prima volta il volto del ragazzo
He looked up and first saw the boy's face
Gli ricordava meravigliosamente qualcosa
it wondrously reminded him of something
come un avvertimento a ricordare qualcosa che aveva dimenticato
like a warning to remember something he had forgotten
Poi vide Kamala, che riconobbe all'istante
Then he saw Kamala, whom he instantly recognised
Giaceva priva di sensi tra le braccia del traghettatore
she lay unconscious in the ferryman's arms
Ora sapeva che si trattava di suo figlio
now he knew that it was his own son
suo figlio, il cui volto era stato per lui un monito
his son whose face had been such a warning reminder to him
e il cuore gli si agitava nel petto
and the heart stirred in his chest
La ferita di Kamala era stata lavata, ma era già diventata nera
Kamala's wound was washed, but had already turned black
e il suo corpo era gonfio

and her body was swollen
Le è stata fatta bere una pozione curativa
she was made to drink a healing potion
Riprese conoscenza e si sdraiò sul letto di Siddharta
Her consciousness returned and she lay on Siddhartha's bed
Siddharta era in piedi sopra Kamala, che amava così tanto
Siddhartha stood over Kamala, who he used to love so much
Le sembrava un sogno
It seemed like a dream to her
Con un sorriso, guardò il viso dell'amica
with a smile, she looked at her friend's face
Lentamente si rese conto della sua situazione
slowly she realized her situation
Si ricordò di essere stata morsa
she remembered she had been bitten
e timidamente chiamò il figlio
and she timidly called for her son
"È con te, non ti preoccupare", disse Siddharta
"He's with you, don't worry," said Siddhartha
Kamala lo guardò negli occhi
Kamala looked into his eyes
Parlava con la lingua pesante, paralizzata dal veleno
She spoke with a heavy tongue, paralysed by the poison
"Sei diventata vecchia, mia cara", disse
"You've become old, my dear," she said
"Sei diventato grigio", aggiunse
"you've become gray," she added
"Ma tu sei come la giovane Samanà, che venne senza vestiti"
"But you are like the young Samana, who came without clothes"
"sei come la Samana che è entrata nel mio giardino con i piedi impolverati"
"you're like the Samana who came into my garden with dusty feet"
"Tu sei molto più simile a lui di quanto non fossi quando mi hai lasciato"
"You are much more like him than you were when you left

me"
"Agli occhi, tu sei come lui, Siddharta"
"In the eyes, you're like him, Siddhartha"
"Ahimè, anch'io sono invecchiato"
"Alas, I have also grown old"
"Riesci ancora a riconoscermi?"
"could you still recognise me?"
Siddharta sorrise: "Ti ho riconosciuta all'istante, Kamala, mia cara"
Siddhartha smiled, "Instantly, I recognised you, Kamala, my dear"
Kamala indicò il suo ragazzo
Kamala pointed to her boy
«L'hai riconosciuto anche tu?»
"Did you recognise him as well?"
"È tuo figlio", confermò
"He is your son," she confirmed
I suoi occhi si confusero e si chiusero
Her eyes became confused and fell shut
Il ragazzo pianse e Siddharta lo prese in ginocchio
The boy wept and Siddhartha took him on his knees
Lo lasciava piangere e gli accarezzava i capelli
he let him weep and petted his hair
alla vista del volto del bambino, gli venne in mente una preghiera brahmana
at the sight of the child's face, a Brahman prayer came to his mind
una preghiera che aveva imparato molto tempo prima
a prayer which he had learned a long time ago
un tempo in cui lui stesso era stato un ragazzino
a time when he had been a little boy himself
Lentamente, con voce cantilenante, cominciò a parlare
Slowly, with a singing voice, he started to speak
Dal suo passato e dalla sua infanzia, le parole gli sono arrivate
from his past and childhood, the words came flowing to him
E con quella canzone, il ragazzo si calmò

And with that song, the boy became calm
Solo di tanto in tanto emetteva un singhiozzo
he was only now and then uttering a sob
e finalmente si addormentò
and finally he fell asleep
Siddharta lo mise sul letto di Vasudeva
Siddhartha placed him on Vasudeva's bed
Vasudeva stava vicino ai fornelli e cuoceva il riso
Vasudeva stood by the stove and cooked rice
Siddharta gli rivolse un'occhiata, che egli ricambiò con un sorriso
Siddhartha gave him a look, which he returned with a smile
«Morirà» disse Siddharta con calma
"She'll die," Siddhartha said quietly
Vasudeva capì che era vero e annuì
Vasudeva knew it was true, and nodded
Sul suo volto amico correva la luce del fuoco della stufa
over his friendly face ran the light of the stove's fire
ancora una volta, Kamala tornò alla coscienza
once again, Kamala returned to consciousness
Il dolore del veleno le deformò il viso
the pain of the poison distorted her face
Gli occhi di Siddharta leggono la sofferenza sulla sua bocca
Siddhartha's eyes read the suffering on her mouth
Dalle sue guance pallide poteva vedere che stava soffrendo
from her pale cheeks he could see that she was suffering
Silenziosamente, lesse il dolore nei suoi occhi
Quietly, he read the pain in her eyes
attento, in attesa, la sua mente diventa un tutt'uno con la sofferenza di lei
attentively, waiting, his mind become one with her suffering
Kamala lo sentì e il suo sguardo cercò i suoi occhi
Kamala felt it and her gaze sought his eyes
Guardandolo, parlò
Looking at him, she spoke
"Ora vedo che anche i tuoi occhi sono cambiati"
"Now I see that your eyes have changed as well"

"Sono diventati completamente diversi"
"They've become completely different"
"Che cosa riconosco ancora in te che sia Siddharta?
"what do I still recognise in you that is Siddhartha?
"Sei tu, e non sei tu"
"It's you, and it's not you"
Siddharta non disse nulla, i suoi occhi guardarono in silenzio i suoi
Siddhartha said nothing, quietly his eyes looked at hers
«Ce l'hai fatta?» chiese
"You have achieved it?" she asked
"Hai trovato la pace?"
"You have found peace?"
Lui sorrise e posò la mano su quella di lei
He smiled and placed his hand on hers
"Lo sto vedendo", disse lei
"I'm seeing it" she said
"Anch'io troverò la pace"
"I too will find peace"
"L'hai trovato", disse Siddharta in un sussurro
"You have found it," Siddhartha spoke in a whisper
Kamala non smetteva mai di guardarlo negli occhi
Kamala never stopped looking into his eyes
Pensò al suo pellegrinaggio a Gotama
She thought about her pilgrimage to Gotama
il pellegrinaggio che voleva compiere
the pilgrimage which she wanted to take
per vedere il volto del perfetto
in order to see the face of the perfected one
per respirare la sua pace
in order to breathe his peace
ma ora l'aveva trovato in un altro posto
but she had now found it in another place
E anche questo pensava che fosse un bene
and this she thought that was good too
Era come se avesse visto l'altro
it was just as good as if she had seen the other one

Voleva dirglielo
She wanted to tell this to him
ma la sua lingua non obbediva più alla sua volontà
but her tongue no longer obeyed her will
Senza parlare, lo guardò
Without speaking, she looked at him
Vide la vita svanire dai suoi occhi
he saw the life fading from her eyes
Il dolore finale le riempì gli occhi e li fece incupire
the final pain filled her eyes and made them grow dim
L'ultimo brivido le attraversò le membra
the final shiver ran through her limbs
il suo dito le chiuse le palpebre
his finger closed her eyelids

Per molto tempo rimase seduto a guardare il suo volto pacificamente morto
For a long time, he sat and looked at her peacefully dead face
Osservò a lungo la sua bocca
For a long time, he observed her mouth
la sua bocca vecchia e stanca, con quelle labbra che si erano assottigliate
her old, tired mouth, with those lips, which had become thin
Si ricordò che era solito paragonare quella bocca a un fico appena screpolato
he remembered he used to compare this mouth with a freshly cracked fig
Era la primavera dei suoi anni
this was in the spring of his years
Rimase a lungo seduto a leggere il viso pallido
For a long time, he sat and read the pale face
lesse le rughe stanche
he read the tired wrinkles
si riempì di questa vista
he filled himself with this sight
Vedeva il proprio volto allo stesso modo
he saw his own face in the same manner

Vide che il suo viso era altrettanto bianco
he saw his face was just as white
Vide che il suo viso era altrettanto spento
he saw his face was just as quenched out
allo stesso tempo vide il suo viso e quello di lei essere giovani
at the same time he saw his face and hers being young
i loro volti con le labbra rosse e gli occhi infuocati
their faces with red lips and fiery eyes
la sensazione che entrambi siano reali allo stesso tempo
the feeling of both being real at the same time
La sensazione di eternità riempiva completamente ogni aspetto del suo essere
the feeling of eternity completely filled every aspect of his being
In quell'ora si sentì più profondamente di quanto non si fosse mai sentito prima
in this hour he felt more deeply than than he had ever felt before
Sentiva l'indistruttibilità di ogni vita
he felt the indestructibility of every life
Sentiva l'eternità di ogni istante
he felt the eternity of every moment
Quando si alzò, Vasudeva gli aveva preparato del riso
When he rose, Vasudeva had prepared rice for him
Ma Siddharta non mangiò quella notte
But Siddhartha did not eat that night
Nella stalla c'era la loro capra
In the stable their goat stood
I due vecchi si prepararono dei letti di paglia
the two old men prepared beds of straw for themselves
Vasudeva si addormentò
Vasudeva laid himself down to sleep
Ma Siddharta uscì e si sedette davanti alla capanna
But Siddhartha went outside and sat before the hut
Ascoltava il fiume, circondato dal passato
he listened to the river, surrounded by the past

Era toccato e circondato da tutti i momenti della sua vita allo stesso tempo
he was touched and encircled by all times of his life at the same time
Di tanto in tanto si alzava e si avvicinava alla porta della capanna
occasionally he rose and he stepped to the door of the hut
Ascoltò se il ragazzo stava dormendo
he listened whether the boy was sleeping

prima che il sole potesse essere visto, Vasudeva uscì dalla stalla
before the sun could be seen, Vasudeva came out of the stable
Si avvicinò al suo amico
he walked over to his friend
"Non hai dormito", disse
"You haven't slept," he said
"No, Vasudeva. Mi sono seduto qui"
"No, Vasudeva. I sat here"
"Stavo ascoltando il fiume"
"I was listening to the river"
"Il fiume mi ha detto molto"
"the river has told me a lot"
"Mi ha riempito profondamente con il pensiero guaritore dell'unità"
"it has deeply filled me with the healing thought of oneness"
"Hai sperimentato la sofferenza, Siddharta"
"You've experienced suffering, Siddhartha"
"ma vedo che nessuna tristezza è entrata nel tuo cuore"
"but I see no sadness has entered your heart"
"No, mia cara, come dovrei essere triste?"
"No, my dear, how should I be sad?"
"Io, che sono stato ricco e felice"
"I, who have been rich and happy"
"Ora sono diventato ancora più ricco e felice"
"I have become even richer and happier now"
"Mio figlio mi è stato dato"

"My son has been given to me"
"Anche tuo figlio sarà il benvenuto da me"
"Your son shall be welcome to me as well"
"Ma ora, Siddharta, mettiamoci al lavoro"
"But now, Siddhartha, let's get to work"
"C'è molto da fare"
"there is much to be done"
"Kamala è morta sullo stesso letto in cui era morta mia moglie"
"Kamala has died on the same bed on which my wife had died"
"Costruiamo il mucchio funebre di Kamala sulla collina"
"Let us build Kamala's funeral pile on the hill"
"la collina su cui si trova il mucchio funebre di mia moglie"
"the hill on which I my wife's funeral pile is"
Mentre il ragazzo dormiva ancora, costruirono la pila funebre
While the boy was still asleep, they built the funeral pile

Il Figlio
The Son

Timido e piangente, il ragazzo aveva partecipato al funerale della madre
Timid and weeping, the boy had attended his mother's funeral
cupo e timido, aveva ascoltato Siddharta
gloomy and shy, he had listened to Siddhartha
Siddharta lo salutò come suo figlio
Siddhartha greeted him as his son
lo accolse a casa sua, nella capanna di Vasudeva
he welcomed him at his place in Vasudeva's hut
Pallido, sedette per molti giorni sulla collina dei morti
Pale, he sat for many days by the hill of the dead
non voleva mangiare
he did not want to eat
non guardò nessuno
he did not look at anyone
non aprì il suo cuore
he did not open his heart
Ha incontrato il suo destino con resistenza e negazione
he met his fate with resistance and denial
Siddharta risparmiò di dargli lezioni
Siddhartha spared giving him lessons
e lo lasciava fare come gli piaceva
and he let him do as he pleased
Siddharta onorò il lutto del figlio
Siddhartha honoured his son's mourning
Capì che suo figlio non lo conosceva
he understood that his son did not know him
Capì che non poteva amarlo come un padre
he understood that he could not love him like a father
Pian piano, capì anche che l'undicenne era un ragazzino viziato
Slowly, he also understood that the eleven-year-old was a pampered boy
Vide che era un figlio di madre

he saw that he was a mother's boy
Si accorse di essere cresciuto nelle abitudini dei ricchi
he saw that he had grown up in the habits of rich people
Era abituato a cibi più raffinati e a un letto morbido
he was accustomed to finer food and a soft bed
Era abituato a dare ordini ai servi
he was accustomed to giving orders to servants
Il bambino in lutto non poteva improvvisamente accontentarsi di una vita tra estranei
the mourning child could not suddenly be content with a life among strangers
Siddharta capì che il bambino viziato non sarebbe stato volentieri in povertà
Siddhartha understood the pampered child would not willingly be in poverty
Non lo costrinse a fare queste cose
He did not force him to do these these things
Siddharta svolse molte faccende per il ragazzo
Siddhartha did many chores for the boy
Conservava sempre per lui la parte migliore del pasto
he always saved the best piece of the meal for him
Lentamente, sperava di conquistarlo, con un'amichevole pazienza
Slowly, he hoped to win him over, by friendly patience
Ricco e felice, si era definito, quando il ragazzo era venuto da lui
Rich and happy, he had called himself, when the boy had come to him
Da allora era passato un po' di tempo
Since then some time had passed
ma il ragazzo rimaneva un estraneo e di indole cupa
but the boy remained a stranger and in a gloomy disposition
Mostrò un cuore orgoglioso e ostinatamente disubbidiente
he displayed a proud and stubbornly disobedient heart
non voleva fare alcun lavoro
he did not want to do any work
Non rendeva omaggio ai vecchi

he did not pay his respect to the old men
ha rubato dagli alberi da frutto di Vasudeva
he stole from Vasudeva's fruit-trees
Suo figlio non gli aveva portato felicità e pace
his son had not brought him happiness and peace
Il ragazzo gli aveva procurato sofferenza e preoccupazione
the boy had brought him suffering and worry
lentamente Siddharta cominciò a capirlo
slowly Siddhartha began to understand this
Ma lo amava nonostante la sofferenza che gli portava
But he loved him regardless of the suffering he brought him
Preferiva la sofferenza e le preoccupazioni dell'amore alla felicità e alla gioia senza il ragazzo
he preferred the suffering and worries of love over happiness and joy without the boy
da quando il giovane Siddharta era nella capanna i vecchi si erano divisi il lavoro
from when young Siddhartha was in the hut the old men had split the work
Vasudeva aveva ripreso il lavoro di traghettatore
Vasudeva had again taken on the job of the ferryman
e Siddharta, per stare con suo figlio, faceva il lavoro nella capanna e nel campo
and Siddhartha, in order to be with his son, did the work in the hut and the field

per lunghi mesi Siddharta aspettò che il figlio lo capisse
for long months Siddhartha waited for his son to understand him
Ha aspettato che accettasse il suo amore
he waited for him to accept his love
e aspettò che suo figlio ricambiasse forse il suo amore
and he waited for his son to perhaps reciprocate his love
Per lunghi mesi Vasudeva attese, osservando
For long months Vasudeva waited, watching
Aspettò e non disse nulla
he waited and said nothing
Un giorno, il giovane Siddharta tormentò molto suo padre

One day, young Siddhartha tormented his father very much
Aveva rotto entrambe le sue ciotole di riso
he had broken both of his rice-bowls
Vasudeva prese in disparte l'amico e gli parlò
Vasudeva took his friend aside and talked to him
"Perdonami", disse a Siddharta
"Pardon me," he said to Siddhartha
"da un cuore amico, ti sto parlando"
"from a friendly heart, I'm talking to you"
"Vedo che ti stai tormentando"
"I'm seeing that you are tormenting yourself"
"Vedo che sei addolorato"
"I'm seeing that you're in grief"
"Tuo figlio, mia cara, ti preoccupa"
"Your son, my dear, is worrying you"
"E preoccupa anche me"
"and he is also worrying me"
"Quel giovane uccello è abituato a una vita diversa"
"That young bird is accustomed to a different life"
"E' abituato a vivere in un nido diverso"
"he is used to living in a different nest"
"Non è fuggito, come te, dalle ricchezze e dalla città"
"he has not, like you, run away from riches and the city"
"non era disgustato e stufo della vita a Sansara"
"he was not disgusted and fed up with the life in Sansara"
"Dovette fare tutte queste cose contro la sua volontà"
"he had to do all these things against his will"
"Ha dovuto lasciarsi tutto questo alle spalle"
"he had to leave all this behind"
"Ho chiesto al fiume, oh amico"
"I asked the river, oh friend"
"molte volte ho chiesto al fiume"
"many times I have asked the river"
"Ma il fiume ride di tutto questo"
"But the river laughs at all of this"
"Ride di me e ride di te"
"it laughs at me and it laughs at you"

"Il fiume trema dalle risate per la nostra stoltezza"
"the river is shaking with laughter at our foolishness"
"L'acqua vuole unirsi all'acqua come i giovani vogliono unirsi ai giovani"
"Water wants to join water as youth wants to join youth"
"Tuo figlio non è nel luogo dove può prosperare"
"your son is not in the place where he can prosper"
"Anche tu dovresti chiedere al fiume"
"you too should ask the river"
"Anche tu dovresti ascoltarlo!"
"you too should listen to it!"
Turbato, Siddharta guardò il suo volto amichevole
Troubled, Siddhartha looked into his friendly face
Guardò le tante rughe in cui c'era un'allegria incessante
he looked at the many wrinkles in which there was incessant cheerfulness
«Come potrei separarmi da lui?» disse con calma, vergognandosi
"How could I part with him?" he said quietly, ashamed
"Dammi ancora un po' di tempo, mia cara"
"Give me some more time, my dear"
"Vedi, sto combattendo per lui"
"See, I'm fighting for him"
"Sto cercando di conquistare il suo cuore"
"I'm seeking to win his heart"
"con amore e con amichevole pazienza intendo catturarlo"
"with love and with friendly patience I intend to capture it"
"Un giorno anche il fiume parlerà con lui"
"One day, the river shall also talk to him"
"Anche lui è chiamato"
"he also is called upon"
Il sorriso di Vasudeva si fece più caloroso
Vasudeva's smile flourished more warmly
"Eh sì, anche lui è chiamato in causa"
"Oh yes, he too is called upon"
"Anch'egli è di vita eterna"
"he too is of the eternal life"

"Ma noi, tu ed io, sappiamo che cosa è chiamato a fare?"
"But do we, you and me, know what he is called upon to do?"
"Sappiamo quale strada intraprendere e quali azioni compiere"
"we know what path to take and what actions to perform"
"Sappiamo quale dolore dobbiamo sopportare"
"we know what pain we have to endure"
"Ma sa queste cose?"
"but does he know these things?"
"Non è poco, il suo dolore sarà"
"Not a small one, his pain will be"
"Dopo tutto, il suo cuore è orgoglioso e duro"
"after all, his heart is proud and hard"
"Persone così devono soffrire ed errare molto"
"people like this have to suffer and err a lot"
"Devono fare molte ingiustizie"
"they have to do much injustice"
"E si sono caricati di molto peccato"
"and they have burden themselves with much sin"
«Dimmi, mia cara», chiese a Siddharta
"Tell me, my dear," he asked of Siddhartha
"Non stai prendendo il controllo dell'educazione di tuo figlio?"
"you're not taking control of your son's upbringing?"
"Non lo costringi, non lo picchi o non lo punisci?"
"You don't force him, beat him, or punish him?"
"No, Vasudeva, io non faccio nessuna di queste cose"
"No, Vasudeva, I don't do any of these things"
"Lo sapevo. Non lo costringi"
"I knew it. You don't force him"
"Non lo picchi e non gli dai ordini"
"you don't beat him and you don't give him orders"
"Perché sai che la morbidezza è più forte della durezza"
"because you know softness is stronger than hard"
"Sai che l'acqua è più forte delle rocce"
"you know water is stronger than rocks"
"E tu sai che l'amore è più forte della forza"

"and you know love is stronger than force"
"Molto bene, ti lodo per questo"
"Very good, I praise you for this"
"Ma non ti sbagli in qualche modo?"
"But aren't you mistaken in some way?"
"Non credi di costringerlo?"
"don't you think that you are forcing him?"
«Non lo punisci forse in un altro modo?»
"don't you perhaps punish him a different way?"
"Non lo incatenate con il vostro amore?"
"Don't you shackle him with your love?"
"Non lo fai sentire inferiore ogni giorno?"
"Don't you make him feel inferior every day?"
"La tua gentilezza e la tua pazienza non rendono le cose ancora più difficili per lui?"
"doesn't your kindness and patience make it even harder for him?"
«Non lo stai costringendo a vivere in una capanna con due vecchi mangiatori di banane?»
"aren't you forcing him to live in a hut with two old banana-eaters?"
"Vecchi per i quali anche il riso è una prelibatezza"
"old men to whom even rice is a delicacy"
"Vecchi i cui pensieri non possono essere i suoi"
"old men whose thoughts can't be his"
"Vecchi il cui cuore è vecchio e tranquillo"
"old men whose hearts are old and quiet"
"Vecchi il cui cuore batte a un ritmo diverso dal suo"
"old men whose hearts beat in a different pace than his"
"Non è costretto e punito da tutto questo?"
"Isn't he forced and punished by all this?""
Turbato, Siddharta guardò a terra
Troubled, Siddhartha looked to the ground
Tranquillamente, chiese: "Che cosa pensi che dovrei fare?"
Quietly, he asked, "What do you think should I do?"
Vasudeva parlò: "Portatelo in città"
Vasudeva spoke, "Bring him into the city"

"Portalo in casa di sua madre"
"bring him into his mother's house"
"Ci saranno ancora servi in giro, dateglielo a loro"
"there'll still be servants around, give him to them"
"E se non ci sono servi, conducetelo da un maestro"
"And if there aren't any servants, bring him to a teacher"
"Ma non portarlo da un maestro per amore degli insegnamenti"
"but don't bring him to a teacher for teachings' sake"
"Portatelo da un maestro perché sia in mezzo agli altri bambini"
"bring him to a teacher so that he is among other children"
"e condurlo al mondo che è suo"
"and bring him to the world which is his own"
"Non ci hai mai pensato?"
"have you never thought of this?"
"Stai guardando nel mio cuore", disse Siddharta tristemente
"you're seeing into my heart," Siddhartha spoke sadly
"Spesso ci ho pensato"
"Often, I have thought of this"
"Ma come posso metterlo al mondo?"
"but how can I put him into this world?"
"Non diventerà esuberante?"
"Won't he become exuberant?"
"Non si perderà nel piacere e nel potere?"
"won't he lose himself to pleasure and power?"
"Non ripeterà tutti gli errori di suo padre?"
"won't he repeat all of his father's mistakes?"
«Non si perderà forse del tutto a Sansara?»
"won't he perhaps get entirely lost in Sansara?"
Luminoso, il sorriso del traghettatore si illuminò
Brightly, the ferryman's smile lit up
dolcemente, toccò il braccio di Siddharta
softly, he touched Siddhartha's arm
"Chiedilo al fiume, amico mio!"
"Ask the river about it, my friend!"
"Senti il fiume riderci su!"

"Hear the river laugh about it!"
"Crederesti davvero di aver commesso le tue azioni folli?
"Would you actually believe that you had committed your foolish acts?
per risparmiare a tuo figlio di commetterli anche tu"
"in order to spare your son from committing them too"
"E potresti in qualche modo proteggere tuo figlio da Sansara?"
"And could you in any way protect your son from Sansara?"
"Come potresti proteggerlo da Sansara?"
"How could you protect him from Sansara?"
"Per mezzo di insegnamenti, preghiere, ammonizioni?"
"By means of teachings, prayer, admonition?"
"Mia cara, hai completamente dimenticato questa storia?"
"My dear, have you entirely forgotten that story?"
"La storia che contiene tante lezioni"
"the story containing so many lessons"
"la storia di Siddharta, figlio di un brahmano"
"the story about Siddhartha, a Brahman's son"
«La storia che mi hai raccontato una volta proprio qui, in questo stesso luogo?»
"the story which you once told me here on this very spot?"
"Chi ha tenuto al sicuro il Samana Siddharta da Sansara?"
"Who has kept the Samana Siddhartha safe from Sansara?"
"Chi l'ha preservato dal peccato, dall'avidità e dalla stoltezza?"
"who has kept him from sin, greed, and foolishness?"
"La devozione religiosa di suo padre è stata in grado di tenerlo al sicuro?
"Were his father's religious devotion able to keep him safe?"
"Gli avvertimenti del suo insegnante sono stati in grado di tenerlo al sicuro?"
"were his teacher's warnings able to keep him safe?"
"La sua conoscenza potrebbe tenerlo al sicuro?"
"could his own knowledge keep him safe?"
"La sua ricerca è stata in grado di tenerlo al sicuro?"
"was his own search able to keep him safe?"

"Quale padre è stato in grado di proteggere suo figlio?"
"What father has been able to protect his son?"
"Quale padre potrebbe impedire a suo figlio di vivere la sua vita per se stesso?"
"what father could keep his son from living his life for himself?"
"Quale insegnante è stato in grado di proteggere il suo studente?"
"what teacher has been able to protect his student?"
"Quale insegnante può impedire al suo studente di sporcarsi di vita?"
"what teacher can stop his student from soiling himself with life?"
"Chi potrebbe impedirgli di caricarsi di sensi di colpa?"
"who could stop him from burdening himself with guilt?"
"Chi potrebbe impedirgli di bere la bevanda amara per se stesso?"
"who could stop him from drinking the bitter drink for himself?"
"Chi potrebbe impedirgli di trovare la sua strada da solo?"
"who could stop him from finding his path for himself?"
"Pensavi che qualcuno potesse essere risparmiato dall'intraprendere questa strada?"
"did you think anybody could be spared from taking this path?"
"Pensavi che forse il tuo figlioletto sarebbe stato risparmiato?"
"did you think that perhaps your little son would be spared?"
"Pensavi che il tuo amore potesse fare tutto questo?"
"did you think your love could do all that?"
"Pensavi che il tuo amore potesse impedirgli di soffrire?"
"did you think your love could keep him from suffering"
"Pensavi che il tuo amore potesse proteggerlo dal dolore e dalla delusione?
"did you think your love could protect him from pain and disappointment?
"Potresti morire dieci volte per lui"

"you could die ten times for him"
"Ma tu non potevi prendere su di te alcuna parte del suo destino"
"but you could take no part of his destiny upon yourself"
Mai prima di allora, Vasudeva aveva pronunciato così tante parole
Never before, Vasudeva had spoken so many words
Gentilmente, Siddharta lo ringraziò
Kindly, Siddhartha thanked him
Entrò turbato nella capanna
he went troubled into the hut

Non riuscì a dormire a lungo
he could not sleep for a long time
Vasudeva non gli aveva detto nulla che non avesse già pensato e conosciuto
Vasudeva had told him nothing he had not already thought and known
Ma questa era una conoscenza in base alla quale non poteva agire
But this was a knowledge he could not act upon
Più forte della conoscenza era il suo amore per il ragazzo
stronger than knowledge was his love for the boy
Più forte della conoscenza era la sua tenerezza
stronger than knowledge was his tenderness
Più forte della conoscenza era la sua paura di perderlo
stronger than knowledge was his fear to lose him
Aveva mai perso così tanto il cuore per qualcosa?
had he ever lost his heart so much to something?
Aveva mai amato una persona così ciecamente?
had he ever loved any person so blindly?
Aveva mai sofferto per qualcuno in modo così infruttuoso?
had he ever suffered for someone so unsuccessfully?
Aveva mai fatto tali sacrifici per qualcuno e tuttavia era stato così infelice?
had he ever made such sacrifices for anyone and yet been so unhappy?

Siddharta non poté ascoltare il consiglio dell'amico
Siddhartha could not heed his friend's advice
Non riusciva a rinunciare al ragazzo
he could not give up the boy
Lasciò che il ragazzo gli desse ordini
He let the boy give him orders
lasciò che lo ignorasse
he let him disregard him
Non disse nulla e aspettò
He said nothing and waited
Ogni giorno, tentava la lotta dell'amicizia
daily, he attempted the struggle of friendliness
Ha iniziato la guerra silenziosa della pazienza
he initiated the silent war of patience
Anche Vasudeva non disse nulla e attese
Vasudeva also said nothing and waited
Erano entrambi maestri di pazienza
They were both masters of patience

una volta il viso del ragazzo gli ricordava molto Kamala
one time the boy's face reminded him very much of Kamala
All'improvviso Siddharta dovette pensare a qualcosa che Kamala aveva detto una volta
Siddhartha suddenly had to think of something Kamala had once said
"Tu non puoi amare" gli aveva detto
"You cannot love" she had said to him
e lui era d'accordo con lei
and he had agreed with her
e si era paragonato a una stella
and he had compared himself with a star
e aveva paragonato le persone infantili alle foglie che cadono
and he had compared the childlike people with falling leaves
Ciononostante, aveva anche intuito un'accusa in quella linea
but nevertheless, he had also sensed an accusation in that line
In effetti, non era mai stato in grado di amare

Indeed, he had never been able to love

Non era mai stato in grado di dedicarsi completamente a un'altra persona

he had never been able to devote himself completely to another person

non era mai riuscito a dimenticare se stesso

he had never been able to to forget himself

Non era mai stato capace di commettere atti sciocchi per amore di un'altra persona

he had never been able to commit foolish acts for the love of another person

A quel tempo sembrava che lo distinguesse dalle persone infantili

at that time it seemed to set him apart from the childlike people

Ma da quando suo figlio era qui, anche Siddharta divenne una persona infantile

But ever since his son was here, Siddhartha also become a childlike person

Stava soffrendo per il bene di un'altra persona

he was suffering for the sake of another person

amava un'altra persona

he was loving another person

Era perso per l'amore per qualcun altro

he was lost to a love for someone else

Era diventato uno sciocco a causa dell'amore

he had become a fool on account of love

Ora anche lui provava la più forte e la più strana di tutte le passioni

Now he too felt the strongest and strangest of all passions

soffrì miseramente di questa passione

he suffered from this passion miserably

e nondimeno era in beatitudine

and he was nevertheless in bliss

Ciononostante, è stato rinnovato sotto un aspetto

he was nevertheless renewed in one respect

Era arricchito da quest'unica cosa

he was enriched by this one thing
Intuì molto bene che quell'amore cieco per suo figlio era una passione
He sensed very well that this blind love for his son was a passion
Sapeva che si trattava di qualcosa di molto umano
he knew that it was something very human
sapeva che si trattava di Sansara
he knew that it was Sansara
Sapeva che si trattava di una fonte torbida, di acque oscure
he knew that it was a murky source, dark waters
ma sentiva che non era inutile, ma necessario
but he felt it was not worthless, but necessary
Veniva dall'essenza del suo stesso essere
it came from the essence of his own being
Anche questo piacere doveva essere espiato
This pleasure also had to be atoned for
Anche questo dolore doveva essere sopportato
this pain also had to be endured
Anche questi atti sciocchi dovevano essere commessi
these foolish acts also had to be committed
In tutto questo, il figlio gli permise di commettere i suoi atti folli
Through all this, the son let him commit his foolish acts
lo lasciava corteggiare per il suo affetto
he let him court for his affection
Gli permetteva di umiliarsi ogni giorno
he let him humiliate himself every day
Ha ceduto agli umori di suo figlio
he gave in to the moods of his son
Suo padre non aveva nulla che potesse rallegrarlo
his father had nothing which could have delighted him
e lui nulla che il ragazzo temesse
and he nothing that the boy feared
Era un brav'uomo, questo padre
He was a good man, this father
Era un uomo buono, gentile, tenero

he was a good, kind, soft man
Forse era un uomo molto devoto
perhaps he was a very devout man
Forse era un santo, pensò il ragazzo
perhaps he was a saint, the boy thought
Ma tutti questi attributi non riuscirono a conquistare il ragazzo
but all these attributes could not win the boy over
Era annoiato da questo padre, che lo teneva imprigionato
He was bored by this father, who kept him imprisoned
prigioniero in questa sua misera capanna
a prisoner in this miserable hut of his
Era stufo di lui che rispondeva a ogni cattiveria con un sorriso
he was bored of him answering every naughtiness with a smile
Non apprezzava gli insulti a cui si rispondeva con la cordialità
he didn't appreciate insults being responded to by friendliness
Non gli piaceva la cattiveria ricambiata in gentilezza
he didn't like viciousness returned in kindness
proprio questa cosa era l'odiato trucco di questo vecchio furtivo
this very thing was the hated trick of this old sneak
Molto di più al ragazzo sarebbe piaciuto se fosse stato minacciato da lui
Much more the boy would have liked it if he had been threatened by him
Voleva essere abusato da lui
he wanted to be abused by him

Venne un giorno in cui il giovane Siddharta ne ebbe abbastanza
A day came when young Siddhartha had had enough
Ciò che aveva in mente esplose
what was on his mind came bursting forth
e si rivoltò apertamente contro suo padre

and he openly turned against his father
Siddharta gli aveva affidato un compito
Siddhartha had given him a task
Gli aveva detto di raccogliere sterpaglie
he had told him to gather brushwood
Ma il ragazzo non uscì dalla capanna
But the boy did not leave the hut
In preda a ostinata disobbedienza e rabbia, rimase dov'era
in stubborn disobedience and rage, he stayed where he was
Batté a terra con i piedi
he thumped on the ground with his feet
Strinse i pugni e urlò in un potente sfogo
he clenched his fists and screamed in a powerful outburst
Urlò il suo odio e il suo disprezzo in faccia a suo padre
he screamed his hatred and contempt into his father's face
«Prendi le sterpaglie per te!» gridò, con la bava alla bocca
"Get the brushwood for yourself!" he shouted, foaming at the mouth
"Non sono il tuo servo"
"I'm not your servant"
"So che non mi colpirai, non oseresti"
"I know that you won't hit me, you wouldn't dare"
"So che vuoi punirmi costantemente"
"I know that you constantly want to punish me"
"Tu vuoi abbattermi con la tua devozione religiosa e la tua indulgenza"
"you want to put me down with your religious devotion and your indulgence"
"Tu vuoi che io diventi come te"
"You want me to become like you"
"Tu vuoi che io sia devoto, tenero e saggio come te"
"you want me to be just as devout, soft, and wise as you"
"ma non lo farò, solo per farti soffrire"
"but I won't do it, just to make you suffer"
"Preferirei diventare un ladro di strada piuttosto che essere tenero come te"
"I would rather become a highway-robber than be as soft as

you"
"Preferirei essere un assassino piuttosto che essere saggio come te"
"I would rather be a murderer than be as wise as you"
"Preferirei andare all'inferno, piuttosto che diventare come te!"
"I would rather go to hell, than to become like you!"
"Ti odio, non sei mio padre
"I hate you, you're not my father
"Anche se sei andato a letto con mia madre dieci volte, non sei mio padre!"
"even if you've slept with my mother ten times, you are not my father!"
La rabbia e il dolore ribollivano in lui
Rage and grief boiled over in him
Schiumò a suo padre con cento parole selvagge e malvagie
he foamed at his father in a hundred savage and evil words
Poi il ragazzo scappò nella foresta
Then the boy ran away into the forest
Era notte fonda quando il ragazzo tornò
it was late at night when the boy returned
Ma la mattina dopo era scomparso
But the next morning, he had disappeared
Era scomparso anche un piccolo cesto
What had also disappeared was a small basket
il cesto in cui i traghettatori conservavano quelle monete di rame e d'argento
the basket in which the ferrymen kept those copper and silver coins
le monete che ricevettero come tariffa
the coins which they received as a fare
Anche la barca era scomparsa
The boat had also disappeared
Siddharta vide la barca che giaceva sulla riva opposta
Siddhartha saw the boat lying by the opposite bank
Siddharta aveva tremato di dolore
Siddhartha had been shivering with grief

I discorsi farneticanti che il ragazzo aveva fatto lo toccarono
the ranting speeches the boy had made touched him
"Devo seguirlo", disse Siddharta
"I must follow him," said Siddhartha
"Un bambino non può attraversare la foresta da solo, morirà"
"A child can't go through the forest all alone, he'll perish"
"Dobbiamo costruire una zattera, Vasudeva, per superare l'acqua"
"We must build a raft, Vasudeva, to get over the water"
"Costruiremo una zattera" disse Vasudeva
"We will build a raft" said Vasudeva
"Lo costruiremo per riavere la nostra barca"
"we will build it to get our boat back"
"Ma non correrai dietro a tuo figlio, amico mio"
"But you shall not run after your child, my friend"
"Non è più un bambino"
"he is no child any more"
"Sa come muoversi"
"he knows how to get around"
"Sta cercando la strada per la città"
"He's looking for the path to the city"
"E ha ragione, non dimenticarlo"
"and he is right, don't forget that"
"Sta facendo quello che tu non sei riuscito a fare da solo"
"he's doing what you've failed to do yourself"
"Si sta prendendo cura di se stesso"
"he's taking care of himself"
"Sta seguendo il suo corso per se stesso"
"he's taking his course for himself"
"Ahimè, Siddharta, ti vedo soffrire"
"Alas, Siddhartha, I see you suffering"
"Ma tu soffri di un dolore di cui si vorrebbe ridere"
"but you're suffering a pain at which one would like to laugh"
"Stai soffrendo un dolore di cui presto riderai anche tu"
"you're suffering a pain at which you'll soon laugh yourself"
Siddharta non rispose all'amico
Siddhartha did not answer his friend

Teneva già l'ascia tra le mani
He already held the axe in his hands
e cominciò a fare una zattera di bambù
and he began to make a raft of bamboo
Vasudeva lo aiutò a legare insieme le canne con corde d'erba
Vasudeva helped him to tie the canes together with ropes of grass
Quando attraversarono il fiume, si allontanarono molto dal loro corso
When they crossed the river they drifted far off their course
Hanno tirato la zattera a monte sulla riva opposta
they pulled the raft upriver on the opposite bank
«Perché hai portato con te l'ascia?» chiese Siddharta
"Why did you take the axe along?" asked Siddhartha
"Potrebbe essere stato possibile che il remo della nostra barca si sia perso"
"It might have been possible that the oar of our boat got lost"
Ma Siddharta sapeva quello che pensava il suo amico
But Siddhartha knew what his friend was thinking
Pensò che il ragazzo avrebbe buttato via il remo
He thought, the boy would have thrown away the oar
per ottenere una sorta di vendetta
in order to get some kind of revenge
e per impedire loro di seguirlo
and in order to keep them from following him
E infatti, non c'era più remo nella barca
And in fact, there was no oar left in the boat
Vasudeva indicò il fondo della barca
Vasudeva pointed to the bottom of the boat
e guardò il suo amico con un sorriso
and he looked at his friend with a smile
Sorrise come se volesse dire qualcosa
he smiled as if he wanted to say something
"Non vedi cosa sta cercando di dirti tuo figlio?"
"Don't you see what your son is trying to tell you?"
"Non vedi che non vuole essere seguito?"
"Don't you see that he doesn't want to be followed?"

Ma non lo disse a parole
But he did not say this in words
Ha iniziato a costruire un nuovo remo
He started making a new oar
Ma Siddharta si congedò per cercare il fuggiasco
But Siddhartha bid his farewell, to look for the run-away
Vasudeva non gli impedì di cercare suo figlio
Vasudeva did not stop him from looking for his child

Siddharta aveva camminato a lungo nella foresta
Siddhartha had been walking through the forest for a long time
Gli venne in mente che la sua ricerca era inutile
the thought occurred to him that his search was useless
O il ragazzo era molto più avanti e aveva già raggiunto la città
Either the boy was far ahead and had already reached the city
o si nasconderebbe da lui
or he would conceal himself from him
Continuò a pensare a suo figlio
he continued thinking about his son
Scoprì che non era preoccupato per suo figlio
he found that he was not worried for his son
Dentro di sé sapeva di non essere morto
he knew deep inside that he had not perished
né correva alcun pericolo nella foresta
nor was he in any danger in the forest
Ciononostante, correva senza fermarsi
Nevertheless, he ran without stopping
Non stava correndo per salvarlo
he was not running to save him
Correva per soddisfare il suo desiderio
he was running to satisfy his desire
Voleva forse vederlo ancora una volta
he wanted to perhaps see him one more time
E corse fino a poco fuori città
And he ran up to just outside of the city

Quando, vicino alla città, raggiunse un'ampia strada
When, near the city, he reached a wide road
Si fermò, all'ingresso del bel giardino delle delizie
he stopped, by the entrance of the beautiful pleasure-garden
il giardino che apparteneva a Kamala
the garden which used to belong to Kamala
il giardino dove l'aveva vista per la prima volta
the garden where he had seen her for the first time
quando era seduta sulla sua portantina
when she was sitting in her sedan-chair
Il passato riaffiorava nella sua anima
The past rose up in his soul
Di nuovo, vide se stesso in piedi
again, he saw himself standing there
una Samana giovane, barbuta e nuda
a young, bearded, naked Samana
i suoi capelli erano pieni di polvere
his hair hair was full of dust
Per molto tempo, Siddharta rimase lì
For a long time, Siddhartha stood there
Guardò attraverso il cancello aperto nel giardino
he looked through the open gate into the garden
Vide monaci in vesti gialle che camminavano tra i bellissimi alberi
he saw monks in yellow robes walking among the beautiful trees
Rimase a lungo lì, a meditare
For a long time, he stood there, pondering
Vedeva immagini e ascoltava la storia della sua vita
he saw images and listened to the story of his life
Per molto tempo rimase lì a guardare i monaci
For a long time, he stood there looking at the monks
vide il giovane Siddharta al loro posto
he saw young Siddhartha in their place
vide la giovane Kamala camminare tra gli alti alberi
he saw young Kamala walking among the high trees
Chiaramente, si vide mentre Kamala gli serviva cibo e

bevande
Clearly, he saw himself being served food and drink by Kamala
Si vide ricevere il suo primo bacio da lei
he saw himself receiving his first kiss from her
si vide guardare indietro con orgoglio e sdegno alla sua vita di Brahman
he saw himself looking proudly and disdainfully back on his life as a Brahman
Vedeva se stesso iniziare la sua vita mondana, orgoglioso e pieno di desiderio
he saw himself beginning his worldly life, proudly and full of desire
Vide Kamaswami, i servi, le orge
He saw Kamaswami, the servants, the orgies
Vedeva i giocatori d'azzardo con i dadi
he saw the gamblers with the dice
vide l'uccello canoro di Kamala nella gabbia
he saw Kamala's song-bird in the cage
Ha rivissuto tutto questo
he lived through all this again
respirò Sansara e fu di nuovo vecchio e stanco
he breathed Sansara and was once again old and tired
Provò il disgusto e il desiderio di annientarsi di nuovo
he felt the disgust and the wish to annihilate himself again
e fu guarito di nuovo dal santo Om
and he was healed again by the holy Om
per molto tempo Siddharta era rimasto presso la porta
for a long time Siddhartha had stood by the gate
Si rese conto che il suo desiderio era sciocco
he realised his desire was foolish
Si rese conto che era stata una follia a spingerlo a salire in quel luogo
he realized it was foolishness which had made him go up to this place
Si rese conto che non poteva aiutare suo figlio
he realized he could not help his son

e si rese conto che non gli era permesso aggrapparsi a lui
and he realized that he was not allowed to cling to him
Sentiva nel profondo del suo cuore l'amore per i fuggiaschi
he felt the love for the run-away deeply in his heart
L'amore per suo figlio era come una ferita
the love for his son felt like a wound
ma questa ferita non gli era stata data per girarvi dentro il coltello
but this wound had not been given to him in order to turn the knife in it
la ferita doveva diventare un fiore
the wound had to become a blossom
e la sua ferita doveva brillare
and his wound had to shine
Il fatto che questa ferita non sbocciasse e non brillasse lo rattristava
That this wound did not blossom or shine yet made him sad
Invece dell'obiettivo desiderato, c'era il vuoto
Instead of the desired goal, there was emptiness
Il vuoto lo aveva attirato qui, e tristemente si sedette
emptiness had drawn him here, and sadly he sat down
Sentì qualcosa morire nel suo cuore
he felt something dying in his heart
Sperimentò il vuoto e non vide più gioia
he experienced emptiness and saw no joy any more
non c'era un obiettivo a cui tendere
there was no goal for which to aim for
Sedeva assorto nei suoi pensieri e aspettava
He sat lost in thought and waited
Questo l'aveva imparato vicino al fiume
This he had learned by the river
aspettare, avere pazienza, ascoltare con attenzione
waiting, having patience, listening attentively
E si sedette ad ascoltare, nella polvere della strada
And he sat and listened, in the dust of the road
Ascoltò il suo cuore, che batteva stanco e triste
he listened to his heart, beating tiredly and sadly

e aspettò una voce
and he waited for a voice
Per molte ore rimase accovacciato, ascoltando
Many an hour he crouched, listening
Non vedeva più immagini
he saw no images any more
è caduto nel vuoto e si è lasciato cadere
he fell into emptiness and let himself fall
Non riusciva a vedere alcun sentiero davanti a sé
he could see no path in front of him
E quando sentì la ferita bruciare, pronunciò silenziosamente l'Om
And when he felt the wound burning, he silently spoke the Om
si riempì di Om
he filled himself with Om
I monaci nel giardino lo videro
The monks in the garden saw him
La polvere si stava accumulando sui suoi capelli grigi
dust was gathering on his gray hair
Poiché era rimasto accovacciato per molte ore, uno dei monaci gli mise davanti due banane
since he crouched for many hours, one of monks placed two bananas in front of him
Il vecchio non lo vide
The old man did not see him

Da questo stato pietrificato, fu svegliato da una mano che gli toccò la spalla
From this petrified state, he was awoken by a hand touching his shoulder
All'istante riconobbe quel tocco tenero e timido
Instantly, he recognised this tender bashful touch
Vasudeva lo aveva seguito e aspettato
Vasudeva had followed him and waited
riprese i sensi e si alzò per salutare Vasudeva
he regained his senses and rose to greet Vasudeva

guardò il volto amichevole di Vasudeva
he looked into Vasudeva's friendly face
Guardò nelle piccole rughe
he looked into the small wrinkles
Le sue rughe erano come se fossero piene di nient'altro che del suo sorriso
his wrinkles were as if they were filled with nothing but his smile
Guardò negli occhi felici, e poi sorrise anche lui
he looked into the happy eyes, and then he smiled too
Ora vide le banane che giacevano davanti a lui
Now he saw the bananas lying in front of him
Raccolse le banane e ne diede una al traghettatore
he picked the bananas up and gave one to the ferryman
Dopo aver mangiato le banane, tornarono silenziosamente nella foresta
After eating the bananas, they silently went back into the forest
Tornarono a casa al traghetto
they returned home to the ferry
Nessuno dei due parlò di quello che era successo quel giorno
Neither one talked about what had happened that day
Nessuno dei due menzionò il nome del ragazzo
neither one mentioned the boy's name
Nessuno dei due parlò della sua fuga
neither one spoke about him running away
Nessuno dei due parlò della ferita
neither one spoke about the wound
Nella capanna, Siddharta si sdraiò sul suo letto
In the hut, Siddhartha lay down on his bed
dopo un po' Vasudeva andò da lui
after a while Vasudeva came to him
Gli offrì una ciotola di latte di cocco
he offered him a bowl of coconut-milk
ma già dormiva
but he was already asleep

Om

Per molto tempo la ferita continuò a bruciare
For a long time the wound continued to burn
Siddharta dovette traghettare molti viaggiatori attraverso il fiume
Siddhartha had to ferry many travellers across the river
Molti dei viaggiatori erano accompagnati da un figlio o da una figlia
many of the travellers were accompanied by a son or a daughter
e non ne vide nessuno senza invidiarli
and he saw none of them without envying them
Non poteva vederli senza pensare al figlio perduto
he couldn't see them without thinking about his lost son
"Tante migliaia di persone possiedono la più dolce delle fortune"
"So many thousands possess the sweetest of good fortunes"
"Perché non possiedo anch'io questa fortuna?"
"why don't I also possess this good fortune?"
"Anche i ladri e i rapinatori hanno figli e li amano"
"even thieves and robbers have children and love them"
"E sono amati dai loro figli"
"and they are being loved by their children"
"Tutti sono amati dai loro figli, tranne me"
"all are loved by their children except for me"
Ora pensava come le persone infantili, senza motivo
he now thought like the childlike people, without reason
Era diventato una delle persone più infantili
he had become one of the childlike people
Guardava le persone in modo diverso rispetto a prima
he looked upon people differently than before
Era meno intelligente e meno orgoglioso di se stesso
he was less smart and less proud of himself
ma invece era più caloroso e curioso
but instead, he was warmer and more curious
Quando traghettava i viaggiatori, era più coinvolto di prima

when he ferried travellers, he was more involved than before
persone infantili, uomini d'affari, guerrieri, donne
childlike people, businessmen, warriors, women
Queste persone non gli sembravano estranee, come erano solite
these people did not seem alien to him, as they used to
Li capiva e condivideva la loro vita
he understood them and shared their life
una vita che non era guidata da pensieri e intuizioni
a life which was not guided by thoughts and insight
ma una vita guidata unicamente da impulsi e desideri
but a life guided solely by urges and wishes
Si sentiva come le persone infantili
he felt like the the childlike people
portava la sua ultima ferita
he was bearing his final wound
si stava avvicinando alla perfezione
he was nearing perfection
ma le persone infantili sembravano ancora suoi fratelli
but the childlike people still seemed like his brothers
le loro vanità, i loro desideri di possesso non gli erano più ridicoli
their vanities, desires for possession were no longer ridiculous to him
divennero comprensibili e amabili
they became understandable and lovable
divennero persino degni di venerazione nei suoi confronti
they even became worthy of veneration to him
L'amore cieco di una madre per il suo bambino
The blind love of a mother for her child
lo stupido, cieco orgoglio di un padre presuntuoso per il suo unico figlio
the stupid, blind pride of a conceited father for his only son
il desiderio cieco e selvaggio di una giovane donna vanitosa di gioielli
the blind, wild desire of a young, vain woman for jewellery
il suo desiderio di sguardi ammirati da parte degli uomini

her wish for admiring glances from men
Tutti questi semplici impulsi non erano nozioni infantili
all of these simple urges were not childish notions
ma erano impulsi immensamente forti, vivi e prevalenti
but they were immensely strong, living, and prevailing urges
Ha visto persone che vivevano per amore dei loro impulsi
he saw people living for the sake of their urges
Ha visto le persone ottenere cose rare per i loro impulsi
he saw people achieving rare things for their urges
viaggiare, condurre guerre, soffrire
travelling, conducting wars, suffering
Hanno sopportato una quantità infinita di sofferenze
they bore an infinite amount of suffering
e poteva amarli per questo, perché vedeva la vita
and he could love them for it, because he saw life
che ciò che è vivo era in ciascuna delle loro passioni
that what is alive was in each of their passions
che ciò che è indistruttibile era nei loro impulsi, il Brahman
that what is is indestructible was in their urges, the Brahman
Queste persone erano degne di amore e ammirazione
these people were worthy of love and admiration
Se lo meritavano per la loro cieca lealtà e la loro cieca forza
they deserved it for their blind loyalty and blind strength
non c'era nulla che mancasse loro
there was nothing that they lacked
Siddharta non aveva nulla che lo mettesse al di sopra degli altri, tranne una cosa
Siddhartha had nothing which would put him above the rest, except one thing
C'era ancora una piccola cosa che lui aveva e che loro non avevano
there still was a small thing he had which they didn't
Aveva il pensiero cosciente dell'unità di tutta la vita
he had the conscious thought of the oneness of all life
ma Siddharta dubitava persino che questa conoscenza dovesse essere così alta
but Siddhartha even doubted whether this knowledge should

be valued so highly
Potrebbe anche essere un'idea infantile delle persone pensanti
it might also be a childish idea of the thinking people
Le persone del mondo erano di pari rango dei saggi
the worldly people were of equal rank to the wise men
Anche gli animali possono, in alcuni momenti, sembrare superiori agli esseri umani
animals too can in some moments seem to be superior to humans
Sono superiori nella loro dura e inesorabile esecuzione di ciò che è necessario
they are superior in their tough, unrelenting performance of what is necessary
un'idea sbocciò lentamente in Siddharta
an idea slowly blossomed in Siddhartha
e l'idea maturò lentamente in lui
and the idea slowly ripened in him
Cominciò a vedere che cosa fosse in realtà la sapienza
he began to see what wisdom actually was
Vide qual era l'obiettivo della sua lunga ricerca
he saw what the goal of his long search was
La sua ricerca non era altro che una prontezza dell'anima
his search was nothing but a readiness of the soul
un'arte segreta per pensare ogni momento, mentre vive la sua vita
a secret art to think every moment, while living his life
Era il pensiero dell'unità
it was the thought of oneness
per essere in grado di sentire e inalare l'unità
to be able to feel and inhale the oneness
Pian piano questa consapevolezza è sbocciata in lui
Slowly this awareness blossomed in him
gli brillava dal vecchio viso infantile di Vasudeva
it was shining back at him from Vasudeva's old, childlike face
l'armonia e la conoscenza dell'eterna perfezione del mondo
harmony and knowledge of the eternal perfection of the world

sorridere e far parte dell'unità
smiling and to be part of the oneness
Ma la ferita bruciava ancora
But the wound still burned
Siddharta pensò con nostalgia e amarezza a suo figlio
longingly and bitterly Siddhartha thought of his son
Ha nutrito il suo amore e la sua tenerezza nel suo cuore
he nurtured his love and tenderness in his heart
Lasciò che il dolore lo rodesse
he allowed the pain to gnaw at him
Ha commesso tutti gli atti d'amore sciocchi
he committed all foolish acts of love
questa fiamma non si spegnerebbe da sola
this flame would not go out by itself

Un giorno la ferita bruciò violentemente
one day the wound burned violently
spinto da un desiderio, Siddharta attraversò il fiume
driven by a yearning, Siddhartha crossed the river
Scese dalla barca e volle andare in città
he got off the boat and was willing to go to the city
Voleva cercare di nuovo suo figlio
he wanted to look for his son again
Il fiume scorreva dolcemente e silenziosamente
The river flowed softly and quietly
Era la stagione secca, ma la sua voce suonava strana
it was the dry season, but its voice sounded strange
Era chiaro sentire che il fiume rideva
it was clear to hear that the river laughed
Rise vivacemente e chiaramente del vecchio traghettatore
it laughed brightly and clearly at the old ferryman
si chinò sull'acqua, per sentire ancora meglio
he bent over the water, in order to hear even better
e vide il suo volto riflesso nelle acque che si muovevano silenziosamente
and he saw his face reflected in the quietly moving waters
In questo volto riflesso c'era qualcosa

in this reflected face there was something
qualcosa che gli ricordava, ma che aveva dimenticato
something which reminded him, but he had forgotten
Mentre ci pensava, lo trovò
as he thought about it, he found it
Quel volto assomigliava a un altro volto che conosceva e amava
this face resembled another face which he used to know and love
ma temeva anche questa faccia
but he also used to fear this face
Assomigliava al volto di suo padre, il Brahman
It resembled his father's face, the Brahman
Si ricordò di come aveva costretto suo padre a lasciarlo andare
he remembered how he had forced his father to let him go
Si ricordò di come gli aveva detto addio
he remembered how he had bid his farewell to him
Si ricordò di come se n'era andato e non era più tornato
he remembered how he had gone and had never come back
Non aveva sofferto anche suo padre lo stesso dolore per lui?
Had his father not also suffered the same pain for him?
Il dolore di suo padre non era forse il dolore che Siddharta sta soffrendo ora?
was his father's pain not the pain Siddhartha is suffering now?
Suo padre non era morto da tempo?
Had his father not long since died?
Era morto senza aver rivisto suo figlio?
had he died without having seen his son again?
Non doveva aspettarsi la stessa sorte per se stesso?
Did he not have to expect the same fate for himself?
Non era una commedia in un cerchio fatale?
Was it not a comedy in a fateful circle?
Il fiume rise di tutto questo
The river laughed about all of this
tutto ciò che non era stato sofferto è tornato
everything came back which had not been suffered

tutto ciò che non era stato risolto
everything came back which had not been solved
Lo stesso dolore è stato sofferto più e più volte
the same pain was suffered over and over again
Siddharta risalì sulla barca
Siddhartha went back into the boat
e tornò alla capanna
and he returned back to the hut
Pensava a suo padre e a suo figlio
he was thinking of his father and of his son
Pensava di essere stato deriso dal fiume
he thought of having been laughed at by the river
Era in disaccordo con se stesso e tendeva alla disperazione
he was at odds with himself and tending towards despair
ma era anche tentato di ridere
but he was also tempted to laugh
Poteva ridere di se stesso e del mondo intero
he could laugh at himself and the entire world
Ahimè, la ferita non stava ancora sbocciando
Alas, the wound was not blossoming yet
Il suo cuore stava ancora lottando contro il suo destino
his heart was still fighting his fate
L'allegria e la vittoria non brillavano ancora dalla sua sofferenza
cheerfulness and victory were not yet shining from his suffering
Ciononostante, sentiva la speranza insieme alla disperazione
Nevertheless, he felt hope along with the despair
una volta tornato alla capanna sentì un desiderio invincibile di aprirsi a Vasudeva
once he returned to the hut he felt an undefeatable desire to open up to Vasudeva
Voleva mostrargli tutto
he wanted to show him everything
Voleva dire tutto al maestro dell'ascolto
he wanted to say everything to the master of listening

Vasudeva era seduto nella capanna e intrecciava un cesto
Vasudeva was sitting in the hut, weaving a basket
Non usava più il traghetto
He no longer used the ferry-boat
I suoi occhi cominciavano a indebolirsi
his eyes were starting to get weak
Anche le sue braccia e le sue mani si stavano indebolendo
his arms and hands were getting weak as well
solo la gioia e l'allegra benevolenza del suo volto erano immutabili
only the joy and cheerful benevolence of his face was unchanging
Siddharta si sedette accanto al vecchio
Siddhartha sat down next to the old man
Lentamente, iniziò a parlare di ciò di cui non avevano mai parlato
slowly, he started talking about what they had never spoke about
Gli raccontò della sua passeggiata verso la città
he told him of his walk to the city
Gli raccontò della ferita bruciante
he told at him of the burning wound
Gli raccontò dell'invidia di vedere padri felici
he told him about the envy of seeing happy fathers
la sua conoscenza della stoltezza di tali desideri
his knowledge of the foolishness of such wishes
la sua inutile lotta contro la sua volontà
his futile fight against his wishes
Era in grado di dire tutto, anche le parti più imbarazzanti
he was able to say everything, even the most embarrassing parts
Gli disse tutto quello che poteva dirgli
he told him everything he could tell him
Gli mostrò tutto quello che poteva mostrargli
he showed him everything he could show him
Gli presentò la sua ferita
He presented his wound to him

Gli raccontò anche come era fuggito oggi
he also told him how he had fled today
Gli raccontò di come aveva traghettato attraverso l'acqua
he told him how he ferried across the water
un fuggiasco infantile, disposto a camminare verso la città
a childish run-away, willing to walk to the city
e gli raccontò come il fiume aveva riso
and he told him how the river had laughed
parlò a lungo
he spoke for a long time
Vasudeva ascoltava con un'espressione tranquilla
Vasudeva was listening with a quiet face
L'ascolto di Vasudeva diede a Siddharta una sensazione più forte che mai
Vasudeva's listening gave Siddhartha a stronger sensation than ever before
Percepì come il suo dolore e le sue paure fluissero su di lui
he sensed how his pain and fears flowed over to him
Percepì come la sua segreta speranza fluisse su di lui
he sensed how his secret hope flowed over him
Mostrare la sua ferita a quell'ascoltatore era come bagnarla nel fiume
To show his wound to this listener was the same as bathing it in the river
il fiume avrebbe raffreddato la ferita di Siddharta
the river would have cooled Siddhartha's wound
l'ascolto silenzioso raffreddò la ferita di Siddharta
the quiet listening cooled Siddhartha's wound
Lo ha raffreddato fino a farlo diventare un tutt'uno con il fiume
it cooled him until he become one with the river
Mentre ancora parlava, ancora ammetteva e confessava
While he was still speaking, still admitting and confessing
Siddharta sentiva sempre di più che non si trattava più di Vasudeva
Siddhartha felt more and more that this was no longer Vasudeva

Non era più un essere umano che lo ascoltava
it was no longer a human being who was listening to him
Questo ascoltatore immobile assorbiva la sua confessione dentro di sé
this motionless listener was absorbing his confession into himself
Questo ascoltatore immobile era come un albero la pioggia
this motionless listener was like a tree the rain
Quell'uomo immobile era il fiume stesso
this motionless man was the river itself
quest'uomo immobile era Dio stesso
this motionless man was God himself
L'uomo immobile era l'eterno stesso
the motionless man was the eternal itself
Siddharta smise di pensare a se stesso e alla sua ferita
Siddhartha stopped thinking of himself and his wound
questa presa di coscienza del mutato carattere di Vasudeva si impossessò di lui
this realisation of Vasudeva's changed character took possession of him
e quanto più vi entrava, tanto meno meravigliosa diventava
and the more he entered into it, the less wondrous it became
più si rendeva conto che tutto era in ordine e naturale
the more he realised that everything was in order and natural
si rese conto che Vasudeva era già così da molto tempo
he realised that Vasudeva had already been like this for a long time
Solo che non l'aveva ancora del tutto riconosciuto
he had just not quite recognised it yet
Sì, lui stesso aveva quasi raggiunto lo stesso stato
yes, he himself had almost reached the same state
Sentiva che ora stava vedendo il vecchio Vasudeva come la gente vede gli dèi
He felt, that he was now seeing old Vasudeva as the people see the gods
e sentiva che questo non poteva durare
and he felt that this could not last

in cuor suo, iniziò a dire addio a Vasudeva
in his heart, he started bidding his farewell to Vasudeva
In tutto questo, parlava incessantemente
Throughout all this, he talked incessantly
Quando ebbe finito di parlare, Vasudeva rivolse i suoi occhi amichevoli verso di lui
When he had finished talking, Vasudeva turned his friendly eyes at him
gli occhi che si erano un po' indeboliti
the eyes which had grown slightly weak
Non disse nulla, ma lasciò trasparire il suo amore silenzioso e la sua allegria
he said nothing, but let his silent love and cheerfulness shine
La sua comprensione e la sua conoscenza risplendevano da lui
his understanding and knowledge shone from him
Prese la mano di Siddharta e lo condusse al sedile vicino alla riva
He took Siddhartha's hand and led him to the seat by the bank
Si sedette accanto a lui e sorrise al fiume
he sat down with him and smiled at the river
"L'hai sentito ridere", disse
"You've heard it laugh," he said
"Ma non hai sentito tutto"
"But you haven't heard everything"
"Ascoltiamo, sentirai di più"
"Let's listen, you'll hear more"
Dolcemente risuonava il fiume, cantando a molte voci
Softly sounded the river, singing in many voices
Siddharta guardò nell'acqua
Siddhartha looked into the water
Le immagini gli apparvero nell'acqua in movimento
images appeared to him in the moving water
Apparve suo padre, solo e in lutto per suo figlio
his father appeared, lonely and mourning for his son
Egli stesso apparve nell'acqua in movimento
he himself appeared in the moving water

Era anche legato con la schiavitù del desiderio al figlio lontano
he was also being tied with the bondage of yearning to his distant son
Apparve suo figlio, anche lui solo
his son appeared, lonely as well
il ragazzo, correndo avidamente lungo il corso ardente dei suoi giovani desideri
the boy, greedily rushing along the burning course of his young wishes
Ognuno si dirigeva verso il suo obiettivo
each one was heading for his goal
Ognuno era ossessionato dall'obiettivo
each one was obsessed by the goal
Ognuno soffriva per l'inseguimento
each one was suffering from the pursuit
Il fiume cantava con una voce di sofferenza
The river sang with a voice of suffering
Cantava e fluiva verso la sua meta
longingly it sang and flowed towards its goal
"Hai sentito?" Chiese Vasudeva con uno sguardo muto
"Do you hear?" Vasudeva asked with a mute gaze
Siddharta annuì in risposta
Siddhartha nodded in reply
"Ascolta meglio!" Vasudeva sussurrò
"Listen better!" Vasudeva whispered
Siddharta si sforzò di ascoltare meglio
Siddhartha made an effort to listen better
Apparve l'immagine di suo padre
The image of his father appeared
La sua immagine si fondeva con quella di suo padre
his own image merged with his father's
L'immagine di suo figlio si fondeva con la sua immagine
the image of his son merged with his image
Anche l'immagine di Kamala è apparsa ed è stata dispersa
Kamala's image also appeared and was dispersed
e l'immagine di Govinda, e altre immagini

and the image of Govinda, and other images
e tutte le immagini fuse tra loro
and all the imaged merged with each other
tutte le immagini si sono trasformate nel fiume
all the imaged turned into the river
Essendo il fiume, si diressero tutti verso la meta
being the river, they all headed for the goal
Il desiderio, il desiderio, la sofferenza fluivano insieme
longing, desiring, suffering flowed together
e la voce del fiume risuonò piena di desiderio
and the river's voice sounded full of yearning
La voce del fiume era piena di dolore bruciante
the river's voice was full of burning woe
La voce del fiume era piena di desiderio inappagabile
the river's voice was full of unsatisfiable desire
Per l'obiettivo, il fiume si stava dirigendo
For the goal, the river was heading
Siddharta vide il fiume affrettarsi verso la sua meta
Siddhartha saw the river hurrying towards its goal
il fiume di lui e dei suoi cari e di tutte le persone che avesse mai visto
the river of him and his loved ones and of all people he had ever seen
Tutte queste onde e queste acque si stavano affrettando
all of these waves and waters were hurrying
Stavano tutti soffrendo verso molti obiettivi
they were all suffering towards many goals
la cascata, il lago, le rapide, il mare
the waterfall, the lake, the rapids, the sea
e tutti gli obiettivi sono stati raggiunti
and all goals were reached
e ad ogni traguardo ne seguiva uno nuovo
and every goal was followed by a new one
e l'acqua si trasformò in vapore e salì al cielo
and the water turned into vapour and rose to the sky
l'acqua si trasformò in pioggia e cadde dal cielo
the water turned into rain and poured down from the sky

l'acqua si trasformò in una fonte
the water turned into a source
poi la sorgente si trasformò in un ruscello
then the source turned into a stream
il torrente si trasformò in un fiume
the stream turned into a river
e il fiume si diresse di nuovo in avanti
and the river headed forwards again
Ma la voce bramosa era cambiata
But the longing voice had changed
Risuonava ancora, pieno di sofferenza, di ricerca
It still resounded, full of suffering, searching
ma altre voci si unirono al fiume
but other voices joined the river
c'erano voci di gioia e di sofferenza
there were voices of joy and of suffering
voci buone e cattive, voci che ridono e voci tristi
good and bad voices, laughing and sad ones
Cento voci, mille voci
a hundred voices, a thousand voices
Siddharta ascoltò tutte queste voci
Siddhartha listened to all these voices
Ora non era altro che un ascoltatore
He was now nothing but a listener
Era completamente concentrato sull'ascolto
he was completely concentrated on listening
Ora era completamente vuoto
he was completely empty now
Sentiva di aver finito di imparare ad ascoltare
he felt that he had now finished learning to listen
Spesso, in precedenza, aveva sentito tutto questo
Often before, he had heard all this
Aveva udito tutte quelle voci nel fiume
he had heard these many voices in the river
Oggi le voci nel fiume risuonavano nuove
today the voices in the river sounded new
Già, non riusciva più a distinguere le molte voci

Already, he could no longer tell the many voices apart
Non c'era differenza tra le voci felici e quelle piangenti
there was no difference between the happy voices and the weeping ones
Le voci dei bambini e le voci degli uomini erano una cosa sola
the voices of children and the voices of men were one
tutte queste voci appartenevano insieme
all these voices belonged together
il lamento del desiderio e il riso del sapiente
the lamentation of yearning and the laughter of the knowledgeable one
l'urlo di rabbia e il gemito dei moribondi
the scream of rage and the moaning of the dying ones
tutto era uno e tutto era intrecciato
everything was one and everything was intertwined
tutto era connesso e aggrovigliato mille volte
everything was connected and entangled a thousand times
Tutto insieme, tutte le voci, tutti gli obiettivi
everything together, all voices, all goals
tutto desiderio, ogni sofferenza, tutto piacere
all yearning, all suffering, all pleasure
tutto ciò che era bene e male
all that was good and evil
Tutto questo insieme era il mondo
all of this together was the world
Tutto questo insieme era il flusso degli eventi
All of it together was the flow of events
tutto era la musica della vita
all of it was the music of life
quando Siddharta ascoltava attentamente questo fiume
when Siddhartha was listening attentively to this river
Il canto delle mille voci
the song of a thousand voices
quando non ascoltava né la sofferenza né le risate
when he neither listened to the suffering nor the laughter
quando non legava la sua anima a nessuna voce particolare

when he did not tie his soul to any particular voice
quando si immerse nel fiume
when he submerged his self into the river
ma quando li udì tutti, percepì il tutto, l'unità
but when he heard them all he perceived the whole, the oneness
Allora il grande canto delle mille voci consisteva in una sola parola
then the great song of the thousand voices consisted of a single word
questa parola era Om; La perfezione
this word was Om; the perfection

"Hai sentito?" chiese di nuovo lo sguardo di Vasudeva
"Do you hear" Vasudeva's gaze asked again
Il sorriso di Vasudeva brillava
Brightly, Vasudeva's smile was shining
fluttuava radiosa su tutte le rughe del suo vecchio viso
it was floating radiantly over all the wrinkles of his old face
allo stesso modo in cui l'Om fluttuava nell'aria sopra tutte le voci del fiume
the same way the Om was floating in the air over all the voices of the river
Il suo sorriso brillava quando guardò il suo amico
Brightly his smile was shining, when he looked at his friend
e lo stesso sorriso cominciava ora a brillare sul volto di Siddharta
and brightly the same smile was now starting to shine on Siddhartha's face
La sua ferita era sbocciata e la sua sofferenza risplendeva
His wound had blossomed and his suffering was shining
il suo sé era volato nell'unità
his self had flown into the oneness
In quell'ora, Siddharta smise di combattere il suo destino
In this hour, Siddhartha stopped fighting his fate
allo stesso tempo ha smesso di soffrire
at the same time he stopped suffering

Sul suo volto fioriva l'allegria di una conoscenza
On his face flourished the cheerfulness of a knowledge
un sapere che non era più contrastato da alcuna volontà
a knowledge which was no longer opposed by any will
un sapere che conosce la perfezione
a knowledge which knows perfection
una conoscenza che è in accordo con il flusso degli eventi
a knowledge which is in agreement with the flow of events
una conoscenza che è con la corrente della vita
a knowledge which is with the current of life
pieno di simpatia per il dolore degli altri
full of sympathy for the pain of others
pieno di simpatia per il piacere degli altri
full of sympathy for the pleasure of others
devoto al flusso, appartenente all'unità
devoted to the flow, belonging to the oneness
Vasudeva si alzò dal sedile vicino alla riva
Vasudeva rose from the seat by the bank
guardò negli occhi Siddharta
he looked into Siddhartha's eyes
e vide l'allegria della conoscenza brillare nei suoi occhi
and he saw the cheerfulness of the knowledge shining in his eyes
Si toccò dolcemente la spalla con la mano
he softly touched his shoulder with his hand
"Stavo aspettando quest'ora, mia cara"
"I've been waiting for this hour, my dear"
"Ora che è arrivato, lasciami andare"
"Now that it has come, let me leave"
"Era da molto tempo che aspettavo quest'ora"
"For a long time, I've been waiting for this hour"
"per molto tempo, sono stato Vasudeva il traghettatore"
"for a long time, I've been Vasudeva the ferryman"
"Ora basta. Addio"
"Now it's enough. Farewell"
"Addio fiume, addio Siddharta!"
"farewell river, farewell Siddhartha!"

Siddharta fece un profondo inchino davanti a colui che gli disse addio
Siddhartha made a deep bow before him who bid his farewell
«Lo sapevo», disse con calma
"I've known it," he said quietly
"Andrai nelle foreste?"
"You'll go into the forests?"
"Vado nelle foreste"
"I'm going into the forests"
"Sto entrando nell'unità" disse Vasudeva con un sorriso luminoso
"I'm going into the oneness" spoke Vasudeva with a bright smile
Con un sorriso smagliante, se ne andò
With a bright smile, he left
Siddharta lo guardò andarsene
Siddhartha watched him leaving
Con profonda gioia, con profonda solennità lo guardò andarsene
With deep joy, with deep solemnity he watched him leave
Vide che i suoi passi erano pieni di pace
he saw his steps were full of peace
Vide che la sua testa era piena di lucentezza
he saw his head was full of lustre
Vide che il suo corpo era pieno di luce
he saw his body was full of light

Govinda

Govinda era stato con i monaci per molto tempo
Govinda had been with the monks for a long time
Quando non era in pellegrinaggio, trascorreva il suo tempo nel giardino delle delizie
when not on pilgrimages, he spent his time in the pleasure-garden
il giardino che la cortigiana Kamala aveva donato ai seguaci di Gotama
the garden which the courtesan Kamala had given the followers of Gotama
Sentì parlare di un vecchio traghettatore, che viveva a un giorno di viaggio
he heard talk of an old ferryman, who lived a day's journey away
Sentì che molti lo consideravano un uomo saggio
he heard many regarded him as a wise man
Quando Govinda tornò indietro, scelse la strada per il traghetto
When Govinda went back, he chose the path to the ferry
Era ansioso di vedere il traghettatore
he was eager to see the ferryman
Aveva vissuto tutta la sua vita secondo le regole
he had lived his entire life by the rules
Era guardato con venerazione dai monaci più giovani
he was looked upon with veneration by the younger monks
Rispettavano la sua età e la sua modestia
they respected his age and modesty
ma la sua irrequietezza non era scomparsa dal suo cuore
but his restlessness had not perished from his heart
Cercava ciò che non aveva trovato
he was searching for what he had not found
Si avvicinò al fiume e chiese al vecchio di traghettarlo
He came to the river and asked the old man to ferry him over
Quando scesero dalla barca dall'altra parte, parlò con il vecchio

when they got off the boat on the other side, he spoke with the old man

"Sei molto buono con noi monaci e pellegrini"
"You're very good to us monks and pilgrims"
"Hai traghettato molti di noi al di là del fiume"
"you have ferried many of us across the river"
«Non sei anche tu, traghettatore, un cercatore della strada giusta?»
"Aren't you too, ferryman, a searcher for the right path?"
sorridendo dai suoi vecchi occhi, Siddharta parlò
smiling from his old eyes, Siddhartha spoke
"O Venerabile, ti definisci un ricercatore?"
"oh venerable one, do you call yourself a searcher?"
"Sei ancora un ricercatore, anche se sei già avanti con gli anni?"
"are you still a searcher, although already well in years?"
"Cerchi indossando l'abito dei monaci di Gotama?"
"do you search while wearing the robe of Gotama's monks?"
«È vero, sono vecchio» disse Govinda
"It's true, I'm old," spoke Govinda
"ma non ho smesso di cercare"
"but I haven't stopped searching"
"Non smetterò mai di cercare"
"I will never stop searching"
"Questo sembra essere il mio destino"
"this seems to be my destiny"
"Anche tu, così mi sembra, hai cercato"
"You too, so it seems to me, have been searching"
«Volete dirmi una cosa, onorevole mio?»
"Would you like to tell me something, oh honourable one?"
«Che cosa potrei dirti, o venerabile?»
"What might I have that I could tell you, oh venerable one?"
«Forse potrei dirti che stai cercando troppo?»
"Perhaps I could tell you that you're searching far too much?"
"Posso dirti che non trovi il tempo per trovare?"
"Could I tell you that you don't make time for finding?"

«Come mai?» chiese Govinda
"How come?" asked Govinda

"Quando qualcuno sta cercando, potrebbe vedere solo ciò che cerca"
"When someone is searching they might only see what they search for"

"Potrebbe non essere in grado di lasciare che nient'altro entri nella sua mente"
"he might not be able to let anything else enter his mind"

"Non vede ciò che non sta cercando"
"he doesn't see what he is not searching for"

"perché non pensa sempre ad altro che all'oggetto della sua ricerca"
"because he always thinks of nothing but the object of his search"

"Ha un obiettivo, di cui è ossessionato"
"he has a goal, which he is obsessed with"

"Cercare significa avere un obiettivo"
"Searching means having a goal"

"Ma trovare significa essere liberi, aperti e senza obiettivi"
"But finding means being free, open, and having no goal"

"Tu, o venerabile, sei forse davvero un ricercatore"
"You, oh venerable one, are perhaps indeed a searcher"

"Perché, quando si lotta per il proprio obiettivo, ci sono molte cose che non si vedono"
"because, when striving for your goal, there are many things you don't see"

"Potresti non vedere le cose che sono direttamente davanti ai tuoi occhi"
"you might not see things which are directly in front of your eyes"

«Non ho ancora capito», disse Govinda, «che cosa intendi dire con questo?»
"I don't quite understand yet," said Govinda, "what do you mean by this?"

"Oh Venerabile, sei già stato in questo fiume, molto tempo fa"

"oh venerable one, you've been at this river before, a long time ago"
"E hai trovato un uomo che dormiva vicino al fiume"
"and you have found a sleeping man by the river"
"Ti sei seduto con lui per custodire il suo sonno"
"you have sat down with him to guard his sleep"
"Ma, o Govinda, tu non hai riconosciuto l'uomo che dorme"
"but, oh Govinda, you did not recognise the sleeping man"
Govinda era sbalordito, come se fosse stato oggetto di un incantesimo
Govinda was astonished, as if he had been the object of a magic spell
Il monaco guardò negli occhi il traghettatore
the monk looked into the ferryman's eyes
«Sei tu Siddharta?» chiese con voce timida
"Are you Siddhartha?" he asked with a timid voice
"Non ti avrei riconosciuto nemmeno questa volta!"
"I wouldn't have recognised you this time either!"
"Ti saluto di cuore, Siddharta"
"from my heart, I'm greeting you, Siddhartha"
"dal mio cuore, sono felice di rivederti!"
"from my heart, I'm happy to see you once again!"
"Sei cambiato molto, amico mio"
"You've changed a lot, my friend"
"E ora sei diventato un traghettatore?"
"and you've now become a ferryman?"
In modo amichevole, Siddharta rise
In a friendly manner, Siddhartha laughed
"Sì, sono un traghettatore"
"yes, I am a ferryman"
"Molte persone, Govinda, devono cambiare molto"
"Many people, Govinda, have to change a lot"
"Devono indossare molte vesti"
"they have to wear many robes"
"Io sono uno di quelli che ha dovuto cambiare molto"
"I am one of those who had to change a lot"
"Sii il benvenuto, Govinda, e passa la notte nella mia

capanna"
"Be welcome, Govinda, and spend the night in my hut"
Govinda passò la notte nella capanna
Govinda stayed the night in the hut
dormiva sul letto che era il letto di Vasudeva
he slept on the bed which used to be Vasudeva's bed
Pose molte domande all'amico della sua giovinezza
he posed many questions to the friend of his youth
Siddharta dovette dirgli molte cose della sua vita
Siddhartha had to tell him many things from his life

poi è arrivata la mattina dopo
then the next morning came
Era giunto il momento di iniziare il viaggio della giornata
the time had come to start the day's journey
senza esitazione, Govinda fece un'altra domanda
without hesitation, Govinda asked one more question
"Prima di continuare il mio cammino, Siddharta, permettimi di fare un'altra domanda"
"Before I continue on my path, Siddhartha, permit me to ask one more question"
"Hai un insegnamento che ti guida?"
"Do you have a teaching that guides you?"
"Hai una fede o una conoscenza che segui?"
"Do you have a faith or a knowledge you follow"
"C'è una conoscenza che ti aiuta a vivere e a fare il bene?"
"is there a knowledge which helps you to live and do right?"
"Sai bene, mia cara, sono sempre stato diffidente nei confronti degli insegnanti"
"You know well, my dear, I have always been distrustful of teachers"
"Già da giovane cominciavo a dubitare degli insegnanti"
"as a young man I already started to doubt teachers"
"quando vivevamo con i penitenti nella foresta, diffidavo dei loro insegnamenti"
"when we lived with the penitents in the forest, I distrusted their teachings"

"e ho voltato loro le spalle"
"and I turned my back to them"
"Sono rimasto diffidente nei confronti degli insegnanti"
"I have remained distrustful of teachers"
"Ciononostante, da allora ho avuto molti insegnanti"
"Nevertheless, I have had many teachers since then"
"Una bellissima cortigiana è stata la mia maestra per molto tempo"
"A beautiful courtesan has been my teacher for a long time"
"Un ricco mercante è stato il mio maestro"
"a rich merchant was my teacher"
"E alcuni giocatori d'azzardo con i dadi me lo hanno insegnato"
"and some gamblers with dice taught me"
"Una volta, anche un seguace del Buddha è stato il mio maestro"
"Once, even a follower of Buddha has been my teacher"
"Viaggiava a piedi, rubando"
"he was travelling on foot, pilgering"
"E si sedette con me quando mi addormentai nella foresta"
"and he sat with me when I had fallen asleep in the forest"
"Ho anche imparato da lui, e di questo gli sono molto grato"
"I've also learned from him, for which I'm very grateful"
"Ma soprattutto, ho imparato da questo fiume"
"But most of all, I have learned from this river"
"e ho imparato molto dal mio predecessore, il traghettatore Vasudeva"
"and I have learned most from my predecessor, the ferryman Vasudeva"
"Era una persona molto semplice, Vasudeva, non era un pensatore"
"He was a very simple person, Vasudeva, he was no thinker"
"ma sapeva ciò che è necessario proprio come Gotama"
"but he knew what is necessary just as well as Gotama"
"Era un uomo perfetto, un santo"
"he was a perfect man, a saint"
"Siddharta ama ancora prendere in giro le persone, mi

sembra"
"Siddhartha still loves to mock people, it seems to me"
"Credo in te e so che non hai seguito un maestro"
"I believe in you and I know that you haven't followed a teacher"
"Ma non hai trovato qualcosa da solo?"
"But haven't you found something by yourself?"
"Anche se non hai trovato insegnamenti, hai comunque trovato certi pensieri"
"though you've found no teachings, you still found certain thoughts"
"Alcune intuizioni, che sono le tue"
"certain insights, which are your own"
"Intuizioni che ti aiutano a vivere"
"insights which help you to live"
"Non hai trovato qualcosa di simile?"
"Haven't you found something like this?"
"Se tu volessi dirmelo, delizieresti il mio cuore"
"If you would like to tell me, you would delight my heart"
"hai ragione, ho avuto pensieri e acquisito molte intuizioni"
"you are right, I have had thoughts and gained many insights"
"A volte ho sentito la conoscenza in me per un'ora"
"Sometimes I have felt knowledge in me for an hour"
"altre volte ho sentito la conoscenza in me per un giorno intero"
"at other times I have felt knowledge in me for an entire day"
"La stessa conoscenza che si prova quando si sente la vita nel proprio cuore"
"the same knowledge one feels when one feels life in one's heart"
"Ci sono state molte riflessioni"
"There have been many thoughts"
"Ma sarebbe difficile per me trasmetterti questi pensieri"
"but it would be hard for me to convey these thoughts to you"
"Mio caro Govinda, questo è uno dei miei pensieri che ho trovato"
"my dear Govinda, this is one of my thoughts which I have

found"
"La sapienza non si trasmette"
"wisdom cannot be passed on"
"La saggezza che un uomo saggio cerca di trasmettere suona sempre come una follia"
"Wisdom which a wise man tries to pass on always sounds like foolishness"
«Stai scherzando?» chiese Govinda
"Are you kidding?" asked Govinda
"Non sto scherzando, ti sto raccontando quello che ho trovato"
"I'm not kidding, I'm telling you what I have found"
"La conoscenza può essere trasmessa, ma la saggezza no"
"Knowledge can be conveyed, but wisdom can't"
"La saggezza si può trovare, si può vivere"
"wisdom can be found, it can be lived"
"È possibile lasciarsi trasportare dalla sapienza"
"it is possible to be carried by wisdom"
"I miracoli si possono compiere con saggezza"
"miracles can be performed with wisdom"
"Ma la sapienza non può essere espressa a parole né insegnata"
"but wisdom cannot be expressed in words or taught"
"Questo era quello che a volte sospettavo, anche da giovane"
"This was what I sometimes suspected, even as a young man"
"Questo è ciò che mi ha allontanato dagli insegnanti"
"this is what has driven me away from the teachers"
"Ho trovato un pensiero che considererai una sciocchezza"
"I have found a thought which you'll regard as foolishness"
"Ma questo pensiero è stato il mio migliore"
"but this thought has been my best"
"L'opposto di ogni verità è altrettanto vero!"
"The opposite of every truth is just as true!"
"Qualsiasi verità può essere espressa solo quando è unilaterale"
"any truth can only be expressed when it is one-sided"
"Solo le cose unilaterali possono essere espresse a parole"

"only one sided things can be put into words"
"Tutto ciò che può essere pensato è unilaterale"
"Everything which can be thought is one-sided"
"È tutto unilaterale, quindi è solo una metà"
"it's all one-sided, so it's just one half"
"Tutto manca di completezza, rotondità e unità"
"it all lacks completeness, roundness, and oneness"
"l'eccelso Gotama parlò nei suoi insegnamenti del mondo"
"the exalted Gotama spoke in his teachings of the world"
"ma ha dovuto dividere il mondo in Sansara e Nirvana"
"but he had to divide the world into Sansara and Nirvana"
"Aveva diviso il mondo in inganno e verità"
"he had divided the world into deception and truth"
"Aveva diviso il mondo in sofferenza e salvezza"
"he had divided the world into suffering and salvation"
"Il mondo non può essere spiegato in nessun altro modo"
"the world cannot be explained any other way"
"Non c'è altro modo per spiegarlo, per chi vuole insegnare"
"there is no other way to explain it, for those who want to teach"
"Ma il mondo stesso non è mai unilaterale"
"But the world itself is never one-sided"
"Il mondo esiste intorno a noi e dentro di noi"
"the world exists around us and inside of us"
"Una persona o un atto non è mai interamente Sansara o interamente Nirvana"
"A person or an act is never entirely Sansara or entirely Nirvana"
"Una persona non è mai interamente santa o interamente peccatrice"
"a person is never entirely holy or entirely sinful"
"Sembra che il mondo possa essere diviso in questi opposti"
"It seems like the world can be divided into these opposites"
"Ma questo perché siamo soggetti all'inganno"
"but that's because we are subject to deception"
"È come se l'inganno fosse qualcosa di reale"
"it's as if the deception was something real"

"Il tempo non è reale, Govinda"
"Time is not real, Govinda"
"L'ho sperimentato spesso e spesso"
"I have experienced this often and often again"
"Quando il tempo non è reale, anche il divario tra il mondo e l'eternità è un inganno"
"when time is not real, the gap between the world and the eternity is also a deception"
"Il divario tra la sofferenza e la beatitudine non è reale"
"the gap between suffering and blissfulness is not real"
"Non c'è divario tra il male e il bene"
"there is no gap between evil and good"
"Tutte queste lacune sono inganni"
"all of these gaps are deceptions"
"Ma queste lacune ci appaiono comunque"
"but these gaps appear to us nonetheless"
«Come mai?» chiese timidamente Govinda
"How come?" asked Govinda timidly
"Ascolta bene, mia cara," rispose Siddharta
"Listen well, my dear," answered Siddhartha
"Il peccatore, quale io sono e che tu sei, è un peccatore"
"The sinner, which I am and which you are, is a sinner"
"ma nei tempi a venire il peccatore sarà di nuovo Brahma"
"but in times to come the sinner will be Brahma again"
"raggiungerà il Nirvana e sarà Buddha"
"he will reach the Nirvana and be Buddha"
"I tempi a venire sono un inganno"
"the times to come are a deception"
"I tempi a venire sono solo una parabola!"
"the times to come are only a parable!"
"Il peccatore non è sulla buona strada per diventare un Buddha"
"The sinner is not on his way to become a Buddha"
"Non è in fase di sviluppo"
"he is not in the process of developing"
"La nostra capacità di pensare non sa in quale altro modo raffigurare queste cose"

"our capacity for thinking does not know how else to picture these things"

"No, dentro il peccatore c'è già il futuro Buddha"
"No, within the sinner there already is the future Buddha"

"Il suo futuro è già tutto lì"
"his future is already all there"

"devi adorare il Buddha nel peccatore"
"you have to worship the Buddha in the sinner"

"devi adorare il Buddha nascosto in ognuno"
"you have to worship the Buddha hidden in everyone"

"il Buddha nascosto che sta nascendo, il possibile"
"the hidden Buddha which is coming into being the possible"

"Il mondo, amico Govinda, non è imperfetto"
"The world, my friend Govinda, is not imperfect"

"Il mondo non è sulla strada lenta verso la perfezione"
"the world is on no slow path towards perfection"

"No, il mondo è perfetto in ogni momento"
"no, the world is perfect in every moment"

"Ogni peccato porta già in sé il perdono divino"
"all sin already carries the divine forgiveness in itself"

"Tutti i bambini piccoli hanno già in sé il vecchio"
"all small children already have the old person in themselves"

"Tutti i bambini hanno già la morte in loro"
"all infants already have death in them"

"Tutti i moribondi hanno la vita eterna"
"all dying people have the eternal life"

"Non possiamo vedere fino a che punto un altro abbia già progredito nel suo cammino"
"we can't see how far another one has already progressed on his path"

"nel ladro e nel giocatore d'azzardo di dadi, il Buddha sta aspettando"
"in the robber and dice-gambler, the Buddha is waiting"

"nel Brahman, il ladro è in attesa"
"in the Brahman, the robber is waiting"

"Nella meditazione profonda, c'è la possibilità di mettere il tempo fuori dall'esistenza"

"in deep meditation, there is the possibility to put time out of existence"

"c'è la possibilità di vedere tutta la vita contemporaneamente"

"there is the possibility to see all life simultaneously"

"È possibile vedere tutta la vita che è stata, è e sarà"

"it is possible to see all life which was, is, and will be"

"e lì tutto è buono, perfetto e Brahman"

"and there everything is good, perfect, and Brahman"

"Perciò, vedo come buono tutto ciò che esiste"

"Therefore, I see whatever exists as good"

"La morte è per me come la vita"

"death is to me like life"

"Per me il peccato è come la santità"

"to me sin is like holiness"

"La sapienza può essere come la stoltezza"

"wisdom can be like foolishness"

"Tutto deve essere così com'è"

"everything has to be as it is"

"Tutto richiede solo il mio consenso e la mia disponibilità"

"everything only requires my consent and willingness"

"Tutto ciò che il mio punto di vista richiede è il mio amorevole accordo per essere buono per me"

"all that my view requires is my loving agreement to be good for me"

"Il mio punto di vista non deve fare altro che lavorare per il mio bene"

"my view has to do nothing but work for my benefit"

"E allora la mia percezione non è mai in grado di farmi del male"

"and then my perception is unable to ever harm me"

"Ho sperimentato che avevo molto bisogno di peccare"

"I have experienced that I needed sin very much"

"L'ho sperimentato nel mio corpo e nella mia anima"

"I have experienced this in my body and in my soul"

"Avevo bisogno della lussuria, del desiderio di possedere e della vanità"

"I needed lust, the desire for possessions, and vanity"
"e avevo bisogno della più vergognosa disperazione"
"and I needed the most shameful despair"
"per imparare a rinunciare ad ogni resistenza"
"in order to learn how to give up all resistance"
"per imparare ad amare il mondo"
"in order to learn how to love the world"
"per smettere di paragonare le cose a qualche mondo che desideravo"
"in order to stop comparing things to some world I wished for"
"Ho immaginato una sorta di perfezione che mi ero inventato"
"I imagined some kind of perfection I had made up"
"ma ho imparato a lasciare il mondo così com'è"
"but I have learned to leave the world as it is"
"Ho imparato ad amare il mondo così com'è"
"I have learned to love the world as it is"
"e ho imparato a divertirmi a farne parte"
"and I learned to enjoy being a part of it"
"Questi, o Govinda, sono alcuni dei pensieri che mi sono venuti in mente"
"These, oh Govinda, are some of the thoughts which have come into my mind"

Siddharta si chinò e raccolse una pietra da terra
Siddhartha bent down and picked up a stone from the ground
soppesò la pietra che aveva in mano
he weighed the stone in his hand
«Questa qui», disse giocando con la roccia, «è una pietra»
"This here," he said playing with the rock, "is a stone"
"Questa pietra, dopo un certo tempo, si trasformerà forse in terra"
"this stone will, after a certain time, perhaps turn into soil"
"si trasformerà da suolo in una pianta o in un animale o in un essere umano"
"it will turn from soil into a plant or animal or human being"

"In passato, avrei detto che questa pietra è solo una pietra"
"In the past, I would have said this stone is just a stone"
"Avrei potuto dire che non vale niente"
"I might have said it is worthless"
"Ti avrei detto che questa pietra appartiene al mondo dei Maya"
"I would have told you this stone belongs to the world of the Maya"
"ma non avrei visto che ha importanza"
"but I wouldn't have seen that it has importance"
"Potrebbe essere in grado di diventare uno spirito nel ciclo delle trasformazioni"
"it might be able to become a spirit in the cycle of transformations"
"perciò gli concedo anche importanza"
"therefore I also grant it importance"
"Così, forse l'avrei pensato in passato"
"Thus, I would perhaps have thought in the past"
"Ma oggi penso in modo diverso alla pietra"
"But today I think differently about the stone"
"questa pietra è una pietra, ed è anche animale, dio e Buddha"
"this stone is a stone, and it is also animal, god, and Buddha"
"Non lo venero e non lo amo perché potrebbe trasformarsi in questo o in quello"
"I do not venerate and love it because it could turn into this or that"
"Mi piace perché è quelle cose"
"I love it because it is those things"
"Questa pietra è già tutto"
"this stone is already everything"
"Mi appare ora e oggi come una pietra"
"it appears to me now and today as a stone"
"ecco perché lo adoro"
"that is why I love this"
"ecco perché vedo valore e scopo in ciascuna delle sue vene e cavità"

"that is why I see worth and purpose in each of its veins and cavities"
"Vedo valore nel suo giallo, grigio e durezza"
"I see value in its yellow, gray, and hardness"
"Ho apprezzato il suono che fa quando busso"
"I appreciated the sound it makes when I knock at it"
"Amo l'asciutto o l'umidità della sua superficie"
"I love the dryness or wetness of its surface"
"Ci sono pietre che sembrano olio o sapone"
"There are stones which feel like oil or soap"
"E le altre pietre sembrano foglie o sabbia"
"and other stones feel like leaves or sand"
"e ogni pietra è speciale e prega l'Om a modo suo"
"and every stone is special and prays the Om in its own way"
"ogni pietra è Brahman"
"each stone is Brahman"
"Ma allo stesso tempo, e altrettanto, è una pietra"
"but simultaneously, and just as much, it is a stone"
"È una pietra indipendentemente dal fatto che sia oleosa o succosa"
"it is a stone regardless of whether it's oily or juicy"
"E per questo mi piace e rispetto questa pietra"
"and this why I like and regard this stone"
"È meraviglioso e degno di adorazione"
"it is wonderful and worthy of worship"
"Ma non parlo più di questo"
"But let me speak no more of this"
"Le parole non servono a trasmettere il significato segreto"
"words are not good for transmitting the secret meaning"
"Tutto diventa sempre un po' diverso, non appena viene messo in parole"
"everything always becomes a bit different, as soon as it is put into words"
"Tutto viene un po' distorto dalle parole"
"everything gets distorted a little by words"
"E poi la spiegazione diventa un po' sciocca"
"and then the explanation becomes a bit silly"

"Sì, e anche questo è molto buono, e mi piace molto"
"yes, and this is also very good, and I like it a lot"
"Anch'io sono molto d'accordo"
"I also very much agree with this"
"Il tesoro e la sapienza di un uomo suonano sempre come stoltezza per un'altra persona"
"one man's treasure and wisdom always sounds like foolishness to another person"
Govinda ascoltò in silenzio ciò che Siddharta stava dicendo
Govinda listened silently to what Siddhartha was saying
ci fu una pausa e Govinda esitante fece una domanda
there was a pause and Govinda hesitantly asked a question
"Perché mi hai detto questo della pietra?"
"Why have you told me this about the stone?"
"L'ho fatto senza alcuna intenzione specifica"
"I did it without any specific intention"
"forse quello che volevo dire era che amo questa pietra e il fiume"
"perhaps what I meant was, that I love this stone and the river"
"E amo tutte queste cose che stiamo guardando"
"and I love all these things we are looking at"
"E possiamo imparare da tutte queste cose"
"and we can learn from all these things"
"Posso amare una pietra, Govinda"
"I can love a stone, Govinda"
"e posso amare anche un albero o un pezzo di corteccia"
"and I can also love a tree or a piece of bark"
"Queste sono cose, e le cose possono essere amate"
"These are things, and things can be loved"
"ma non posso amare le parole"
"but I cannot love words"
"Perciò gli insegnamenti non mi fanno bene"
"therefore, teachings are no good for me"
"Gli insegnamenti non hanno durezza, morbidezza, colori, spigoli, odore, sapore"
"teachings have no hardness, softness, colours, edges, smell, or

taste"
"Gli insegnamenti non hanno altro che parole"
"teachings have nothing but words"
"Forse sono le parole che ti impediscono di trovare la pace"
"perhaps it is words which keep you from finding peace"
"Perché la salvezza e la virtù sono solo parole"
"because salvation and virtue are mere words"
"Sansara e Nirvana sono solo semplici parole, Govinda"
"Sansara and Nirvana are also just mere words, Govinda"
"non c'è nulla che possa essere il Nirvana"
"there is no thing which would be Nirvana"
"Perciò il Nirvana è solo la parola"
"therefor Nirvana is just the word"
Govinda obiettò: "Nirvana non è solo una parola, amico mio"
Govinda objected, "Nirvana is not just a word, my friend"
"Nirvana è una parola, ma è anche un pensiero"
"Nirvana is a word, but also it is a thought"
Siddharta continuò: "Potrebbe essere un pensiero"
Siddhartha continued, "it might be a thought"
"Devo confessare che non faccio molta differenza tra pensieri e parole"
"I must confess, I don't differentiate much between thoughts and words"
"ad essere onesti, anch'io non ho un'alta opinione dei pensieri"
"to be honest, I also have no high opinion of thoughts"
"Ho un'opinione migliore delle cose che dei pensieri"
"I have a better opinion of things than thoughts"
"Qui, su questo traghetto, per esempio, un uomo è stato il mio predecessore"
"Here on this ferry-boat, for instance, a man has been my predecessor"
"E' stato anche uno dei miei maestri"
"he was also one of my teachers"
"Un sant'uomo, che per molti anni ha semplicemente creduto nel fiume"
"a holy man, who has for many years simply believed in the

river"
"E non credeva in nient'altro"
"and he believed in nothing else"
"Aveva notato che il fiume gli parlava"
"He had noticed that the river spoke to him"
"Ha imparato dal fiume"
"he learned from the river"
"Il fiume lo ha educato e istruito"
"the river educated and taught him"
"Il fiume gli sembrava un dio"
"the river seemed to be a god to him"
"Per molti anni non ha saputo che tutto era divino come il fiume"
"for many years he did not know that everything was as divine as the river"
"Il vento, ogni nuvola, ogni uccello, ogni scarabeo"
"the wind, every cloud, every bird, every beetle"
"Possono insegnare tanto quanto il fiume"
"they can teach just as much as the river"
"Ma quando questo sant'uomo andò nelle foreste, sapeva tutto"
"But when this holy man went into the forests, he knew everything"
"Ne sapeva più di te e di me, senza insegnanti né libri"
"he knew more than you and me, without teachers or books"
"Ne sapeva più di noi solo perché aveva creduto nel fiume"
"he knew more than us only because he had believed in the river"

Govinda aveva ancora dubbi e domande
Govinda still had doubts and questions
"Ma è così che chiami le cose in realtà qualcosa di reale?"
"But is that what you call things actually something real?"
"Queste cose esistono?"
"do these things have existence?"
"Non è solo un inganno dei Maya?"
"Isn't it just a deception of the Maya"

"**Tutte queste cose non sono un'immagine e un'illusione?**"
"aren't all these things an image and illusion?"
"**La tua pietra, il tuo albero, il tuo fiume**"
"Your stone, your tree, your river"
"**Sono davvero una realtà?**"
"are they actually a reality?"
«**Anche questo**», disse Siddharta, «**non mi interessa molto**»
"This too," spoke Siddhartha, "I do not care very much about"
"**Che le cose siano illusioni o no**"
"Let the things be illusions or not"
"**dopo tutto, sarei anch'io un'illusione**"
"after all, I would then also be an illusion"
"**E se queste cose sono illusioni, allora sono come me**"
"and if these things are illusions then they are like me"
"**Questo è ciò che li rende così cari e degni di venerazione per me**"
"This is what makes them so dear and worthy of veneration for me"
"**queste cose sono come me ed è così che posso amarle**"
"these things are like me and that is how I can love them"
"**Questo è un insegnamento di cui riderete**"
"this is a teaching you will laugh about"
"**L'amore, o Govinda, mi sembra la cosa più importante di tutte**"
"love, oh Govinda, seems to me to be the most important thing of all"
"**Comprendere a fondo il mondo può essere ciò che fanno i grandi pensatori**"
"to thoroughly understand the world may be what great thinkers do"
"**Spiegano il mondo e lo disprezzano**"
"they explain the world and despise it"
"**Ma a me interessa solo poter amare il mondo**"
"But I'm only interested in being able to love the world"
"**Non mi interessa disprezzare il mondo**"
"I am not interested in despising the world"
"**Non voglio odiare il mondo**"

"I don't want to hate the world"
"e non voglio che il mondo mi odi"
"and I don't want the world to hate me"
"Voglio essere in grado di guardare il mondo e me stesso con amore"
"I want to be able to look upon the world and myself with love"
"Voglio guardare tutti gli esseri con ammirazione"
"I want to look upon all beings with admiration"
"Voglio avere un grande rispetto per tutto"
"I want to have a great respect for everything"
«Questo lo capisco», disse Govinda
"This I understand," spoke Govinda
"Ma questa stessa cosa fu scoperta dall'eccelso essere un inganno"
"But this very thing was discovered by the exalted one to be a deception"
"Comanda benevolenza, clemenza, simpatia, tolleranza"
"He commands benevolence, clemency, sympathy, tolerance"
"ma non comanda l'amore"
"but he does not command love"
"Ci ha proibito di legare il nostro cuore nell'amore alle cose terrene"
"he forbade us to tie our heart in love to earthly things"
«Lo so, Govinda» disse Siddharta, e il suo sorriso brillò d'oro
"I know it, Govinda," said Siddhartha, and his smile shone golden
"Ed ecco, con questo siamo proprio nel folto delle opinioni"
"And behold, with this we are right in the thicket of opinions"
"Ora siamo nella disputa sulle parole"
"now we are in the dispute about words"
"Perché non posso negarlo, le mie parole d'amore sono una contraddizione"
"For I cannot deny, my words of love are a contradiction"
"sembrano essere in contraddizione con le parole di Gotama"
"they seem to be in contradiction with Gotama's words"
"Proprio per questo diffido tanto delle parole"

"For this very reason, I distrust words so much"
"perché so che questa contraddizione è un inganno"
"because I know this contradiction is a deception"
"So di essere d'accordo con Gotama"
"I know that I am in agreement with Gotama"
"Come potrebbe non conoscere l'amore quando ha scoperto tutti gli elementi dell'esistenza umana?"
"How could he not know love when he has discovered all elements of human existence"
"Ha scoperto la loro transitorietà e la loro insensatezza"
"he has discovered their transitoriness and their meaninglessness"
"Eppure amava molto le persone"
"and yet he loved people very much"
"Ha usato una vita lunga e laboriosa solo per aiutarli e istruirli!"
"he used a long, laborious life only to help and teach them!"
"Anche con il tuo grande maestro, preferisco le cose alle parole"
"Even with your great teacher, I prefer things over the words"
"Attribuisco più importanza alle sue azioni e alla sua vita che ai suoi discorsi"
"I place more importance on his acts and life than on his speeches"
"Apprezzo i gesti della sua mano più delle sue opinioni"
"I value the gestures of his hand more than his opinions"
"Per me non c'era nulla nel suo parlare e nei suoi pensieri"
"for me there was nothing in his speech and thoughts"
"Vedo la sua grandezza solo nelle sue azioni e nella sua vita"
"I see his greatness only in his actions and in his life"

Per molto tempo i due vecchi non dissero nulla
For a long time, the two old men said nothing
Allora Govinda parlò, inchinandosi per un saluto
Then Govinda spoke, while bowing for a farewell
"Ti ringrazio, Siddharta, per avermi raccontato alcuni dei tuoi pensieri"

"I thank you, Siddhartha, for telling me some of your thoughts"
"Questi pensieri mi sono in parte estranei"
"These thoughts are partially strange to me"
"Non tutti questi pensieri mi sono stati immediatamente comprensibili"
"not all of these thoughts have been instantly understandable to me"
"Comunque sia, ti ringrazio"
"This being as it may, I thank you"
"e ti auguro di avere giorni sereni"
"and I wish you to have calm days"
Ma segretamente pensava qualcos'altro tra sé e sé
But secretly he thought something else to himself
"Questo Siddharta è una persona bizzarra"
"This Siddhartha is a bizarre person"
"Esprime pensieri bizzarri"
"he expresses bizarre thoughts"
"I suoi insegnamenti sembrano stolti"
"his teachings sound foolish"
"I puri insegnamenti dell'Eccelso suonano molto diversi"
"the exalted one's pure teachings sound very different"
"Quegli insegnamenti sono più chiari, più puri, più comprensibili"
"those teachings are clearer, purer, more comprehensible"
"Non c'è nulla di strano, sciocco o sciocco in questi insegnamenti"
"there is nothing strange, foolish, or silly in those teachings"
"Ma le mani di Siddharta sembravano diverse dai suoi pensieri"
"But Siddhartha's hands seemed different from his thoughts"
"i suoi piedi, i suoi occhi, la sua fronte, il suo respiro"
"his feet, his eyes, his forehead, his breath"
"Il suo sorriso, il suo saluto, il suo cammino"
"his smile, his greeting, his walk"
"Non ho mai incontrato un altro uomo come lui da quando Gotama è diventato un tutt'uno con i Nirvana"

"I haven't met another man like him since Gotama became one with the Nirvana"
"da allora non ho più sentito la presenza di un sant'uomo"
"since then I haven't felt the presence of a holy man"
"Ho trovato solo Siddharta, che è così"
"I have only found Siddhartha, who is like this"
"I suoi insegnamenti possono essere strani e le sue parole possono sembrare sciocche"
"his teachings may be strange and his words may sound foolish"
"Ma la purezza risplende dal suo sguardo e dalla sua mano"
"but purity shines out of his gaze and hand"
"La sua pelle e i suoi capelli irradiano purezza"
"his skin and his hair radiates purity"
"La purezza risplende da ogni parte di lui"
"purity shines out of every part of him"
"Da lui risplende calma, allegria, mitezza e santità"
"a calmness, cheerfulness, mildness and holiness shines from him"
"qualcosa che non ho visto in nessun'altra persona"
"something which I have seen in no other person"
"Non l'ho più visto dalla morte finale del nostro eccelso maestro"
"I have not seen it since the final death of our exalted teacher"
Mentre Govinda pensava così, c'era un conflitto nel suo cuore
While Govinda thought like this, there was a conflict in his heart
ancora una volta si inchinò a Siddharta
he once again bowed to Siddhartha
Si sentiva trascinato dall'amore
he felt he was drawn forward by love
si inchinò profondamente a colui che sedeva tranquillamente
he bowed deeply to him who was calmly sitting
«Siddharta», disse, «siamo diventati vecchi»
"Siddhartha," he spoke, "we have become old men"

"È improbabile che uno di noi riveda l'altro in questa incarnazione"
"It is unlikely for one of us to see the other again in this incarnation"
"Vedo, carissimi, che avete trovato la pace"
"I see, beloved, that you have found peace"
"Confesso che non l'ho trovato"
"I confess that I haven't found it"
"Dimmi, oh onorevole, ancora una parola"
"Tell me, oh honourable one, one more word"
"dammi qualcosa sulla mia strada che io possa afferrare"
"give me something on my way which I can grasp"
"Dammi qualcosa che io possa capire!"
"give me something which I can understand!"
"dammi qualcosa che posso portare con me nel mio cammino"
"give me something I can take with me on my path"
"Il mio cammino è spesso duro e oscuro, Siddharta"
"my path is often hard and dark, Siddhartha"
Siddharta non disse nulla e lo guardò
Siddhartha said nothing and looked at him
Lo guardò con il suo sorriso immutato e tranquillo
he looked at him with his ever unchanged, quiet smile
Govinda lo fissò in faccia con timore
Govinda stared at his face with fear
C'era desiderio e sofferenza nei suoi occhi
there was yearning and suffering in his eyes
L'eterna ricerca era visibile nel suo sguardo
the eternal search was visible in his look
potevi vedere la sua eterna incapacità di trovare
you could see his eternal inability to find
Siddharta lo vide e sorrise
Siddhartha saw it and smiled
«Chinati verso di me!» sussurrò a bassa voce all'orecchio di Govinda
"Bend down to me!" he whispered quietly in Govinda's ear
"Così, e avvicinati ancora di più!"

"Like this, and come even closer!"
"Baciami la fronte, Govinda!"
"Kiss my forehead, Govinda!"

Govinda era sbalordito, ma attratto da grande amore e aspettativa
Govinda was astonished, but drawn on by great love and expectation

obbedì alle sue parole e si chinò strettamente verso di lui
he obeyed his words and bent down closely to him

e si toccò la fronte con le labbra
and he touched his forehead with his lips

Quando lo fece, gli accadde qualcosa di miracoloso
when he did this, something miraculous happened to him

i suoi pensieri si soffermavano ancora sulle meravigliose parole di Siddharta
his thoughts were still dwelling on Siddhartha's wondrous words

Stava ancora lottando con riluttanza per pensare al tempo
he was still reluctantly struggling to think away time

stava ancora cercando di immaginare Nirvana e Sansara come una cosa sola
he was still trying to imagine Nirvana and Sansara as one

C'era ancora un certo disprezzo per le parole dell'amico
there was still a certain contempt for the words of his friend

Quelle parole erano ancora in lotta in lui
those words were still fighting in him

Quelle parole combattevano ancora contro un amore e una venerazione immensi
those words were still fighting against an immense love and veneration

E durante tutti questi pensieri, gli accadde qualcos'altro
and during all these thoughts, something else happened to him

Non vedeva più il volto del suo amico Siddharta
He no longer saw the face of his friend Siddhartha

invece del volto di Siddharta, vide altri volti
instead of Siddhartha's face, he saw other faces

Vide una lunga sequenza di volti
he saw a long sequence of faces
Vide scorrere un fiume di volti
he saw a flowing river of faces
centinaia e migliaia di volti, che sono venuti e sono scomparsi
hundreds and thousands of faces, which all came and disappeared
Eppure sembravano essere tutti lì contemporaneamente
and yet they all seemed to be there simultaneously
Si sono costantemente cambiati e rinnovati
they constantly changed and renewed themselves
erano se stessi ed erano ancora tutti il volto di Siddharta
they were themselves and they were still all Siddhartha's face
Vide la faccia di un pesce con la bocca infinitamente dolorosamente aperta
he saw the face of a fish with an infinitely painfully opened mouth
il muso di un pesce morente, con gli occhi sbiaditi
the face of a dying fish, with fading eyes
Vide il volto di un bambino appena nato, rosso e pieno di rughe
he saw the face of a new-born child, red and full of wrinkles
era distorto dal pianto
it was distorted from crying
vide il volto di un assassino
he saw the face of a murderer
Lo vide affondare un coltello nel corpo di un'altra persona
he saw him plunging a knife into the body of another person
Vedeva, nello stesso momento, questo criminale in schiavitù
he saw, in the same moment, this criminal in bondage
Lo vide inginocchiato davanti a una folla
he saw him kneeling before a crowd
e vide la sua testa tagliata dal carnefice
and he saw his head being chopped off by the executioner
Vide i corpi di uomini e donne
he saw the bodies of men and women

erano nudi in posizioni e crampi d'amore frenetico
they were naked in positions and cramps of frenzied love
Vedeva cadaveri distesi, immobili, freddi, vuoti
he saw corpses stretched out, motionless, cold, void
Vide teste di animali
he saw the heads of animals
teste di cinghiali, di coccodrilli e di elefanti
heads of boars, of crocodiles, and of elephants
Vide teste di tori e di uccelli
he saw the heads of bulls and of birds
vide gli dèi; Krishna e Agni
he saw gods; Krishna and Agni
Vedeva tutte queste figure e questi volti in mille relazioni tra loro
he saw all of these figures and faces in a thousand relationships with one another
Ogni figura aiutava l'altra
each figure was helping the other
ogni figura amava la propria relazione
each figure was loving their relationship
Ogni figura odiava la propria relazione, distruggendola
each figure was hating their relationship, destroying it
e ogni figura stava dando rinascita alla loro relazione
and each figure was giving re-birth to their relationship
ogni figura era una volontà di morire
each figure was a will to die
Erano confessioni appassionatamente dolorose di transitorietà
they were passionately painful confessions of transitoriness
Eppure nessuno di loro è morto, ognuno si è solo trasformato
and yet none of them died, each one only transformed
Rinascono sempre e accolgono sempre più volti nuovi
they were always reborn and received more and more new faces
Non passava tempo tra un volto e l'altro
no time passed between the one face and the other

Tutte queste figure e questi volti riposarono
all of these figures and faces rested
fluivano e si generavano
they flowed and generated themselves
fluttuavano e si fondevano l'uno con l'altro
they floated along and merged with each other
ed erano tutti costantemente coperti da qualcosa di sottile
and they were all constantly covered by something thin
Non avevano una propria individualità
they had no individuality of their own
eppure esistevano
but yet they were existing
Erano come un bicchiere sottile o ghiaccio
they were like a thin glass or ice
Erano come una pelle trasparente
they were like a transparent skin
Erano come una conchiglia o una muffa o una maschera d'acqua
they were like a shell or mould or mask of water
e questa maschera sorrideva
and this mask was smiling
e questa maschera era il volto sorridente di Siddharta
and this mask was Siddhartha's smiling face
la maschera che Govinda toccava con le labbra
the mask which Govinda was touching with his lips
E Govinda la vedeva così
And, Govinda saw it like this
il sorriso della maschera
the smile of the mask
il sorriso dell'unità sopra le forme che fluiscono
the smile of oneness above the flowing forms
il sorriso della simultaneità al di sopra delle mille nascite e morti
the smile of simultaneousness above the thousand births and deaths
il sorriso di Siddharta era esattamente lo stesso
the smile of Siddhartha's was precisely the same

Il sorriso di Siddharta era lo stesso di quello tranquillo di Gotama, il Buddha
Siddhartha's smile was the same as the quiet smile of Gotama, the Buddha
Era un sorriso delicato e impenetrabile
it was delicate and impenetrable smile
forse era benevola e beffarda, e saggia
perhaps it was benevolent and mocking, and wise
il sorriso millenario di Gotama, il Buddha
the thousand-fold smile of Gotama, the Buddha
come l'aveva visto lui stesso con grande rispetto un centinaio di volte
as he had seen it himself with great respect a hundred times
Così, Govinda lo sapeva, i perfetti sorridono
Like this, Govinda knew, the perfected ones are smiling
Non sapeva più se esistesse il tempo
he did not know anymore whether time existed
Non sapeva se la visione fosse durata un secondo o cento anni
he did not know whether the vision had lasted a second or a hundred years
non sapeva se esistesse un Siddharta o un Gotama
he did not know whether a Siddhartha or a Gotama existed
Non sapeva se esistesse un me o un tu
he did not know if a me or a you existed
Si sentiva come se fosse stato ferito da una freccia divina
he felt in his as if he had been wounded by a divine arrow
La freccia gli trafisse l'intimo
the arrow pierced his innermost self
La ferita della freccia divina aveva un sapore dolce
the injury of the divine arrow tasted sweet
Govinda rimase incantato e si dissolse nel suo intimo
Govinda was enchanted and dissolved in his innermost self
Rimase immobile per un po'
he stood still for a little while
si chinò sul viso tranquillo di Siddharta, che aveva appena baciato

he bent over Siddhartha's quiet face, which he had just kissed
il volto in cui aveva appena visto la scena di tutte le manifestazioni
the face in which he had just seen the scene of all manifestations
il volto di tutte le trasformazioni e di tutta l'esistenza
the face of all transformations and all existence
Il volto che stava guardando era immutato
the face he was looking at was unchanged
Sotto la sua superficie, la profondità delle mille pieghe si era richiusa
under its surface, the depth of the thousand folds had closed up again
Sorrise in silenzio, in silenzio e dolcemente
he smiled silently, quietly, and softly
Forse sorrise in modo molto benevolo e beffardo
perhaps he smiled very benevolently and mockingly
Proprio così sorrise l'Eccelso
precisely this was how the exalted one smiled
Profondamente, Govinda si inchinò a Siddharta
Deeply, Govinda bowed to Siddhartha
lacrime di cui non sapeva nulla scorrevano sul suo vecchio viso
tears he knew nothing of ran down his old face
le sue lacrime bruciavano come un fuoco dell'amore più intimo
his tears burned like a fire of the most intimate love
Sentiva nel suo cuore la più umile venerazione
he felt the humblest veneration in his heart
Si inchinò profondamente, toccando terra
Deeply, he bowed, touching the ground
si inchinò davanti a colui che sedeva immobile
he bowed before him who was sitting motionlessly
Il suo sorriso gli ricordava tutto ciò che aveva amato in vita sua
his smile reminded him of everything he had ever loved in his life

Il suo sorriso gli ricordava tutto ciò che nella sua vita trovava prezioso e santo
his smile reminded him of everything in his life that he found valuable and holy

www.ingramcontent.com/pod-product-compliance
Lightning Source LLC
Chambersburg PA
CBHW011951090526
44591CB00020B/2723